死のアート

The Art of Dying Talks on Hasidism

OSHO

市民出版社

Originally published as
"The Art of Dying"
By Osho
Published by arrangement with Osho International Foundation,
Bahnhofstr. 52, 8001 Zurich, Switzerland

序文　一

和尚の言葉は、多面的で、多次元的で、重層的です。編集者は、当然のこととして、間違いがないよう、ニュアンスが変わらないよう、何度も目を通さなくてはなりません。ですから、編集者として彼の言葉に携わることは、深い学びの体験をするということなのです。何度も読んでいるうちに——四、五回目くらいでしょうか——突然、違った意味、より深い意味を発見することがありました。

初期プーナの時代に、編集者の一人として参加できたのは、とても幸運でした。そのとき私たちは、和尚の語る畏敬の念を覚えずにはいられない真理、そしてまた不遜なジョークをより多くの人が分かち合えるように、彼の話した言葉を活字に変換するという、ひるんでしまうような仕事に着手したばかりでした。

和尚自身も、その全過程に強い関心を持っており、あらゆる段階において、愛情のこもった鋭い提案をしてくれました。言葉による彼のメッセージを正しく伝えるという編集者の労苦にはじまり、写真や挿絵のデザイン、使用する紙の品質、そして、インドの田舎の印刷業者をうまく言いくるめて、西洋のより高い印刷水準にまで引き上げるという、最初は困難だが、最後には大きな報いのある仕事に至るまで。

当時の印刷はほとんどが活版で、アルファベットの文字を一つ一つピンセットでつまみ、苦労しながら木枠にはめ込んでいたのです！

和尚をとても身近に感じながら本の製作にあたり、多くの素晴らしい意義深い体験をしました。その中でも、一番印象に残っているもののひとつが、この大好きな『死のアート』にまつわっているのです。

『死のアート』の編集を終えたばかりのことでした。私は序文を書こうと思い、何度も試みたのですが、結局あきらめてしまいました。前三作の序文を書いたあとで、そのときは一時的に何の着想も沸かなくなっていたのです。そこで、親愛なる友人、スワミ・アナンド・デヴェシュに、何か書いてくれと頼みました。すぐに書いてくれたので、ありがたく思いながら、和尚に渡してくれるよう、和尚の世話役であるニルヴァーノに手渡し、ほっと一息つき、次の本に取りかかりました。

ところが、和尚から、私も序文を書くように言われたのです。そこで、美しいサニヤシンの一人、ヴィパサナが最近亡くなったこともあり、彼女の死から着想を得ることにしました。おそらくこれは、私が和尚の弟子として体験した中で、最も深遠なもの、１８０度の転換をもたらす最大のものでした。ヴィパサナの死に際し、和尚は愛を込めて、しかしはっきりと、死に対する全く異なる見方を私たちに教えてくれました。ヴィパサナの究極の体験に接し、何世紀にも亘る条件づけが落ちました。ここで、この美しい本で、和尚は死のアートについて、そして生のアートについて語ります。読者の死に対する思いも改まり、決して元に戻ることはないでしょう。

私は、苦労の末にできたものを手渡したのですが、帰ってきたときには、二つとも訂正の赤インクの海に埋もれ、もはや判読できないほどになっていました——非常にできの悪い生徒の作文に、英語の先生が赤ペンをいれたように!

単語や文や段落を、何度も削除し、入れ替え、付け加え、デヴェシュと私の文章に自分の言葉を交え、和尚はこれを、自身の文学的な作品にしたのです! これが、今からあなたが読もうとするものです。その序文には、デヴェシュと私の名を記してありますが、三番目に、最も重要な名を加えるべきでした——和尚の名を。

序文　二

ご存知のように、死は他人事、見知らぬ人、犬などに起こるもので、自分自身のこととしては考えられないものです。

この本を読めば、死について考えられるようになり、死ぬべき運命を受け入れられるかもしれません。いつか来る死に魅力を感じ、わくわくするまでになるかもしれません。バスの下に飛び込んで行きたくなるというのではなく、避けられないものを受け入れリラックスするようになるということですが。こうして、生は恐怖という荷を降ろし、より楽しいものに思えるでしょう。

これは、和尚がプーナのアシュラムで行なった十日間の、日々の講話から成っています。五つはハシディズムの話を元にしたもので、あとの五つは弟子の質問に答えたものです。

和尚の話は、月毎に、宗教から宗教へ、神秘家から神秘家へと移って行きます。スーフィズムからタオへ、仏陀からヘラクレイトスへ、ジャイナ教からハシディズムへ、イエスから荘子へ。こうしたあらゆる伝統的宗教に精通しているのは、和尚が、それらすべてが収斂《しゅうれん》するところに立っているからです。今月、和尚はラビの帽子をかぶっています。かつて私は、インド人を師《グル》にしたことを両親が知ったら、何て言われるだろうと心配し、イスラエルにいる両親に会う勇気のなかったアメリカの少年に、和尚がこう言うのを聞いたことがあります――「両親に言いなさい、私はユダヤの老人だと！」。そのときの、和尚の上機嫌な笑い、少年のほっとした様子。そのとき和尚が言ったことは、全くその通りでした。

和尚は、あらゆるジョークに精通した、その道の大家を自認していますが、彼のジョークに対する思い入れ自体が、とても愛されるジョークになっているのです。

和尚のジョークのうちで、ひとつ、いつも私の心に浮かぶものがあります。要約すると、次のようになります。

昔、村から村へと旅をする三人の笑う僧侶がいた。どの村でも、三人は市場に座って笑うのだった。しばらくすると、お腹を揺すり、涙を流し、激しく笑う彼らの周りに、皆が集まって来るのだった。

それから、一人の僧侶が死んだ。非常に多くの人々が、火葬に参列しようとしてやって来た。二人の僧侶がまだ笑っているのにはちょっと驚いたが、人々は死体を火葬用の積み薪の上にのせようとした。

ところが二人の僧侶は、友人の最期の望みは、いつもの服を着せたままにしておくということだった、と言って口を挟んだ。

彼がそう望んだ理由は、すぐにわかった。薪がめらめらと燃え、服に火がつきだしたとき、ものすごい爆発音がし、積み薪から見たこともないほどの美しい花火が上がった。その僧侶は、死ぬ前、上着の中に花火を忍ばせておいたのだ！

仲間の二人と人々は皆、笑いに笑った。

和尚がこのジョークを言うとき、自分でも、満足げにくすくす笑わずにはいられないのですが、考えるに、それが和尚の死に対する思い、だからではないでしょうか。

昨年、この地プーナで、一人の和尚の弟子《サニヤシン》が亡くなりました。そのとき、和尚は似たような楽しい衝撃を与えてくれました。亡くなった女性は、歌と笑いと踊りに満ちた人で、その死に際し、私たちは歌い、笑い、踊りました。川のそば、星の下で、彼女の肉体を焼く薪から出る炎が、取り囲む人々の炎色のローブを照らしていました。そして、素晴らしい、驚嘆すべき神々しい花火の中に、エネルギーが立ち登ったのです。

誰もが初めてのことでした。おそらく私たちは、多少なりとも、和尚のような見方で死というものを見たのです。死——祝祭の時を！

スワミ・アナンド・デヴェシュ
マ・プレム・ヴィーナ

死のアート　目次

序文……1

第一章　生のあり方……11

第二章　失うものは何もない……47

第三章　綱渡り……87

第四章　そのままにしておきなさい……127

第五章　所有と実存……167

第六章　生のアート……207

CONTENTS

第七章　宝もの…… 241

第八章　残るのは知るものだけ…… 281

第九章　超越するものと一体になる…… 319

第十章　東洋と西洋を超えて…… 353

付　録…… 398

第一章

生のあり方

Know how to live

ラビ（ユダヤ教の聖職者）のビルンハムが死の床に伏せていたとき、彼の妻が泣き崩れた
ビルンハムは言った
「どうして泣くんだね。私は、いかに死ぬかを学ぶためだけに生きてきたのだよ」

生は生きることの中にある。それは物ではない。それは過程だ。生きること、生きていること、生とともに流れること、これ以外、生に達する方法はない。生の意味を、教義とか哲学とか神学に求めようとすれば、生も生の意味も掴み損ねてしまうのは確実だ。

生がどこかにあって、そこで生があなたを待ち受けているわけではない。それはあなたの内部で起こっている。到達すべき目標として未来にあるのではなく、今ここに、まさにこの瞬間に、呼吸や流れる血液や心臓の鼓動の中にこそ、生はある。あなたが何であれ、それがあなたの生だ。だから、それ以外のところに生の意味を求めようとすれば、生を取り逃がす。人は幾世紀にも渡って、そのようなことをし続けてきた。

観念、解釈が非常に重視され、真実の方はすっかり忘れられている。私たちは、すでにここにあるものを見ずに、合理的な説明を求める。

とてもすばらしい話を聞いたことがある。

数年前、ある成功したアメリカ人が、自分を見失ってしまうほどの深刻な状況に陥った。精神科医に救いを求めてみたものの、何も得ることはできなかった。人生の意味を知りたかったのだが、教えてくれる者は誰一人いなかったからだ。しばらくして、人を寄せ付けぬヒマラヤの奥地に住む、高徳にして稀に見る知恵を持つ導師《グル》のことを知った。生の意味と、生において自分の果たすべき役割を教えてくれるのはその導師しかいない、彼はそう確信するようになった。そこで、この世で築いた全財産を売り払い全知の導師を捜し始めた。八年間、村から村へとヒマラヤ中をさ迷い歩き、懸命に導師を捜し回った。そしてある日、偶然一人の羊飼いに出会い、導師の居場所とその行き方を教えてもらった。

一年ばかりかかったが、ついに捜し出し導師と出会った。導師はいかにも徳が高く、優に百歳は超えていた。ここへ来るために払った数々の犠牲のことを知った導師は、男を助けてやることにした。

「息子よ、わしにどうしてほしいのだ」、導師は尋ねた。

「生の意味を是非とも知りたいのです」、男は答えた。

躊躇なく導師は答えた、「生とは果てのない川だ」

「果てのない川？」と男はびっくりして言った。「わざわざこうしてあなたを探しに来たというのに。生とは果てのない川、教えてくれるのはそれだけですか」

導師はぎくりとした。とても腹が立ってきて、「違うとでもいうのか」と言った。

あなたの生の意味をあなたに教えられる人はいない。それはあなたの生だ。その意味もあなた自身のものでなくてはならない。ヒマラヤに行っても無駄。あなた以外にそれと出会う者はない。それはあなたの生だ。あなた以外に近づける者はない。生きることによってのみ、その秘密は明かされるだろう。

最初に言っておきたいのは、生の意味を自分以外のところに求めてはならないということだ。私に求めないこと。聖典や巧みな言説にも求めないこと——それらは言葉巧みに説明するが、本当の説明にはならない。あなたの空っぽの頭を満たすだけで、存在するものを気づかせはしない。頭に死んだ知識が詰まれば詰まるほど、鈍感で愚かになる。知識は人を愚かにし、感覚を鈍くする。詰め込まれると、重荷になる。自我《エゴ》を強くはしても、人に光を与えたり道を示したりはしない。それは不可能だ。

生はすでに、あなたの内側で湧き上がっている。そこでしか、生に触れることはできない。寺院は外にはない、あなたが聖地だ。生の何たるかを知りたければ、何よりもまず覚えておくべきことがある。決して外部に求めない、他人から答えを引き出そうとしないということだ。生の意味を他人が明かすことはできない。極めて偉大な師《マスター》たちは、決して生の意味を口にせず、いつもその人自身に生の意味を投げ返した。

二番目に覚えておくべきことは、いったん生を知れば死をも知る、ということだ。普通私たちは、〝死は生の終わりにやって来る、死は生に対立する、死は敵だ〟と考える。だが、敵ではない。もし敵と考えているのであれば、生を知り得ずにいることを暴露しているに過ぎない。

死と生は同じエネルギーの、同じ現象の両極——満ち潮と引き潮、昼と夜、夏と冬だ。死と生は、別々のものでも反対のものでも、対立するものでもない。それらは補い合っている。死は生の終わりではない。実のところ、それは一つの生の完成、クライマックス、最終局面だ。いったん生とその過程がわかれば、死が何であるかもわかる。

死は生を構成する不可欠のものであり、生とは極めて親密な関係にある。それなしに生はあり得ない。死あっての生、死はその存在基盤だ。実を言うと、死は再生の過程であり、一瞬一瞬に起こっている。息を吸う、息を吐く、そのとき生と死が起こる。吸うときには生が、吐くときには死が。だからこそ、生まれた子供が最初にするのは息を吸うことなのだ。それから生が始まる。また老人が死を迎えるとき、最後にするのは息を吐くことだ。それから生は離れていく。呼気は死、吸気は生、生と死は荷車の両輪のようなもの。生は呼気にも吸気にも支えられている。呼気は吸気の一環だ。息を吐き出すのをやめたら息は吸えない。死ぬことをやめたら生きることはできない。生を理解した者は、死を受け入れ歓迎する。その人は一瞬一瞬に死んで、一瞬一瞬に蘇る。十字架と復活が一つの過程として絶えず起こっている。一瞬一瞬過去に対して死に、何度も何度も未来に蘇る。

生を調べてみれば、死が何であるかわかるだろう。死が理解できて、はじめて生は理解される。生と死は有機的に統一されている。だが、通常、私たちは恐れからそれらを分離する。生は良いもの、死は悪いものと考える。生を望むべきもの、死を忌むべきものとみなし、何とか死から自分を守ろうとする。この馬鹿げた考えのため、私たちの生に止めどなく惨めなことが起こっている。というのも、死から自分を守ろうとする者は、生きることができなくなるからだ。息を吐き出すのを恐れる者は、息が吸えず凝り固まってしまう。そうなったら、引きずられるしかない。生は流れなくなる、生は川でなくなる。

本当に生きたければ、死ぬ用意をしなければならない。あなたの中で死を恐れているのは誰なのか。生が死を恐れているのだろうか。それはあり得ない。生が自らの統一的過程を恐れるはずはない。別の何かが恐れているのだ。あなたの自我だ。生と死が反対なのではない、反対なのは自我と死だ。生と死が反対なのではない、反対なのは自我と生だ。自我は生にも死にも対立する。自我は生も死も恐れる。生きることを恐れるのは、生に向かおうと努力するたびに、一歩近づくたびに、死にも近づくことになるからだ。

生きれば、死に近づいていく。自我は死を恐れる、それゆえ生をも恐れる。自我はひたすらあなたを引き止める。

生きても死んでもいない人々が大勢いるが、これは何より悪い。生に溢れている人は、死にも溢れている。それが十字架にかけられたイエスの意味するものだ。十字架を背負ったイエスの意味、それは実際には理解されてこなかった。イエスは弟子たちに言った、「お前たちは、自分の十字架を背負っていなければならない」。その意味は極めて単純だ。誰もが皆、絶えず死を背負っていなければならない、一瞬一瞬死ななければならない、そうするのが十全、完全に生きる唯一の道だ、ということに他ならない。

完全な生の瞬間に達するたびに、突然あなたの前に、死が姿を現すだろう。愛するときにそれは起こる。愛の中で生は極点に達する。だから人々は愛を恐れる。

私のところにやって来る人たちが愛するのが恐いと言うのを聞いて、私はいつも驚いている。どうして愛を恐れるのだろう？　人を本当に愛すると、自我が滑り落ち溶けてしまうからだ。自我を持ったまま愛することはできない。自我は障害になる。けれども、それを取り除きたいと思うと自我はこう言う、「死んでしまうぞ、気をつけろ！」と。

自我の死は、あなたの死ではない。それは、真の意味であなたの生を可能にするものだ。自我は、あなたを覆う命のない硬い殻に過ぎない。壊し、投げ捨てなくてはならない。自我はひとりでに生まれてくる――ちょうど、旅人が歩けば服や体に埃がつくように。だから、旅人は風呂に入って埃を落とさなくてはならない。

私たちが動くと、経験や知識、生活や過去の埃が集まって自我となる。集まると、あなたを覆う、壊して捨て去るべき硬い殻となる。この殻に囚われないよう、人はいつも、毎日毎日――実を言えば一瞬一瞬、風呂に入らなければならない。生は愛において頂点に達する、だから自我は愛を恐れる。が、頂点に達した生のあるところ、必ず死の頂点がある。それらは相伴う。

愛の中であなたは死に、蘇る。瞑想や祈りのとき、あるいは師《マスター》のところへ来て明け渡すときにも、同様のことが生じる。自我は明け渡すことのないように、ありとあらゆる邪魔立てや説得を試みる。「考えろ。よーく考えろ。賢くなるんだ」。あなたが師のところへ行くと、例によって自我は疑い深く猜疑的になり、不安の種を撒く。なぜなら、あなたは再び生の方へ、炎の方へ来ているのだが、そこには同じく死もまた存在するからだ。

死と生は、一緒に燃え上がることを覚えておきなさい。その二つは絶対に離れない。もし、生が極々小さな最小のものであれば、生と死は別々に見える。頂点に近づくにつれ、二つは接近していく。極点においてそれらは出会い、一つとなる。愛、瞑想、信頼、祈りの中で生は完全になる。生が完全であるところ、常に死がある。死がなければ、生は完全なものにならない。

ところが、自我は常に分離、二分して考える。すべてを分かつ。存在は分離不能、分けることなどできない。あなたは子供だった、それから青年になった。あなたが青年になったときを線引きできるだろうか。突然子供でなくなり、青年になったときを特定できるだろうか。いつの日か、あな

た は年を取る。その年老いる日を特定できるだろうか。

過程というものは線引きされ得ない。人が生まれるときもそうだ。生まれるときを線引きできるだろうか。生は実際いつ始まるのか。子供が息をし始めるとき、医者が子供を叩き子供が息をし始めるときか。そのときに生は始まるのか。あるいは子供が子宮に入ったとき、母親が妊娠したとき、子供を孕んだときか。そのときに生は始まるのか。それとももっと前なのか。生が始まる正確な時期はいつなのだろう？

生とは、終わりもはじめもない一つの過程だ。生は決して始まらない。人はいつ死ぬのか。息が止まったときだろうか。今では、息を止めたままでも生き長らえ、戻って来られることが多くのヨギによって証明されているし、その科学的な裏づけもとられている。だから、息が止まったときが終わりとは言えない。生はどこで終わるのだろう？

生はどこでも終わらないし、どこでも始まらない。私たちは永遠性の中にいる。私たちは始まりのときからずっとここにいる——始まりというものがあったらの話だが。そして終わりのときまで、ずっとここにいるだろう——終わりというものがあったらの話だが。実のところ、いかなる始まりも終わりもあり得ない。形、体、マインドが変わろうとも、私たちは生なのだ。だが、私たちが「生」と呼んでいるのは特定の肉体やマインドや感情と同一視されたもの、そして「死」と呼んでいるのは、その形や肉体や観念から出ていくことに他ならない。

あなたは家を変える。もし一つの家に自分を同一化しすぎていれば、家を変えるのはとても苦痛になるだろう。あなたは古い家だった。だからあなたは自分が死んでいくと考える。その家があなた自身だった。だが、そんなことにはならない。あなたは家を変えるだけだと知っている。あなたは同じままだ。自分自身の内側を覗いた者、自分が何であるか理解した者は、永遠の終わりなき過程を知る。生は時間のない、時を超えた過程、死はその一部だ。

死は絶え間のない復活だ。死は、生が何度も蘇るのを助け、古い形態や老朽化したビルや、あなたを閉じ込めている古い建物を捨て去るのを助け、あなたが再び流れ、再び若々しく、再び清らかになれるようにする。

聞いた話だが……。

ある男が、ヴァーノン山の近くの骨董屋で品物を眺めていた。

そして、かなり古そうな斧を目にした。

「古くて凄い斧がありますね」、男は店の主人に言った。

「ええ。かつてはジョージ・ワシントンが持ち主だったんですよ」と主人は答えた。

「本当ですか。それにしても、ずいぶん持ちがいいですねぇ」と客が言った。

「当然ですとも。柄を三回、頭を二回新しいのに取り替えてますから」と主人は言った。

だが、それが生のあり様だ。柄と頭を取り替え続ける。実際、すべてが変わり続けているように見える。しかし、それでも変わらないものがある。ちょっと見てみよう。あなたは子供だった。以来、今でも残っているのは何だろう？　記憶だけだ。体も、マインドも、あなたが自分だと思っていたものも変わってしまった。子供のころの何が残っている？　何も残ってはいない、記憶だけだ。それが本当に起きたことなのか、夢を見ていたのか、本で読んだことなのか、それとも誰かがあなたに語って聞かせたことなのか、あなたには定かでない。その少年時代はあなたのそれだったのか、他人のそれだったのか。たまには古い写真でも見るといい。さあ、見てごらん、これがあなただった。あなたには信じられないだろう。こんなにも変わってしまったからだ。事実、すべてが変わった。柄も頭も何もかも。だがそれでも、どこか奥深く、ずっと変わらずに続いているものがある

――目撃していることだ。

目には見えないが、一本の糸がある。あらゆる物が変わり続けていても、この見えない糸は変わらない。それは生死を超えている。生と死は、生死を超えたものの両翼だ。その超えたものは、生と死を荷車の両輪とし、互いに補い合わせて使い続ける。それは生を介し、死を介して生きる。生と死はその過程、呼気と吸気のようなものだ。

あなたの中にある何ものかが生死を超えている。それすなわち汝なり……超えたるもの。

だが、私たちは形に同化しすぎている。それが自我を生む。それが『私』と呼んでいるものだ。もちろん『私』は何度も死ななくてはならない。だから自我は常に恐れ、わななき、震える。常に

心配し、守ろう、安全を確保しようとする。

スーフィーの神秘家が大金持ちの家の戸を叩いた。彼は乞食で、ただ食べ物がほしいだけだった。金持ちの男は乞食に向かってこう言った、「全然知らない顔だな！」

神秘家は言った、「ですが、私は自分を知っています。もしその反対だったらどんなに悲しいでしょう。皆が私を知っているのに、私が自分を何者か知らないとしたら。そう、あなたの言う通り、ここでは誰も私を知りません。でも私は自分を知っています」

二つのうちのどちらかしかないのだが、あなたは悲しい状況の方にいる。皆があなたを、あなたが誰なのかを知っているかもしれない。だがあなた自身は、自分の超越性、本性、実在を完全に忘れている。これこそ、生において唯一悲しいことだ。いくらでも言い逃れはできる。だが本当に悲しいのは、あなたが自分を知らないということだ。

自分が誰なのか、どこから来たのか、どこへ行くのか、それを知らずして幸せになれるはずがあろうか。この、自分を知らないという根源的な無知のため、千と一つの問題が持ちあがる。

アリの一群が、朝早く、食べ物を捜しに地中の暗い巣穴から出て来た。アリたちは朝露に濡れた草の脇を通りかかった。

「これ、何だろう？」「どこからやって来たのだろう？」と、一匹のアリが朝露を指差して言った。

あるものは「地面からだ」

別のものは「海からだ」

すぐに口論が始まった――海に固執するグループと、地面に固執するグループに分かれて。

一匹だけ、どちらにもつかない知的で賢いアリがいた。そのアリが言った、「少し待って様子を見てみよう。何であれ、もともとあったところへ帰ろうとするものだ。すべてはその源へ帰っていく、って言うじゃないか。どんなに空高くレンガを投げたって、レンガは地面に落ちてくる。光の方へ向かうものがあったら、それは、もともと光に属していたということだ」

アリたちはまだ充分納得がいかず、口論を再開するところだった。しかし、陽が登り、朝露は葉から離れ太陽の方へどんどん昇っていった。そして消えてしまった。

すべてはその源泉に帰る、帰らなければならない。生を理解するなら、死をもまた理解する。生は源泉の忘却、死はその想起。生は源泉からの離脱、死は源泉への回帰。死は醜いものではない、死は美しい。だが、美しいのは、制約や抑圧のない生を送った人の死だけだ。美しく生きた人、生きることを恐れなかった人、つまり、愛した人、踊った人、祝った人の死だけだ。

生が祝祭となれば、死は究極の祝祭となる。こう言っておこう、生がどんなものであるにせよ、死はそれを曝け出す、と。あなたが惨めに生きていれば、死はその惨めさを露《あらわ》にする。死は見事に暴露する。幸せに生きていれば、その幸せを露にする。肉体的な慰めや喜びだけに生きていれば、当然、死は非常に不快で嫌なものになる。肉体から去らなければならないのだから。肉体は、夜泊まって朝には立ち去る仮の宿、社《やしろ》に過ぎない。永遠の住まいでも、あなたの家でもない。

だから、肉体的な生を送るにとどまり、肉体を超えたものを何一つ知らない人の死は、極めて醜く不快で苦しい。死は苦しみとなる。だが、肉体よりも少し高度な生を送るなら、音楽や詩を愛したり、人を愛したり、肉体的でない何かが意識の中に入ってきているなら、死はそれほど悪くも苦しいものでもない。あなたは従容《しょうよう》として死を受け入れられる。だが、死はまだ祝祭ではない。

自己の内にある超越的なものに触れるなら、中心にある自己の空《くう》——存在の中心、もはや肉体でもマインドでもないところ、肉体の喜びから完全に離れ、音楽や詩や文学や絵画など、あらゆる精神的な喜びからも遠く離れたところ、まさしくあなたが純粋な気づき、意識であるところ——へ入るなら、死は大いなる祝祭、大いなる理解、大いなる啓示となる。

その〈超えたるもの〉を知るならば、死は宇宙の〈超えたるもの〉を明かすだろう。そうなれば、もう死は死でなく、神との出会い、神とのデートだ。

だから死は、人間精神の変遷に応じて三つに表される。一つは、肉体に執着する普通の人間の死だ。普通の人は、食べ物とセックスの喜びよりすばらしいものを何一つ知らない。その生は、食べ物とセックス以外の何ものでもない。食べ物を楽しみ、セックスを楽しむ、非常に原始的で粗野な生だ。普通の人は王宮の入り口に住むが、決して中に入ることがない。そしてそれが生のすべてだと考えている。死を迎えるとき、彼らは執着するだろう。死を拒み、死と闘うだろう。死は敵として現れる。

ゆえに世界中で、あらゆる社会で、死は暗く呪わしいものとして描かれてきた。インドでは、死の使者はとても醜く、薄黒く、陰鬱で、巨大な醜い野牛に乗ってやって来ると言われている。これが死に対する一般の態度だ。こうした人々は、生を取り逃がしている。生の全次元にまで認識が及ばず、生の深みに触れることも、生の高みに飛ぶこともできずにいる。完全なもの、祝福を手にできずにいる。

それから、死の第二の表現がある。時折、詩人や哲学者は、死は別に悪いものでも呪われたものでもなく、安らぎを与えてくれるもの、大きな休息、眠りのようなものだと言う。これは最初のよりも良い。少なくとも、肉体を超えた精神的なものを知っている。食べ物とセックスに留まっていないし、その生は食べ物と生殖に限られていない。少しは高尚な魂を持っているし、より上品で文化的だ。彼らは死を大きな休息みたいなものだと言う。人は疲れ、死と休息に向かう。死は安らぎを与える。だが、詩人や哲学者も真理から遠く隔たっている。

生の最奥の核を知る者は、死は神であると言う。それは、休息のみならず再生、新たな生、新たな始まりでもある――新しい扉が開く。

スーフィーの神秘家、バヤズィッドが死を迎えようとしていたとき、周りに集まった弟子たちは突然のことに驚いた。というのは、最後の瞬間、バヤズィッドの顔が強く輝いたからだ。美しいオーラだった。

バヤズィッドは美しかったし、弟子たちはいつもそのオーラを感じていた。だが、こんなことは初めてだった、とても強く輝いていたのだ。

弟子たちは尋ねた、「バヤズィッド、何が起こったのか教えてください。どうしたのですか。去っていく前に、最後に一言《ひとこと》おっしゃってください」

バヤズィッドは目を開けて言った、「神が私を迎えてくださる。私は神の抱擁を受けに行く。さらばだ」

彼は目を閉じた。息が止まった。だが、息が止まったとき光の爆発が起こり、部屋は光に満たされた。それから光は消えた。

自己の内にある超えたるものを知ると、死は神の別の顔でしかなくなる。すると、死の中に神への踊りが生まれる。覚えておきなさい、死自体を祝えるようにならなければ、あなたは生き損なう。生のすべては、この究極のものへの準備なのだ。

これがこのすばらしい話の意味だ。

ラビのビルンハムが死の床に伏せていたとき、彼の妻が泣き崩れた。

ビルンハムは言った。

「どうして泣くんだね。私は、いかに死ぬかを学ぶためだけに生きてきたのだよ」

ビルンハムの全人生は、死の秘密を学ぶための準備に他ならなかった。宗教はすべて、いかに死ぬかを教える科学、あるいは技法に過ぎない。そして、いかに死ぬかを教えるには、いかに生きるかを教える以外にない。それらは別々のことではない。正しい生き方を知れば、正しい死に方をも知る。だから、一番大事な、最も基本的なことは、いかに生きるかだ。

二、三、言っておきたいことがある。まず、あなたの生はあなたの生であるということ。それは他の誰のものでもない。だから、自分を他人に支配させてはならない。他人に支配させてはならない、それは生への裏切りだ。両親、社会、政治家、聖職者、誰であれ他人の支配を許せば、あなたは生き損なう。生は内にあるが、支配は外から来るからだ。それらは絶対に出会わない。

いちいち、何にでもノーと言うようになれと言っているのではない。そういうのもあまり意味がない。人間には二つのタイプがある。一つは、従順で何にでも誰にでも服従しようとするタイプ。彼らには自立した精神が全くない。未熟で子供っぽく、父親的人物、何をすべきかすべきでないか言ってくれる人をいつも捜している。自己の実存を信頼できない人たちだが、そういう人は世の中の多数を占める——大衆だ。

それから、そうした人々とは反対に、社会や社会的価値を拒絶する少数派がいる。彼らは自分たちを反逆者だと思っている。だが、そうではない、ただの反対者に過ぎない。というのも、従うにしろ逆らうにしろ、社会が支配的なものとしてあり続けているならば、社会に支配されていることに変わりはないからだ。

小話を一つ。

昔、ムラ・ナスルディンがしばらく町を離れ、顎鬚《あごひげ》を伸ばして帰ってきたことがあった。当然のごとく友人たちはその顎鬚をからかい、どうやってその『毛皮』を手に入れたのかと尋ねた。鬚面のムラは、鬚がいやでたまらないのだときっぱりと言った。友人たちはその話に驚き、いやならなぜ伸ばしているのかと聞いた。

「こいつが嫌でたまらないんだ」とムラは友人たちに言った。

「嫌なら剃り落とせばいいじゃないか」、友人の一人が言った。

目に悪魔のような輝きを浮かべて、ムラは答えた。

「うちの女房も、こいつが嫌いなんだよ」

だが、そんなことをしても自由にはならない。ヒッピーもイッピーも本当の反逆者ではない。反対者だ。彼らは社会に反した行動をとっている。従順な者もいれば反抗的な者もいる。しかし、支配というものが中心に置かれている点では同じだ。従う者も反抗する者もいるが、自分の魂を見る者はいない。

本当の反逆者というのは、社会に賛成も反対もせず、ただ自分の理解に基づいて生きていく人のことだ。社会に反しようが反すまいが構わない、それはどうでもいい。時には社会に同調することもあるだろう、時には反することもあるだろう。だが、それは考える必要のないこと。反逆者は、自分の理解、自分の小さな明かりに従って生きる。非常に自己中心的になっていく、と言っているのではない。違う、反逆者はとても謙虚で、自分の明かりがとても小さいことを知っている。しかし、その明かりしかないのだ。頑固ではない。とても謙虚だ。反逆者は言う、「私は間違っているかもしれない。でも、自分に従って間違うことを許してほしい」と。

それが学ぶための唯一の方法だ。いつも、命令する人のことを伺っているなら、従っても従わなくても変わりはない。命令する人を伺っているなら、従おうと決心しようが従うまいと決心しようが、あなたはあなたの生を絶対に知り得ない。生は、生きられなければならない。自分の小さな明かりに従わなければならない。

何をすべきか、常にそれが明らかなわけではない。あなたは非常に混乱している。そのままにしておきなさい。だが、混乱から脱する道を捜し出すように。人のいうことを聞くのは、とても安直だし値打ちもない。人は死んだ決まり文句が言える。こうしろ、あれをしてはだめ、とあなたに指図する――しかも確信を持って。確かさを追求すべきではない、理解しようとすべきだ。確かさを追求し出せば、何がしかの罠にはまる。確かさを求めるのではなく、理解しようとしなさい。確かさは簡単に手に入る、そんなものは誰にだって与えられる。だが、結局あなたは失うだろう。ただ安全でいたいがために、あなたはあなたの生を失うことになる。生は確かではない、安全ではない。

生は危険だ。刻一刻と、更なる危険の中に入っていく。それはギャンブルだ。何が起こるのか、人には決してわからない。だが、わからないのはすばらしいことだ。予測のつくものなら、生は生きるに値しないだろう。すべてが望みどおりで、すべてが確かだとしたら、あなたは人間ではなく機械だろう。すべてが安全で確かなのは機械だけだ。

人間は自由に生きている。自由には危険と不確かさが欠かせない。真に知的な人間は、いつもためらっているものだ。なぜなら、頼るべきドグマなど一切持たないからだ。そういう人は、事態を見つめ、それに呼応していかねばならない。

老子は言う、「何が起こるのか私にはわからない。だから、ためらいつつも油断なく生きている。私は従うべきいかなる原理も持たない。だから、一瞬一瞬決断しなければならない。前もって決めたりは絶対にしない。その瞬間が来たときに決断しなければならない」

その場合、とても俊敏に応答（*be responsive*）しなければならない。それが責任（*responsibility*）というもの。責任は義務でも、務めでもない。応答する能力だ。生を知りたい者は、俊敏に応答しなければならない。それが欠けている。何世紀にも渡る条件づけのせいで、あなたは機械のようになってしまった。人間らしさを失い、安全を手に入れた。あなたは安全で快適だ。何もかも他人が用意してくれる。何もかも他人が地図に書き記し、教えてくれる。だが、これは全く馬鹿げている。生は測り得ないもの、計り知れないものだからだ。また、生は絶えざる流れの中にある。だから、地図を描くことはできない。すべては絶えず変化している。変化、これ以外に不変なものはない。ヘラクレイトスは言う、「同じ川には二度と入ることができない」と。

生の道は、ジグザグに曲がりくねっている。線路のようなものではない。違う、生は軌道の上を走らない。そしてそれが生のすばらしいところ、輝かしいところ、詩的で音楽的なところだ。それは絶えざる驚きだ。

安全や確かさを求めていると、目が閉ざされてしまう。そしてどんどん驚くことが少なくなり、驚く能力がなくなる。いったんそれがなくなると、宗教をも失う。宗教とは驚く心を開かせるもの、私たちを取り巻いている神秘を受け入れさせるものだ。

安全を求めてはならない、自分の生き方を聞いてはならない。人々は私のところに来てこう言う、「和尚、どう生きるべきか教えてください」。あなたは、生を知ることではなく決まった型を作ることに、生を生きることよりも生を破壊することに興味を持っている。自分に押し付けられる戒律を欲しがっている。

もちろん、座ってあなたを待ちわびている聖職者や政治家が至る所にいる。彼らのところへ行けば、喜んで戒律を押し付けてくれるだろう。自分の考えを押し付け、そのことから生まれる権力を彼らは楽しむ。

私がここにいるのはそのためではない。私は、あなたが自由になるのを助けるためにここにいる。自由になれるようにと私は言うが、それには私からの自由も含まれる。あなたが私からも自由になれるよう、私はあなたを応援する。私のサニヤスは極めて逆説的なものだ。あなたは自由になるため私に明け渡す。私はあなたが、あらゆる教義、あらゆる哲学——私も含めて——から絶対的に自由になれるようあなたを受け入れ、サニヤスに導く。サニヤスは生と同様に逆説的だ。逆説的でなくてはならないのだ。すると、生は躍動する。

だから、一番大事なのは自分の生き方を誰にも聞かないことだ。生とは極めて価値あるもの、それを生きなさい。失敗がないとは言わない、あなたは失敗する。一つだけ覚えておきなさい、同じ間違いをしないこと。同じ間違いはもういい。日々新しい間違いができるならそうしなさい。だが間違いを繰り返してはならない。馬鹿げている。新しい間違いができる人は、常に成長し続ける。それが唯一の学びの道、自分の内なる光へと至る道だ。

こんな話を聞いたことがある。

ある晩、キルマンにすむイスラム教徒の大詩人アウハディーが、縁側に座り身をかがめて器を覗き込んでいた。スーフィーの偉大な神秘家、シャムス・イ・タブリーズがたまたまそこを通りかかった。

詩人とその行動がタブリーズの目にとまった。彼は、「何をしているのだね？」と詩人に尋ねた。詩人は、「鉢に映る月に瞑想しているのです」と答えた。

タブリーズは大声で狂ったように笑い出した。詩人は気分を害した。近くにいた連中が集まってきた。

詩人が言った、「何ですか。なぜそんなに笑うのですか。なぜ馬鹿にするのですか」

タブリーズは言った、「首が折れているのならともかく、そうでなかったら空の月を直接見ればいいではないか」

月はそこにある、満月がそこに。だがこの詩人は、水の入った鉢の傍らに腰を下ろし、鉢を覗き込んでいる。

経典に真理を求めたり、哲学に真理を求めたりするのは、月影を見ることだ。誰か他の人に自分の生き方を尋ねるとすれば、それは間違った助言を求めるということだ。その人は自分の生のことしか語れないのだから。絶対に、絶対に二つの生は同じではない。他人が語ったり、教えたりできるのは本人の生以外にない——それもその人が生を生きていればの話だ。他人から聞いたのかもしれない、他人の真似をしているのかもしれない、その人自身、模倣者なのかもしれない。となると、それは写しのまた写しだ。幾世紀にも渡って、人々は写しの写しのそのまた写しを写し続けている。

本物の月はいつも空にあって、あなたを待っているのだが。それはあなたの月、あなたの空だ、直《じか》に見ればいい。今すぐに。どうして私や人の目を借りるんだね？ あなたには目が、すばらしい目があるじゃないか。見なさい、直に。どうして人の理解を借用しようとするんだね？ 私にとっては理解かもしれない、だが借用した途端、あなたにとっては知識となる、もはや理解ではない――このことを忘れないように。

自分自身で体験して、はじめて理解となる。私が月を見れば私にとっては理解だろうが、あなたに語った瞬間、理解ではなく知識となる。すると、それは言葉の上だけの、言語的なものに過ぎなくなる。だが、言葉は一つの虚偽なのだ。

ちょっとした話を一つ。

養鶏をしている農夫が、鶏の産む卵の数に満足できず、雌鳥たちに少しばかり心理操作をしてやろうと考えた。そこで、派手な色をしたおしゃべりオウムを買ってきて鶏小屋に入れた。案の定、雌鶏たちは忽ちハンサムな訪問者が気に入り、コッコッと嬉しそうに鳴きながら、餌の一番おいしそうなところをオウムに勧めるのだった。そして、新たに登場した人気歌手を追いかける十代の女の子たちのように、多くの雌鶏がオウムについて回った。雌鶏が産む卵の数まで増えて、農夫は喜んだ。

当然、小屋にいた雄鳥は、雌鶏たちに無視されてなるものかと、魅力的な侵入者に攻撃を仕掛けた。嘴《くちばし》と爪で、オウムの青や赤の羽を一本ずつ次々と引き抜いていった。それで、脅されたオウムは恐れをなして叫んだ、「やめてください！　お願いです、やめてください。所詮、僕は言葉の教師としてここにいるだけなのですから」

多くの人々が、言葉の教師として自らの生を送っている。それは最も偽りに満ちた生だ。真実に言葉はいらない、言葉を超えた次元において真実は与えられる。月はそこにある、鉢も水もいらない。何の媒体もいらない。ただ見ればいい。それは非言語的交流だ。生のすべてが与えられている。言葉なしに、それと交わる方法を学ぶだけでいい。

それが瞑想の意味するところのすべてだ——言葉が邪魔をしない空間、あなたと真実の間に、身につけた観念が割り込まない空間に入ること。

女性を愛したら、恋愛について誰かがどうこう言っても、妨げになってしまうから聞いてはいけない。あなたは女性を愛する、愛はそこにある。愛について学んだことはすべて忘れなさい。キンゼイ、マスターズ・アンド・ジョンソン、フロイト、ユング、そういう人たちのことは全部忘れなさい。言葉の教師にはならないでほしい。ただ愛し、愛を育み、愛の導くままに愛の秘奥、愛の神秘へと向かうのだ。そうすれば、愛を知ることができるだろう。

また、人が瞑想について語っていることも無意味だ。昔、私はジャイナ教の聖者が瞑想について書いた本に出会った。実にすばらしい本だったが、著者自身、瞑想したことがないと思われるところがほんの数カ所あった——したことがあるなら、そうした記述はないはずだ。だが、そういう部分は極わずかで、全体としてみれば、ほぼ九十九パーセントは申し分がなかった。私はその本が好きだった。

その後、私はその本のことを忘れた。十年間、私は国中を歩き回った。ラジャスタンの村にいたとき、その聖者が私のところにやって来た。名前に聞き覚えがあって、突然私はその本のことを思い出した。それで私は、なぜ私のところに来たのか尋ねてみた。聖者は、「瞑想のことが知りたくてな」と言った。私は、「あなたの本のことを覚えています。本当に感動したものですから、良く覚えているのですよ。あなたが瞑想したことがないと思われる点が二、三あって、それが欠点ですが、それ以外は完璧、九十九パーセント正しいのです——なのに、今こうして聞きに来るとは。あなたは瞑想したことがあるのですか」と言った。

聖者は少し戸惑いの色を見せた。弟子たちもそこにいたからだ。「率直に言ってください。瞑想を知っているというのなら、話をするつもりはありません。知っているならそれまで、話す必要はないでしょう。率直に、瞑想したことがないと、せめて一度だけでも本当のことを言ってくれない限り、あなたを瞑想の方へ導いてあげることはできません」。それは交換条件だった。だから告白せざるを得なかった。聖者は、「ああ、瞑想したことはない。誰にも言ったことはないのだがな。わしは多くの瞑想の本を読んだし、古い経典も残らず読んだ。そして人々に教えてきた。だから今、弟子たちを前にして困っている。多くの人に瞑想を教え、瞑想の本を書いてきたが、瞑想をしたことがないのだ」と言った。

瞑想についての本は書けても、瞑想のある空間には出会わない。言葉に熟達することも、抽象的・知的議論に熟達することもできる。そのうえ、そうした知的営為にかかずらっている時間が全くの無駄であることさえ、すっかり忘れていられる。

私は、「どれくらい瞑想に興味を持っているのですか」と老人に尋ねた。「生涯ずっとだ」と老人は答えた。もうすぐ七十歳になるところだった。「わしは、二十歳のときにサニヤスを受け、ジャイナ教の僧侶になった。それから五十年、瞑想の本を読み漁り、瞑想のことを考え続けてきた」。五十年も瞑想のことを考え、本を読み、本を書き、瞑想の指導までして、一度も瞑想を味わったことがないというのだ！

だがこれは、極めて多くの人に当てはまる。人は愛について語る、愛の詩《うた》なら一つ残らず知っている、けれども一度も愛したことはない。愛の中にいると思っているときでさえ、そうではない。それもまた頭に属すことであって、心に属すことではない。人々は生きてはいる、だが生き損ねている。生には勇気が、真に現実的であるには勇気がいる。生の赴くままに、生とともに動いていくには勇気がいる。なぜなら、生の道は未知であり、地図など存在しないからだ。未知のものへと入っていかねばならないからだ。

未知のものに入っていく覚悟ができているときにのみ、生は理解され得る。既知のものにしがみつけば、マインドにしがみつく羽目になる。だが、マインドは生ではない。生は全体であり、精神的なものでも知的なものでもない。生に対して、全体的に関わっていかねばならないのであって、生について考えるだけではだめなのだ。生について考えることは、生ではない。この「〜について」病には気をつけること。人は「〜について」考え続ける。神について、生について、愛について、あれこれについて、色々考える人がいる。

ムラ・ナスルディンは、ずいぶんと年を取った。それで、医者に見てもらいにいった。相当弱っているようなので、医者はこう言った、「一つだけ言えるのは、性生活を半分にしなければならんということです」。ムラは言った、「わかった。でも、性生活の何を半分にすればいいんだ。話をかい、それとも考えることかい」

それでお仕舞いだ。言葉の教師になってはいけない、オウムになってはいけない。オウムは言葉の教師、言葉、観念、理論に生きる。だが、生は素通りし、手から零れ落ち続ける。そしてある日突然、オウムたちは死を恐れだす。死を恐れる人がいたら、その人は生き損ねてきたのだと知っておきなさい。そうでないなら、死の恐怖などあるはずがない。生を生きてきたのなら、死をも生きる覚悟ができているだろう。死という現象に、うっとりするくらいになるだろう。

ソクラテスは、死が迫ってきているというのに、とてもうっとりとしていた。弟子たちは、なぜそれほど幸せそうにしているのか理解できなかった。弟子の一人、クリトンが尋ねた、「どうしてそんなに幸せそうにしているのですか。私たちは泣き叫んでいるのですよ」。ソクラテスは言った、「幸せでない理由がどこにある？ 私は生を知った。今度は死を知りたいと思っている。大いなる神秘を前にして、私は胸が踊る。未知のものへの、すばらしい旅に出かけようとしているのだ。わくわくして、もう待てない！」。それに、忘れていけないのは、ソクラテスは宗教的な人間ではない、いかなる意味でも信仰の人ではないということだ。

「あなたは、死後にも魂が残ると確信しているのですか」と誰かが尋ねた。「わからない」とソクラテスは答えた。

「わからない」――この言葉を口にするには、この世でも最大の勇気を必要とする。言葉の教師が「わからない」と言うのは極めて困難なことだ。オウムたちには難しい。ソクラテスは、とても誠実で正直な人だった。彼は言った、「わからない」と。

すると弟子が尋ねた、「ではなぜそんなに幸せそうなのですか。魂が残らないとしたら？」。ソクラテスは言った、「確かめてみなくては。もし残るとしたら、何も恐れることはない。残らないとしても、恐れる必要があるだろうか。残らないとしたら私はいなくなる。とすれば、恐れる必要などどこにあろう？ そこには恐れる者がいないのだから、恐れの存在する余地はない。残るとすれば私は残る、したがって恐れることはない。だが、実際何が起こるのか正確なことはわからない。だからこそ私は好奇心でいっぱいなのだし、喜んで死に赴こうとしているのだ。私にはわからない」

私にとっては、これこそが宗教的な人のあるべき姿だ。宗教的な人とは、キリスト教徒でもヒンドゥー教徒でも仏教徒でもイスラム教徒でもない。それらは皆知識の人だ。キリスト教徒は「私は知っている」と言う。だがそれは、キリスト教の教義から取ってきたもの。ヒンドゥー教徒は「私も知っている」と言う。だがそれも、ヴェーダやギータ、ヒンドゥー教の教義から取ってきたもの。また、ヒンドゥー教徒はキリスト教徒に反対する。なぜなら、「私が正しければあなたは正しくない。あなたが正しければ私は正しくない」と言うからだ。そのため、多くの議論、論争、言い争い、不要な闘いが起こる。

宗教的な人、俗にいうそれではなく、真の意味で宗教的な人とは「私にはわからない」と言う人のことだ。「わからない」と言うとき、あなたは開いており、学ぶ用意ができている。「わからない」と言うとき、あなたはああだこうだという偏見も、信念も、知識も一切持たない。あるのは気づきだけ。あなたは、「意識して何が起こるか見ていよう。過去から得た知識を携えないようにしよう」と言う。

これが弟子の、学びたい者の態度だ。修行とは学びに他ならない。弟子とは学ぶ人、学ぶ心がけのできている人のこと、そして修行とは学ぶことだ。私がここにいるのは、あなたたちに教義を与えるためではない。私は、知識など与えていない。ありのままに見られるよう、あなたちの力になろうとしているに過ぎない。いくら高くつくとしても、自分の生を生きなさい。それに賭ける覚悟をしておきなさい。

あるビジネスマンの話だ。昼食を取ろうと、会社を出てレストランに向かって歩いていたとき、見知らぬ男に足を止められた。男は言った、「私のことは覚えていないと思いますが、十年前、私は一文無しになってこの町にやって来たのです。お金を貸してほしいと頼んだところ、あなたは二十ドルくださいました。あなたは快く、一山当てようとする者に賭けてみようとおっしゃったのです」

ビジネスマンは、しばらく考えてからこう言った、「ああ、思い出した。あれからどうなったんだい?」

「そうですね。まだ賭けてみる気はありますか」

生は何度も同じことを聞く——「まだ賭けてみる気はありますか」と。生には何の保証もない。それは開かれたもの、大胆に、無秩序に開かれたものであるに過ぎない。小さな家を建て、そこに身を置き安全を確保することもできる。だが後に、それはあなたの墓場であることが明らかになるだろう。だから、生とともに生きなさい。

しかし、私たちはそうしたことを色々とし続けている。愛は生の一部だが、結婚は作り事だ。あなたは、愛を結婚という枠で囲み、安全を確保しようとする。作れないものを作ろうとする——愛は法律になり得ない。あなたはできないことをしようとしている。だが、そうやって愛がだめになったとしても不思議ではない。あなたは夫に、愛する人は妻になる。二人はもはや人間ではなく、二つの役割だ。夫には夫の、妻には妻の役割があって、二人はそれを果たさねばならない。すると、生の流れは止まり、凍りつく。

夫婦を見てみるがいい。何をしているのかも、なぜそこにいるのかもわからず、凍りつき、寄り添っている二人の姿が、いつもそこにあるだろう。おそらく、彼らは行くべきところがないのだ。愛し合う二人を見てみると、何かが流れ、動き、変化している。愛し合う二人はオーラに包まれて生きている、絶えず分かち合っている。互いの波動が、互いの存在が相手に届いている。二人の間に壁はない。二人でありながら二人ではなく、一人でもある。

寄り添っているとしても、夫婦の間にはこの上なく大きな隔たりがある。夫には妻の言うことが耳に入らない。夫はとっくにつんぼになってしまった。妻には、夫の身に起きていることが目に入らない。妻は夫のことが見えなくなってしまった。二人は完全に無視し合う。二人は物、もはや人間ではない。というのも、人間とは常に開いた、常に不確かな、常に変化している存在だからだ。二人は決まった役割を果たす。結婚した日に彼らは死んだ。それ以来、生きていない。

結婚するなと言っているのではない。だが、肝心なのは愛だということを忘れてはいけない。愛がなくなれば、結婚も無意味になる。

あらゆる事柄、生のあらゆる事柄についても同様のことが言える。生を生きることもできる。だがその場合、ためらいながら、次の瞬間何が起こるかわからないという状況で、生きていかねばならない。あるいは、あらゆる事柄を確かにして生きることもできる。何に対しても確信を持っていて、全然驚かない人、驚かすことのできない人がいる。だが私は、非常に驚くべきことを伝えるために、ここにいるのだ。あなたたちは信じないだろうし、信じられないだろうが、私は知っている。全く信じ難いこと——あなたたちが神や女神であるということ——を伝えるために私はここにいるのだ。あなたたちは、そのことを忘れてしまった。


ちょっとした話を一つ。

ハーヴェイ・ファイアーストーン、トーマスA・エジソン、ジョーン・バローズ、ヘンリー・フォードの四人が、冬を過ごそうとフロリダへ向かい、途中、田舎の給油所に立ち寄った。

「ヘッドライトの電球が欲しいんだ」「ついでに言っておくが、その車に座っているのがトーマス・エジソン、私はヘンリー・フォードだ」とフォードが言った。

給油所の店員は顔すら上げず、馬鹿にした素振りを露にして、ペッと煙草のせいで黄色くなった唾を吐いた。

「それから、ファイアーストーンのタイヤがあるなら新品をもらいたい。で、あちらがファイアーストーンその人だ」とフォードが言った。

それでも、年配の店員は何も言わなかった。店員がホイールにタイヤを取り付けていると、白い顎鬚を生やしたジョーン・バローズが窓から首を出し、「やあ、こんにちは」と言った。

このときになって、給油所の男はキッと目を見開き、バローズを睨みつけてこう言った、「今度はサンタクロースだなんて言ってみあがれ、このスパナで頭かち割ってやるからな」

店員は、ハーヴェイ・ファイアーストーン、トーマスA・エジソン、ジョーン・バローズ、ヘンリー・フォードが、一台の車に乗って旅をしているとは信じられなかったのだ。彼らは友人同士で、よく一緒に旅をした。

私が、あなたたちは神や女神なのだと言っても信じないだろう。なぜなら、あなたたちの内側で旅をしているのは誰か、内側に座っているのは誰か、私の話を聞いているのは誰か、私を見ているのは誰か、完全に忘れてしまったからだ。あなたたちは完全に忘れている。あなたたちは、外部から名前とか宗教とか国とかいうラベルを貼られ、それらを額面通りに受け取った。だが、それらは偽物だ！　自分自身を知らなければ、ヒンドゥー教徒だろうが、キリスト教徒だろうが、イスラム教徒だろうが、そんなものに意味はない。そうしたラベルも何がしかの役には立つが、それ以外には何の意味もない。ヒンドゥー教徒、キリスト教徒、イスラム教徒、インド人、アメリカ人、中国人、そのことに何の意味がある？　どういう意味が、実在を知るうえでどう役に立つのだろうか。どれも無意味だ。実在はインド人でもアメリカ人でもないし、ヒンドゥー教徒でもイスラム教徒でもない。実在とは〈存在そのもの〉のことだ。

その〈存在そのもの〉を私は神と言う。内なる聖性を知れば、生を知る。知らなければ生は解読できない。あなたたちに伝えておく――生の一切は常に一つのこと、あなたたちが神であるということを指し示しているのだ。ひとたびこれを理解したなら、死はなくなる。あなたたちはそのことを学ぶ。それから、神々は死とともに我が家に帰る。

ビルンハムが死の床に伏せていたとき、彼の妻が泣き崩れた。
ビルンハムは言った。
「どうして泣くんだね？　私は、いかに死ぬかを学ぶためにだけ生きてきたのだよ」

生のすべては……いかにして我が家へ帰るか、いかにして死ぬか、いかにして消えるか、その訓練に他ならない。あなたが消えた途端、神があなたの中に現れるからだ。あなたの存在は神の不在であり、あなたの不在は神の存在なのだ。

今日はこれくらいにしよう。

第二章

失うものは何もない

With nothing to lose

最初の質問

愛する和尚、
どのようにして死に備えればよいのでしょうか？

何であれ決して蓄えないこと——力も、お金も、名声も、徳も、知識も、霊的体験と言われるものでも。蓄えてはいけない。蓄えなければいつでも死ねる。なぜなら、失うものがないからだ。死ぬのが本当に恐くて死を恐れるのではない。死の恐怖は生の蓄積から生じる。失うものがありすぎてそれにしがみつくのだ。「心の貧しい者は幸いである」とイエスは言ったが、そういう意味だ。乞食になれ、世を捨てろという意味ではない。俗世にいても俗世にまみれるなということだ。内に貯め込まず、心を清貧にしておく。何も持たない、そうすれば喜んで死ねる。持つことは、問題ではあっても生ではない。持てば持つほど失うのを恐れる。何も持たず、純粋で心が少しも汚れていなければ、ただ一人そこにいるだけであれば、いつでも消え去ることができる。死がいつ何時、扉を叩こうと覚悟ができている。あなたは何一つ失わない。死とともに立ち去っても、失うものはない。あなたは新たな体験をしにいく。

蓄えてはならない――無条件に。俗なものを蓄えてはならないが、徳や知識、霊的体験やヴィジョンなら良いと言っているのではない。違う、無条件にだめだと言っているのだ。蓄えないように。世を捨てろと言う人たちがいる、とりわけ東洋に多い。「世俗的なものを蓄えても、死んだら持っていけないから蓄えるな」と言う。こういう人たちは、世間一般の人々よりも本質的に貪欲らしい。その論理とは――世俗的なものは死が取り上げてしまうから蓄えてはいけない。死が取り上げられないもの、徳（*punya*《プニャー》）、霊的体験、クンダリーニの体験、瞑想等々、死が取り上げられないものを蓄えよ、というものだ。

だが、蓄えれば恐怖がやってくる。何を蓄えても蓄えただけ恐怖が付き纏《まと》う、それであなたは恐れる。蓄えなければ恐れは消える。世を捨てろと昔ながらに教えているのではない。私のサニヤスは全く新しい考えに基づいている。それは俗世にいながら、俗世に超然としていることを教えるものだ。だから、いつだってあなたにはその用意ができる。

偉大なスーフィーの神秘家、アブラハム・アダムの話を聞いたことがある。かつてアブラハムはブハラの皇帝だった。後に、全てを抛《なげう》ってスーフィーの乞食になった。もう一人のスーフィーの乞食と一緒にいたときのこと、その男が絶えず自分の貧乏を嘆くのでアブラハムは困った。

アブラハムは男に言った、「そこまで嘆くのは、貧乏を安く買ったからじゃないかね」

「ばかばかしい！」。誰に言っているのかも、かつてアブラハムが皇帝だったことも知らずに男はやり返した。「貧乏が買えると思うなんて、あんた、本当に馬鹿だよ」

アブラハムは答えた、「私は、貧乏になるため自分の王国を代償として支払った。たった一時でも貧乏になれるのなら、百の世界を捨値で売ってもいい。貧乏の価値は日増しに高まっている。だから、お前さんが貧乏を嘆いている一方で、私がそれに感謝するとしても何の不思議もない」

心の貧しさこそ本当の貧しさだ。*sufi* という言葉はアラビア語の *safa* に由来する。*safa* は清浄。*sufi* は心の清浄な人という意味だ。

では、清浄とは何だろう？　私の言うことを誤解してはならない。清浄は、道徳とは何の関係もない。道徳的な解釈はしてはならない。清浄は、清教徒とは何の関係もない。それはただマインドが汚れていない状態、意識以外に何もない状態のことだ。意識には意識以外のものは入っていかないが、所有を熱望するとそれがあなたを汚す。金《きん》は意識に入り込めない。無理だ。どうやってあなたの実存に入り込む？　無理だ。お金は意識に入り込めない。だが、持ちたいと思えばその所有欲が意識に入り込む。するとあなたは清浄でなくなる。何ものも手にしようと思わなければ、恐れはなくなる。すると、死でさえ、くぐり抜けるべきすばらしい体験となる。

真に霊的な人は極めて多くの体験をするが、決して蓄えない。体験したら忘れる、決して未来に投影しない。その体験を繰り返そうとか、もう一度体験してみようとか言わない。それらを請い願うこともない。起こったことは起こったこと、それで終わりだ！　霊的な人はそれでお仕舞いにし、体験から離れていく。常に新たなものを受け入れる用意をし、古いものを持ち運ばない。

そしてもし、古いものを持ち運ばなければ、本当とは思えないほど新しい生を見出すだろう——生のそれぞれの段階において、全く新しい、信じられないほどの新しい生を。生は新しい。古いのはマインドだけだ。マインドを通して見るならば、生は繰り返しの退屈なものに見える。マインドを通して見なければ……。マインドとはあなたの過去、体験や知識、その他諸々の蓄積。マインドとはあなたが体験してきたもの、だがいまだにしがみついているもの。残存物、鏡のようなあなたの意識を覆う過去の埃だ。だから、マインドを通すとすべてが歪んで見える。マインドは歪める働きだ。それを通さずに見れば、生は永遠であることがわかる。死ぬのはマインドだけ——マインドがなければ、あなたは不死だ。マインドがなければ何一つ死ぬものはない。生は永遠に歩み続ける。始まりも終わりもない。

蓄える、すると始まりが生じる。そして、終わりがやって来る。

どうやって自分の死に備えるか。死に備えるといっても、最後に訪れる死への備えのことを言っているのではない。それはずっと先のこと。もしそれに備えようというのであれば、準備は未来のためのものとなり、またマインドが侵入してくる。そうではない、私が備えよと言うのは最後にやって来る死に対してではなく、息を吐く度に訪れる死に対してだ。一瞬一瞬、この死を受け入れてみなさい。そうすれば、最後の死がやって来ても備えができているだろう。

始めなさい、一瞬一瞬、過去を捨て去ることを。一瞬一瞬、過去から身を清めなさい。未知のものが手に入るよう既知のものを捨てなさい。一瞬ごとに死んで、一瞬ごとに生まれ変われば、あなたは生を、そしてまた死を生きることができるだろう。

強烈に死を生きる、強烈に生を生きる。何も後に残らないほど、死すら残らないほど強烈に生と死を生きる――これこそ本当の霊性だ。生と死を全一に生きれば、あなたは超越する。そのように生と死を途方もなく情熱的に強烈に生きることで、あなたは二元性、分裂を超越し、一なるものとなる。一なるものこそ本当の意味での真理だ。それを神と言っても、生命と言ってもいい、サマーディ、歓喜と言ってもいい。どの言葉を選んでも構わない。

第二の質問

愛する和尚、

時々、あなたは愛と瞑想のことで私達を混乱させるようです。愛が全く不毛であることを強調するときもあれば、瞑想が無用だと言うこともあります。しかしまた、光明へ到るには、愛も瞑想もともに不可欠だとも言います。

「時々、あなたは私達を混乱させるようです」と質問者は言っている。違う、あなたは私の言うことをよく聞いていない。私は常に混乱させているのだ。時々ではない。混乱こそ私の手法だ。

私は混乱させて、あなたのマインドからあなたを引き離そうとしている。愛とか瞑想とか神とか、そういった名のもとに、あなたがマインドにしがみ付くことを私は望まない。マインドはとても狡猾だ。どんなものにも生い茂ることができる。瞑想にも、愛にも生い茂る。あなたのマインドが成長しているところを見れば、すぐに私は、あなたをマインドから引き離さなければならない。私は、あなたがノーマインドの状態になれるよう全力を注いでいる。私がここにいるのは、何か信念を持たせるためではない。教義を与えるためでも、生きていくうえでの信条を与えるためでもない。私がここにいるのは、あなたからあらゆる信条を取り除くためだ。というのも、そうしてはじめて、生が起こるからだ。私は生きていくための、いかなる支えも与えない。あなたから、杖や支えをことごとく取り上げようとしているのだ。

マインドはとても頭がいい。もしあなたが「お金に対する執着を落とせ」と言えば、マインドは「よろしい。だが、瞑想に執着しても構わないだろうか」と言う。「世を捨てろ」とマインドに言えば、「よろしい。ではこれから、霊的体験を手に入れても構わないだろうか」と言う。「世を捨てろ」

と言えば、「世の中は捨ててもいいが、これからは神に執着しよう」と。

神という観念ほど、神への大きな障害となるものはない。

神という言葉は、大きな障害となっている。神への信仰は、大きな障害となっている。神のところへ達したければ、神についてのあらゆる観念、ヒンドゥー教、キリスト教、イスラム教を問わず、あらゆる神への信仰を落とさねばならない。執着せず、知ろうとせず、絶対的な沈黙を守らねばならない。そのように知識や信念に全く無関心でいるとき、神は自らその姿を現す――全く無関心でいるときにのみ。

私の努力とあなたの努力とは全く異なっている。あなたがここでしていることと、私がここでしていることは正反対だ。私はあなたの中に、深い無知を創造するために努力している。だから、あなたを混乱させねばならない。知識が集まり出しているところを見るたびに、私はすぐに飛びついてそれを破壊する。私のそばにいれば学ばざるを得ないのだが、少しずつあなたは、知識を集めても無駄だということを学ぶだろう。なぜなら、ここにいる男があなたを無事にしてはおかないからだ。あなたが何かに執着すれば、この男が取り去る。では、何が大事なのだろう。いつの日か、あなたは私の言うことをただ聞いているようになるだろう。執着もなく、私の話から信念や哲学や理論を作ることもなく、ただ聞いているだけ。鳥の声を聞くときのように、松の木を掠める風の音を聞くときのように、海に流れ込む川の音を聞くときのように、海の波の荒々しい唸りを聞くときのように。そうなったら、あなたは哲学を作らない。ただ聞いているだけとなる。

私をあなたの前で唸る荒々しい海、木々を掠める風、朝にさえずる小鳥にしておいてほしい。私は哲学者ではない、知識を分け与えているのではない。知識を超えたものを指し示そうとしているのだ。

だから、あなたがうなずいているところ、「そうだ、これは正しい」と言っているところ、知識を集めているところを見つけたらすぐに飛びつき、それと反対のことを言って混乱させねばならない。混乱させるのが私の手法だ。私はいつもそうしている。そうした理論化を完全にやめなければ、マインドを脇に置き、音楽を聴くときのようにひたすら楽しんで私の話を聞くようにならなければ、あなたをくつろがせはしない。そういうふうに話が聞けるようになれば、決して混乱しない。混乱してしまうのは、最初にあなたが何かに執着していて、次に私がそれを打ち砕くからだ。あなたは混乱している。あなたは家を作っていた。だが、そこへ私が行ってその家を壊した。

実際、あなたの混乱は自分で招いたものだ。家を作ってはいけない。作らなければ壊せない。作れば私が壊しに行く。家作り——それはトランプの家だ——をやめれば、「この男がやって来て壊してしまう」と言えば、身構えることなくただ私の話を聞き、わざわざ住む家を作らなければ、あなたを混乱させることはできない。そして、混乱させられなくなったときが、あなたにとって大いなる喜びのときとなるだろう。なぜならまさにそのとき、頭ではなく実存で、私を理解できるようになるからだ。それは言語の交流ではなく心の交流だ。言葉の伝達ではなく、エネルギーの伝達だ。

あなたは私の家に入って来るだろう。

私は、家作りを許さない。障害となるからだ。作ればそこに住むようになる、だが私はあなたを私の家に招こうとしている。イエスは弟子たちに言った、「私の神の家には、邸宅が並んでいる」と。私も言おう、「すばらしい宮殿があなたを待っている。あなたをそこへ案内する」と。だが私は、あなたが道の脇に家を作っているのを目にする。だから壊さねばならない。そうしないと、あなたの旅は台無しになり、決して目的地に到達しないからだ。あなたはどんなものでも崇拝し始める。とてもせっかちで、私が何を言っても、すぐにそれを掴んでしまう。

私はそうするのを許さない。だから、油断してはいけない。あなたが油断なく覚めていれば、混乱させる必要など少しもない。実際、油断なく覚めていれば、どうやっても混乱させることはできない。「和尚、もう私を混乱させることはできません。あなたが何を言っても、私はそれを聞いて楽しみます。理論化することなどありません」と言えるようになったときが、あなたを混乱させられなくなったときだ。それまでは、何度も何度も混乱させるつもりだ。

第三の質問

愛する和尚、
セックスは死と密接な関係にあります。では、自然な禁欲とはどういうものなのでしょうか。

セックスは、死よりも出生の方と密接な関係にある。出生はセックスに起因する。出生は性的な現象だ。もちろん、セックスは死とも密接な関係にあるが、付帯的なものだ。つまり、出生がセックスに起因するなら、死もまたセックスに起因するということだ。そこで、セックスを超えれば、禁欲を守りずっとブラフマチャリアでいれば死なない、不死身になるという愚かしい考えが、東洋に生まれた。馬鹿げている。なぜなら、死は未来に起こるのではなく、出生とともにすでに起こっているからだ。それは避けられない。性に溺れることも禁欲に励むことも可能だが、どちらにしても同じだ。

ムラ・ナスルディンは満百歳になった。それで数人の記者がインタビューに来た。ムラは町で初めて百歳に達した人間だ。記者達はどのようにしてそれほど長生きできたのか尋ねた。ムラは答えた、「あたしゃ、酒も飲まなかったし、女にも興味がなかった。それで長生きしたんだろう」

ムラが答え終わるか終わらないうちに、隣の部屋でとても大きな物音を立てて何かが倒れた。ラケットだった。物音が気になった記者達は、「何が起こったのですか」と尋ねた。

「親父ですよ。酔っ払って、また女中を追っかけているんだろう」とムラは答えた。

その老人は百二十五歳に違いない。ムラは、「この年まで生きたのも禁欲と禁酒のお陰。あたしゃ、ずっと女を遠ざけてきた」と言っていた。だが、ここに、今だ酒を飲み女性を追いかけまわしている彼の父親がいる。

肉体を持った瞬間から、すでに死は起こっていた。子宮に入った瞬間から、すでに死は起こっていた。あなたの時計、生の時計が、時を刻めるのは、わずか七、八十年——それは無数のものに依存している。だが、進めるのはそこまで。どのような生を送ったとしても違いはない、死は起こる、死は避けられない。

質問者は尋ねている、「性は死と密接な関係にあります。では、自然な禁欲とはどういうものなのでしょうか」

まず、出生と死はともにセックスに関係しているが、禁欲するだけで死を超えることはできないということだ。死はすでに、生まれたときに起こっている。超える術はない。実際、すでに死は起こっている。だから必ずやって来る。時間の問題だ。あなたは刻一刻と死に向かって突進している。

ゆえに、死を避けたいというだけで禁欲してはならない。それもまた死に対する恐れだ。禁欲しようとする人は死を恐れている、そして死を恐れる人は死を理解し得ないし、不死も理解し得ない。

恐れてはならない。

禁欲というのは自然なものでしかあり得ない。「自然な禁欲とはどういうものなのでしょうか」とあなたは尋ねる。禁欲には自然なものしかあり得ない、他にはどんな禁欲もない。自然でなかったら、禁欲ではない。禁欲を強いたり、性欲を抑えたりはできる。だが、それでは意味がない。禁欲的にはなれない。それどころかどんどん性的になるだけだ。性は存在全体に広がり、無意識の一部となる。夢の動機となり、夢をつき動かし、セックスを夢想するようになる。実際、かつてないほどあなたは性的になる。一層セックスのことを考えるようになる。だから、何度も抑圧しなければならない。何度も抑圧しなければならなくなるのは、抑圧に完全な勝利はあり得ないからだ。力や暴力でセックスを打ち砕くことはできない。統制したり抑制したりしても無駄だ。統制や抑制を試みた人々は、非常に好色な世界を作りあげてきた。聖人と呼ばれる人は、非常に好色なマインドを持っている。彼らの頭に穴を開け窓を作ることができたら、そこから見えるのはセックス、ポルノグラフィーだけだろう。そうならざるを得ない、そうなって当然なのだ。

いかなる禁欲も強いてはならない。性を理解し、その中へ深く入っていきなさい。性には独自の、途方もない美しさがある。それは最も深い生の神秘の一つ、大いなる神秘だ。生はそこからやって来る。性は罪ではない。罪なのは抑圧だ。性はとても自然で当たり前のもの、手に入れようとしなくても生まれつき備わっているもの、存在の一部だ。非難したり、裁いたり、恐れたり、闘ったりしてはならない。より瞑想的に、ひたすら性の中へ入っていくこと。性の核心が知り得るよう、沈黙し、深く受け入れること。オーガズムの只中を過ぎる瞬間、セックスがあなたをひきつけるものでなくなっていくことに気づくだろう。エネルギーは高みへ昇っていき、愛は深まるが、性的ではなくなっていく。これは自然に起こる。

愛を深めろと言っているのではない。性の神秘に深く入っていけば、愛は自ずと沸き上がってくる。あなたは愛に満ちてくる。が、性欲の方はどんどん減少していく。そして、性の煙が跡形もなくなり、純粋な愛の炎だけが残るときが来る。粗雑な性エネルギーが微細な芳香、愛の芳香に変容する。

そうなったら、愛の中へ深く入っていきなさい。深く入っていけば、愛の核心にも出会うだろう。そのとき、祈りが生まれる。それは同時に起こる。性は肉体と、愛は精神とより深く関わっている。祈りのときに、突然あなたは魂と結びつく。性という種は、三つの可能性を秘めている。性が愛の中に消え、愛が祈りの中に消えたとき、自然な禁欲が起こる。

禁欲を表すインドの言葉はとても美しい——ブラフマチャリア。文字通り「神のように生きる」という意味だ。ブラフマチャリアとは、神のように生きること。エネルギーのすべてが祈り、慈悲、感謝、祝福となる。

しかし、私は性が神聖でないと言っているのではない。それは種だ。愛が木で、祈りが開花だ。

祈りは性エネルギーから生まれる。だから、性に感謝し、尊重しなくてはならない。性を尊重すべきなのは、すべてがそれから生まれるからだ。生はそれから生まれる、死はそれから生まれる。愛、祈り、神も然り。性はあなたの全運命を内に秘めている。私にとって性は、性にとどまらない。それはすべてだ。

　だから、性に反対する態度を取った途端、生の旅はすべて失われる。あなたは行き場のない、負けるしかない闘いに巻き込まれる。性エネルギーは打ち負かせない。性エネルギーには神が、愛と祈りが隠れているからだ。どうして打ち負かせる？　あなたは極めて小さい、だが性エネルギーは極めて広大だ。全存在は性エネルギーに満ちている。

　だが、「性」という言葉は卑しめられてきた。泥の中から取り出さねばならない。性を清め、その回りに寺院を建立しなくてはならない。覚えておきなさい――禁欲は自然なものでしかあり得ない、それ以外のものはない。禁欲は、統制でも抑制でもない。それは、あなたのエネルギーとその可能性を途方もなく理解するということだ。

第四の質問

愛する和尚、

あなたは、何人《なんぴと》も他人の生に対して指図してはならない、とおっしゃいました。そのことと、あなたの求めに応じたり、あなたに明け渡したりすることとの辻褄《つじつま》を、どう合わせれば良いのでしょうか。

まずもって、私は誰でもない。

さて、もう一度その質問を聞いてみよう。

「あなたは、何人も他人の生に対して指図してはならない、とおっしゃいました」

私が明け渡せと言ったからといって、私に明け渡してはならない。だが、あなたが明け渡したいと思うのであれば、私にはどうしようもない。それは、あなたの感情だ。もし、私があなたに明け渡すよう命じているのであれば、言うことを聞いてはならない。だが、あなたのハートが命じているのならどうする？　求めに応じるよう私が言うのであれば、一切従ってはならない。だが、あなたが「この男の求めに応じろ」と自分で思っているのであれば、そうするがいい。

そのうえ、ここには誰もいない。私を深く覗き込んでみれば、誰もいないのがわかるだろう。家は空っぽ、望みさえすればその空間はすべてあなたのもの。私は空間にすぎない。あなたが見ている椅子に座っている男は、ずっと前に死んだのだ。あなたに命令するような実体は存在しない。

昨夜、女性の求道者が、「私も他のサニヤシンのように明け渡したいのですが、できません。自由を手放せないからです。私はとても小さいときから色々と躾られ、がんじがらめにされてきました。今は、別の檻に入れられるのが恐いのです」と言った。私は、「恐がらなくてもいい。あなたに自由を、絶対的な自由をあげよう」と言った。

サニヤスとは自由、正しく理解するなら、絶対的な自由のことだ。

その女性はそこのところを理解した。私がこう言ったからだ、「今あなたは、別の檻に入りはしないかと恐れている。だが、自我自体が檻に、最大の檻になり得ることを知っているだろうか。あなたは色んなことに関わって生きてきた。そして、それが皆、檻となってしまうことに気がついた。けれども、自我自体が檻になるのだ。人を閉じ込めることのできない人間、誰でもない人間に明け渡せば、自我が檻になる危険性そのものもなくなる。明け渡すといっても、本当のところ私に明け渡すのではない。私はここにいないからだ。それに私は、明け渡しを少しも楽しみにしてはいない。あなたが明け渡そうと明け渡すまいと、私には同じことだ。実を言えば、明け渡すのはあなた自身に対してであって、私にではない。あなたが自分の自我を明け渡すというだけで、私は方便、口実にすぎない。川や空や星に明け渡すというのは、なかなかできるものではない。難しいうえに、ちょっと馬鹿げて見える。だから私は、馬鹿げていると感じなくても済むように、ここにいる振りをしているのだ。あなたの自我はここに置ける。受け取る者も喜ぶ者もいないが、それは役に立つ」

ブッダはそうしたものを方便――ウパヤと呼んだ。それはウパヤ、触れるべき足が見つからないと自我を降ろそうとしない人達のための方便だ。私はあなた達に足を提供する、だが私はいない。

第五の質問

愛する和尚、
なぜあなたは、私達に宗教的な名前をくださるのですか。愚かしく思えます。アシュラムの外で、インド人にスワミと真面目に呼ばれることなど滅多にありませんが。

あなたは、そう呼ばれたいと強く望んでいるに違いない。私があなたをスワミと呼ぶのは、人からそう呼んでもらうためではない。スワミは主人という意味だ。人に主人と呼んでもらいたがってはならない。私があなたをスワミと呼ぶのは、あなたが自分の主人となるための道を示そうとしているからに過ぎない。人をあなたの奴隷にするためではなく、あなたがあなたの主人になれるようにと思ってのことに過ぎない。己の主人、それがスワミだ。だから、誰もあなたをスワミと呼ばなくても私は何とも思わない。いや、むしろ誰かがあなたをスワミと呼んだら注意しなくてはならない。危険だからだ。あなたは自分を聖人のように思い始めるかもしれない。そういう愚かな考えを持ってはならない。私がここにいるのは、あなたを聖人君子か何かに仕立て上げるためではない。

どうして宗教的な名前をくれるのか、愚かしく思える、と尋ねているが、確かにその通りだ。実を言うと、私の狙いはあなたをとても愚かで馬鹿げたものにし、他人も、あなたも、あなた自身を笑えるようにすることにある。それが私の策略だ。

スワミと呼ぶ理由はもう一つある。宗教的な名前を与えるのは、私にとって俗なものと神聖なものは別々ではないからだ。俗なものは神聖なもの、平凡なものは非凡なもの、自然なものは超自然なものだ。

神は、この世から遠く離れたところにいるのではない。神はこの世の内にいる。あらゆるものはそのままで神聖だ、というのが私の一貫した姿勢だ。生に反対する、というのが宗教家の古い考えだ。古い考えの人は、この世の生を、この平凡な生を、凡庸なもの、穢れたもの、幻想と呼んで蔑《さげす》む。私は生を深く愛しているから、蔑むことはできない。私は、生への思いを高めるためにここにいる。

人よりも抜きん出るようにしてあげたくて、宗教的な名前を与えているのではない。「私の方が神聖だ」とか、そういう類の思いを抱かないこと。それは馬鹿げている。

あなたたちにはオレンジの服を着させているが、その服は、何世紀もの間ずっと、ある特別な目的のために身につけられてきた――平凡な生と宗教的な生を区別するために。私は、このような区別をすべて失くしたいと思っている。あなたにオレンジのローブを着せ、しかも、生から離さないようにしているのはそのためだ。

あなたは、普通の生を生き、座ったり、働いたり、歩いたりするだろう。市場や店や工場にいるだろう。労働者だったり、医者だったり、技術者だったりするだろう。私は、あなたを特別な存在にしようとしているのではない。まさに、その特別な存在になりたいという欲望が、非宗教的だからだ。そうした思いを粉々に打ち砕くために、そのローブを着させているのだ。それで、伝統的なサニヤシンたちは私に強く反対する。

私は彼らの優越性をことごとく粉砕する。遅かれ早かれ、区別はなくなるだろう。私のスワミたちが、急速に成長している。古いスワミたちは、新しいスワミたちのジャングルの中にすっかり埋没してしまうだろう。人々には、誰が誰だかわからなくなるだろう。それが、あなたをスワミと呼ぶ隠された理由だ。私は、宗教的な生を普通の生にしたい。なぜなら、普通の生しか存在しないからだ。他の生はどれも皆、エゴトリップでしかない。この生はとてもすばらしい、それに優越する別の生を作る必要はない。

生へ深く入っていきなさい、深く。そうすれば、幽遠な深みが現れるだろう。この普通の生には、計り知れない可能性がある。宗教的な生と言われるものは、宗教的ではない。その意味において、あなたには宗教的になって欲しくない。私は、聖と俗、神聖なものと神聖でないものの垣根を、すべて失くしたいと思っている。それは偉大な革命だ。あなたは、何が起こっているのか気づきもしないだろうが。

伝統主義者が反対するとしても、それは理解できる。私が彼らの「私の方が神聖だ」という態度を打ち砕いているからだ。

オレンジ色を特別に選んだ理由はそこにある。それはサニヤシンの伝統的な衣服として着用されてきた。だが、私が選んだのは服だけで、他には何も、伝統的な規律も何もない。あるのは気づき、生への愛、生の尊重、生への崇敬だけだ。あなたにオレンジのローブを着せているが、伝統的な区別が壊されたとわかったときには、その服から開放するつもりだ。そうなったらもう必要はない。だが、それには時間がかかる、何世紀にも亘ってその区別が作られてきたからだ。

あなたには、何が起こっているのか想像できない。オレンジのローブを着たサニヤシンが、ガールフレンドと通りを歩いていたら何が起こるのか、あなたには想像できない。インドでは、一万年もの間、そんなことは起こらなかった。信じられない出来事だ。それでも、スワミと呼んでもらいたいのかね？　殺されないだけでも充分だろう。あなたはインドの伝統を破壊しているんだよ。サニヤシンとは女性を決して見ない人のことだった。触れるのは問題外、手を握ることすらできなかった。それは、充分地獄行きに値する行為だった。

私はあなたを、全く新しいサニヤシンにした。ネオ・サニヤスだ。私のしていることは皆、ある手法に基づいている――あなたが気づいているかどうかは知らないが。伝統的な態度を、残らず打ち壊したいということだ。生は宗教的であるべきだが、宗教はいかなる生も持ってはならない。市場と僧院の間に垣根があってはならない。僧院は市場の中にあるべきだ。神聖なものは、日常の生の一部となるべきだ。


睦州に尋ねる者がいた、「何をするのですか。どういう修行をするのですか」

睦州は答えた、「平凡に生きる、それが私の修行だ。腹が減ったら飯を食い、眠くなったら寝る」

そう、まさにこれこそ生のあり方だ。

質問者は戸惑ってこう言った、「特別なものは何もないようですが」

睦州は答えた、「そこが大事なところ、特別なものは何もない」

特別なものを望むのは、すべて自我の働きだ。

質問者はまだ戸惑っていた、「しかし、誰でもやっていますよ。お腹が空いたら食べ、眠くなったら寝るなんてことは」

睦州は笑った。「そうではない。食事のとき、人は同時に多くのことを為している。考える、夢を見る、想像する、思い出す。食べることだけではない。私の場合は、ただ食べる。食べることがあるだけで他には何もない。純粋なのだ。眠るとき、人は多くのことを為している。夢を見る、闘う、悪夢を見る。私の場合は、ただ寝るだけ、他には何もない。寝ているときには眠りしかない、睦州すらいない。食事のときには食べることしかない、睦州すらいない。歩いているときには歩きしかない、睦州はいない。歩きだけ、歩きしかない」

あなたにもそうなってほしい。平凡に、だが平凡な生に気づきという質を持ち込むように。平凡な生に神を引き入れるように、神を招待するように。眠る、食べる、愛する、祈る、瞑想する——特別なことをしていると思わずに。そうすれば、あなたは特別な人になるだろう。平凡な生を喜んで生きようとする人は特別だ。特別でありたい、並外れた存在になりたいという望みは、全くもって平凡なものだからだ。くつろいで、平凡でいようとするのは、本当に特別なことだ。

第六の質問

愛する和尚、

この生が、始まりも終わりもなく、とても神秘的なのはどうしてでしょうか。説明してください。

さて、私も馬鹿げた答を与えているのだが、あなたも馬鹿げた質問をし始めた。この生がとても神秘的なのはどうしてかって？　私が知っているとでも思うのかね？　それはそうなのだ！　それは事実であって、理論の問題ではない。私は、理論として生は神秘的であると言っているのではない――理論なら答えることもできようが。それは単にそうなのだ。木々は青い。あなたはなぜかと尋ねる。木々が青いのは、木々が青いからだ。なぜ、という問題ではない。

もし「なぜ」と問うことができ、答えることができれば、生は神秘でなくなる。「なぜ」に答えられるなら、生は神秘であり得ない。「なぜ」が問題にならないからこそ、生は神秘なのだ。

「この生が、始まりも終わりもなく、とても神秘的なのはどうしてでしょうか」

始まりも終わりもないのが私のせいであるような気がして、私は罪悪感を覚える。あって然るべきだ――全くあなたの言う通り。だが、どうしようもない。生には始まりも終わりもないのだから。

こんな話を聞いたことがある。

ムラ・ナスルディンが、弟子の一人に、生というのは女のようなものだと話していた。私は驚いて、彼の言うことを注意して聞いた。

ムラは言った、「女を理解していると言う男は、うぬぼれ屋だ。女を理解していると思っている男は、騙されやすい。女を理解している振りをする男は、いかがわしい。女を理解したがっている男は、もの悲しい。一方、理解していると言わない男、理解していると思っていない男、理解している振りをしない男、理解しようとさえしない男は、女のことを理解している！」

生もそれと同じ。生は女性だ。生を理解しようとすれば、収拾がつかなくなる。理解のことは全部忘れ、ただ生を生きなさい。そうすれば理解できるだろう。理解は、知的なものでも理論的なものでもなく、全体的なもの。言語的なものではなく、非言語的なものだ。それが、生は神秘だということの意味だ。生は生き得ても、解き明かし得ない。生は知り得ても、語り得ない。それが神秘の意味だ。生は神秘だということの意味は、生は問題ではないということだ。問題は解きうる。だが、神秘は解き得ない。解き得ぬ謎を孕《はら》んでいる。だが、生が解き得ないのは良いことだ。そうでなかったら、どうなるだろう？　考えてもみるがいい、生が神秘ではなく、誰かがやって来てあなたに説明するとしたら――。そうなったら、どうする？　自殺するしかないだろう。自殺さえ無意味に思える。

生は神秘だ。知れば知るほどすばらしくなる。不意に、生を生きる瞬間が来ると、あなたは生とともに流れ出す。あなたと生の関係が、最高潮に達する。だが、生を見定めることはできない。それがそのすばらしさであり、深みに底のない所以《ゆえん》なのだ。

そうだ、始まりも終わりもない。生に始まりや終わりなどあり得ようか。始まりとは無から何かが出現すること、そして終わりとは何かが存在していて、それが無の中に消えていくこと。それはさらに大きな謎となる。生に始まりがないというのは、単に生がずっとそこにあったということだ。始まりはあり得ない。かつてのキリスト教神学者のように、線を引いて、生が始まった瞬間はここだ、などと言えるだろうか。彼らによれば、キリストが生まれるちょうど四千年前のある月曜日に生は始まった。当然、朝だったに違いない。しかし、その前に日曜日がなかったら、どうやってその日を月曜日と呼ぶのだろう？　その前に夜がなかったら、どうやってそのときを朝と呼ぶのだろう？　ちょっと考えてごらん。

いや、印は付けられない。付けるのは愚かだ。何かがなければ、線といえども引くことはできない。先んずるものがなければ線は引けない。二つのものがあれば線は引けるが、一つしかないときに、どうやって引くのだろうか。あなたの家の周りに囲いが作れるのは、隣人がいるからだ。隣人がいなければ、囲いの外に何もなければ、囲いは存在し得ない。考えてもみるがいい。囲いの外に全く何もなければ、囲いは無の中に落ちてしまうだろう。どうやって存続できる？　囲いを維持するには、その外に何かが要《い》る。

生が始まったのが月曜日だとすれば、それに先行する日曜日がなくてはならない。そうでなければ、月曜日は転げ落ちて失くなる。同様に、終わりもあり得ない。生は存在する、ただ存在する。生は在り続けてきたし、これからも在り続ける、それは永遠だ。

生について考え始めないように。考え始めれば、生を取り逃がす。それに費やす時間は、全くの無駄だからだ。その時間を、その空間を、そのエネルギーを、生を生きることに使いなさい。

第七の質問

愛する和尚、
瞑想を成長のアートではなく、死のアートと好んで呼ばれるのはどうしてでしょうか。

成長のアートと呼べば、あなたの自我がそれをとても気に入ってしまうのがわかっているからだ。死のアートは、一種の衝撃だ。

小話を一つ。
ある日のこと、ムラ・ナスルディンは、町にある井戸の周りに人だかりができているのを目にした。頭に巨大なターバンを巻いたムスリムの僧侶が、井戸に落ち、助けを求めていたのだ。人々は前かがみになって、「手をよこしなさい。先生、手をよこしなさい！」と叫んでいた。だが、僧侶は差し出された救いの手に見向きもせず、水と格闘しながら助けを求めて叫んでいた。

いよいよ、ムラ・ナスルディンが進み出てきた、「ここは私に任せなさい！」。ムラは僧侶の方に手を差し出し、「私の手を取りなさい！」と叫んだ。僧侶はムラの手を掴んだ。そして井戸から引き上げられた。

人々はとても驚いて、ムラに、どうやったのか種明かしをしてくれと言った。「簡単なことさ。私はこのけちん坊が、誰にも何もやらないことを知っていたんだ。自分の手でさえもね。だから、『手をよこせ』という代わりに『手を取れ』と言ったんだ。思った通り、取りやがった」

私は、あなたが成長のアートと呼んでほしがっているのを知っている。そう呼べば、あなたの自我はすこぶる心地よく思うだろう――「それは成長の問題だ。だから、ここに留まって成長しよう」自我は常にそうしたがる。

私は、意図的に死のアートと呼んでいる。瞑想が死のアートなら、あなたの自我にはショックだろう。

また、死のアートと呼ぶ方が、より正しいという面もある。自我が育たず、瞑想の中で死んでいくことになるからだ。二つの可能性しかあり得ない――自我が成長し続け、どんどん強くなっていくか、あるいは消えていくか。自我が成長し続け強くなっていけば、あなたは一層泥沼にはまる。さらなる足かせをはめられ、どんどん自我の束縛の中に落ちていく。あなたは窒息するだろう、あなたの生全体が地獄となるだろう。
自我の成長は癌の増殖だ。癌のようにあなたを殺す。瞑想は、自我の成長ではなく自我の死だ。

第八の質問

愛する和尚、
あなたが死について話をすればするほど、私の生に対する渇望が大きくなります。私は、自分が本当には生きていないことを知りました。生と死がともに来るのは理解できますが、私の内部には、生、愛、激情への熱望があるのです。私は、満たされない欲望を捨てようとして悩んでいる自分を発見しました。手にしたことのないものを諦めることなど、できるのでしょうか。私は、再び肉体に戻れさえすれば良いと思っています。幻想にしろ何にしろ、未だに欲望があり、自分でも驚いているのですが、その欲望がかつてないほどのものになっていることを認めざるを得ません。

私が「死ぬ」と言う場合、真の眼目は「強烈に生きる」ということにある。本当に言いたいのは、情熱的に生きなさいということだ。生を全うしてもいないのに、死ねるはずがない。完全な生の中にこそ、死はある。そしてその死は美しい。情熱的に、強烈に生きれば、死は自ずとやって来る――沈黙として、深甚なる至福として。私が「死ぬ」と言う場合、生に反することは一切意図されていない。あなたが死を恐れているとすれば、実のところ、生も恐れている。それが、質問者に起こっていることだ。

生は死を運ぶ、だから死を恐れる者は生をも恐れる。敵を恐れればドアを閉ざす、そうすると友も入って来られなくなる。敵を恐れてドアを閉ざす、敵が入って来るかもしれないと、友が入って来るドアをも閉ざす。ひどく恐れているため、友に対しても開くことができない。友が敵に変わらないとも限らない――それは誰にもわからない。そうでなくとも、ドアを開けておけば敵が入って来るだろう。

人々は、死への恐れから生を恐れるようになった。人々が生を生きないのは、生の頂点、絶頂では、常に死が浸透しているからだ。こんな現象に注目したことがあるだろうか。大多数の女性が不感症なのだ。女性は、オーガズム、エネルギーの激しい爆発を恐れている。長きに亘って、性的快感を得られずに、オーガズムを知らずにいる。

また、大多数の男性も、その恐怖に苛まれている。九十五パーセントの男性は、早漏のために問題を抱えている。オーガズムに対する大きな恐れから、何とか早くオーガズムを終わらせよう、オーガズムから脱しようとする。

男性は、何度も性行為をしようとするが、恐れを抱いている。女性は感じない。男性も怖くてオーガズムの状態に留まっていられない。他ならぬその恐怖が、男性を自然な状態よりも早く射精させる。女性は不感症で、閉じて自分にしがみつく。その恐れのため、もはやこの世からオーガズムが消えてしまった。深いオーガズムのときには、死が入り込む。死んでしまうように感じる。オーガズムに達すると、女性はもだえ、大きなうめき声を出す。「死んじゃう、殺さないで！」と言うこともある。実際にあることだ。女性は、オーガズムに達するとあえぎだす。「死んじゃう、殺さないで。やめて！」と声をだす。自我が存在できない深いオーガズムがやって来ると、死が入り込む。だが、それがオーガズムのすばらしいところだ。

人々は愛を恐れるようになった。なぜなら、愛には死が浸透しているからだ。恋人同士が、話もせず、深い愛に包まれ、仲良く寄り添っているとすれば……おしゃべりは逃避、愛からの逃避だ。恋人同士がおしゃべりをするのは、睦《むつ》まじくなくなろうとする兆候に他ならない。仲介者としての言葉は隔たりを作る。言葉がなければ隔たりは消え、死が現れる。沈黙の中に死は潜む――美しい現象だ。けれども人々は恐れて、必要のあるなしに関わらず話し続ける。ありとあらゆる事柄について話し続ける。沈黙は保てない。

恋人同士が静かに座っていると、突然死が二人を包む。また、沈黙している二人を見れば、幸福とともに悲しみがあるのがわかるだろう。生の絶頂ゆえの幸福であり、生の絶頂において進入してくる死ゆえの悲しみだ。沈黙するたびに、あなたは一種の悲しみを覚える。薔薇《ばら》の花を見ているときでさえ、花のことは何も言わずただ見ていれば、沈黙の中で、突然そこに死を感じる。あなたはその花が枯れ、もうすぐなくなってしまうことを、永遠に消えてしまうことを知る。何と美しく、何と儚《はかな》いのだろう！　何と美しく、何とか弱いのだろう！　何という美しさ、何という奇跡、それがもうすぐ消え、二度と蘇えることはないのだ。あなたは突然悲しくなる。

瞑想するたびに、死が漂っていることに気づくだろう。愛、オーガズム、あらゆる美的体験、音楽、歌、詩、踊り、そのさ中にあるとき――あなたが突然自我を失うとき、常にそこには死がある。そこで、一つ言わせてほしい。生を恐れるのは、死を恐れるからだ。だから、死の恐怖をすべて振り払えるよう、死に方を教えたいと思う。死の恐怖が失せたとき、あなたは生きられるようになる。

私は、生に反することを話してはいない。生に反することなどどうして言えよう。私は生の熱愛者だ。生を熱愛しているからこそ、死も愛しているのだ。死は生の一部。生を愛し切っているのに、死を避けることなどできるだろうか。死も愛さざるを得ない。花を深く愛していれば、花の朽ちていく様をも愛する。女性を深く愛していれば、その老いていく姿をも愛する。いつの日か訪れる、その死をも愛する。それは、その女性に不可欠のものだ。老いは、外からは来ない。内からやって来る。今では美しい顔に皺ができてしまった。あなたはその皺をも愛する。それは、愛する女性《ひと》の一部だ。あなたは男性を愛する、彼の髪は白くなってしまった。あなたはその髪をも愛する。白髪は、外から来るのではない、偶然のものではない。生は開かれている。今では黒髪がなくなり白髪になってしまった。あなたは拒まない、あなたは愛する。そうしたものもその人の一部だ。あなたの愛する男性《ひと》は、年老いて弱くなる。あなたはそれをも愛する。いつの日かその男性は死ぬ。あなたはそれをも愛する。

愛はすべてのものを愛する。愛は愛以外のものを知らない。だから私は、死を愛しなさいと言う。死を愛することができれば、生を愛するのはとても簡単になる。死さえも愛せるようになれば、問題はなくなる。

問題が生じるのは、質問者が生を恐れ、何かを抑圧してきたからに違いない。抑圧は危険な結果を招くことがある。抑圧に継ぐ抑圧を続けていれば、いつか、美的感覚をすっかりなくしてしまうだろう。美しさ、優雅さ、神聖さに対する感覚をすべて失うだろう。すると、醜悪なことでも何でもしかねないような、病的興奮状態に陥る。

あなたに、すてきな話をしてあげよう。チンマヤが送ってくれた、見事なジョークだ！

海兵隊員が、前哨基地のある遠くの島に派遣された。そこには女性が一人もいなかったが、猿がたくさんいた。彼は、仲間の海兵隊員全員が、猿たちと愛の行為に及ぶという事態を目の当たりにしてショックを受けた。そして仲間に、自分は、そんなはしたない真似は絶対にしないと誓った。仲間は、頑《かたく》なになるなよと言った。しかし、何ヶ月か過ぎると、その海兵隊員はもう我慢ができなくなり、最初に捕まえることのできた猿と行為に及んだ。だが、その現場を見られてしまい、見ていた仲間に大笑いされた。

びっくりして、彼は言った、「どうして笑うんだ。君らが、いつもやれって言ってたことじゃないか」

仲間が答えた、「ああ。でもね、一番醜いやつとやることはないだろう」


抑圧すれば、一番醜い生を選びかねない。すると、あなたは熱にうなされ、意識の中にいなくなる。そうなったら、神経症にかかったも同然だ。抑圧がそこまでひどくならないうちに、くつろいで生の中へ入っていきなさい。それはあなたの生だ！　罪悪感を抱いてはいけない。生きるべき、愛すべき、理解すべき、ありのままであるべき、あなたの生だ。どんな衝動であれ、与えるのは神、それらは、あなたがどこへ行くべきか、どこで探すべきか、どこで成就すべきかを暗に知らせるものに他ならない。

私は、この生がすべてではないことを知っている。大きな生がその背後に隠れている。隠れているのはこの生の背後。だから、この生に逆らって大きな生を見出すことはできない。あなたは、あくまでも、この生に深く浸って大きな生を探さなくてはならない。海には波がある。海は波の背後に隠れている。もし、荒れ狂う波を見てそれを避けるとすれば、海とその深みをも避けることになる。飛び込みなさい、波は海の一部だ。深く潜れば波は消え、深みと海の絶対的な静寂が現れる。

それが質問者への私のアドバイスだ。あなたは長い間待ち続けた、もういい。もうたくさんだ。

あなたに、古いイタリアのジョークを一つ。

法王の給仕が、聖なるお方の朝食を運んでいた。そのとき、滑って、食べ物を床中にぶちまけてしまった。「くそったれ！」、転《ころ》んだ給仕は叫んだ。

聖なるお方が、部屋のドアを開けて入って来てこう言った、「ここでは、汚い言葉を口にしてはなりません。アヴェ・マリアと言いなさい」

翌日の朝、聖なるお方の朝食を運ぼうとしているとき、給仕はまた滑って、床に食べ物をぶちまけた。「くそったれ！」、哀れな男は叫んだ。

「いけません。アヴェ・マリアです」、法王は言った。

三日目になると、給仕はびくびく震えていた。しかし、今度は覚えていて、食べ物もろとも床に倒れかけた途端、「アヴェ・マリア！」と叫んだ。

「そうじゃない！」、法王は声を荒げた。「くそったれ！　これで朝飯抜きは三日目だぞ！　もうたくさんだ！」

あなたの生だ。毎日朝食を抜き続けることはない。それから、アヴェ・マリアも二度ならいい。だが、最後は「くそったれ！」だ。

最後の質問

愛する和尚、

私は、山中の岩の欠片《かけら》です。私には、それすら認める勇気がありません。認めるどころか、夢を見ています。和尚、なぜ私に、川や海や空のことを話してくださったのですか。どうして私などに、サニヤスをくださったのですか。私は、山中の岩の欠片なのです。

誰もが皆、岩の欠片だ。究極の栄光を手にしない限り、岩の欠片でいるしかない。だが、岩の欠片であることは、悪いことではない。岩の欠片は、ぐっすり眠って、いびきをかいている神以外の何ものでもない。それは眠れる神だ。岩の欠片に、悪いところはない。が、目覚めなければならない。だから、あなたにサニヤスを与えた。

あなたは、「どうして私などに、サニヤスをくださったのですか」と尋ねている。

サニヤスとは、あくまでもあなたを目覚めさせようとする、あなたを揺り動かそうとする、あなたをはっと気づかせようとする努力だ。サニヤスとは、まさしく目覚まし時計だ。

「それすら」――あなたが山中の岩の欠片であるということ――「認める勇気がありません。認めるどころか夢を見ています」

そうやって、夢を見て、岩は自分の成長を避ける、自分の未来を避ける。夢見は、障害だ。夢を見て私たちは、現実を避ける、真実を避ける。それが私たちの逃げ方、他にはない。夢見、これが唯一の逃げ道だ。

私の話を聞いているときでも、あなたは夢を見ている。ここに座っているときでも、あなたのマインドの中で、千と一つの思いが駆けずり回っている。過去と未来に思いを馳せたり、私の言うことに賛成したり反対したり、自分の中で議論したり。だが、あなたは私から離れている。私は事実としてここにいる。ここで夢を見る必要はない、あなたはここで、私とともにいられる。その成果は、計り知れないものとなるだろう。

だが、私たちは夢を見続ける。人々は夢想家であり、夢想するのがその生き方だ。女性と愛を交わすとき、人々は夢を見ている。食べているときも、夢を見ている。道を歩いているときも――散歩に出かける、陽が昇った、すばらしい天気だ、皆が起きだす、生が再び戻って来る――人々は夢を見ている。何も見ていない。

私たちは夢を見続ける。夢見は目隠しとなる。私たちは現実を見ずにいる。

「和尚、なぜ私に、川や海や空のことを話してくださったのですか」

なぜなら、それがあなたの可能性だからだ。岩は飛ぶことができる、羽を生やすことができる。私自身、かつては岩だった。それから羽が生えだした。だから、私は知っている。あなたは知らないかもしれないが、私はあなたの可能性を知っている。だから、川や海や空のことを話したのだ。岩は花になり得る、川になり得る、海になり得る、空になり得る。あなたの可能性は無限だ！　それは神の可能性に等しい。あなたには多種多様の可能性がある。

だから、私は川や海や空のことを語り続ける。いつの日か、大きな渇きがあなたを包み込むだろう。今までにない、不可能なものに対する情熱が沸きあがり、あなたは空へ舞い上がっていくだろう。空はあなたのもの、自分のものだと言いなさい！　あなたは岩のように見えるだけ。岩もまた岩のように見えるだけ。岩がちょっと努力すれば、ちょっと自分を揺さぶれば、翼がそこに隠れているのがわかるだろう。無限の可能性が、次々と開いていくのがわかるだろう。

だが、夢見は障害になる。岩であることが問題なのではなく、夢の中に居すぎることが問題なのだ。夢を落とし始めなさい。夢は不毛で無意味、浪費以外の何ものでもない。だが人々は、いつまでも夢を見続ける。そして、だんだん、夢見を唯一の生と思うようになっていく。生は夢ではない、夢を見ることが生ではない。夢を見るのは、生を避けているということだ。

あなたに、ちょっとした話を一つ。

七十五歳の誕生日に、タートルトーブは医者に駆け込んだ。そして、「先生、今晩、二十二の女の子とデートするんです。何か元気の出る薬、もらえませんかな」と大きな声で言った。

医者は親しみを込めて微笑み、老人に薬を与えた。その夜の遅く、好奇心から、医者は年老いた患者に電話した。「薬は役に立ちましたか」

「すばらしい」「もう七回ですわ」とタートルトーブは答えた。

「それは凄い」と医者は納得するように言った。「で、女の子はどうでした？」

「女の子？」、タートルトーブは答えた、「まだ来てませんよ」

夢を見続けるのはやめにしなさい。さもなければ女の子を取り逃がす、生を取り逃がす。夢見をやめて、存在するものを見なさい。それはすでにあなたの前にある。すでに、周りに、内と外にある。夢を見ていなければ、存在するのは神だけだ。見ていれば、夢に内側を占拠される。夢が邪魔になって、神は入れない。私たちはこの夢見をマーヤと呼ぶ。マーヤとはマジックショー、夢の展覧会のことだ。夢を見ていなければ、夢のない状態にあれば、真実は明かされる。

真実はすでにそこにあるのだが、あなたはそこに行けずにいる。たった一つのこと、夢を脇に置きさえすればいい。そうしたら、もうあなたは岩ではない、私と一緒に空の果てまで飛んで行ける。

私の招待を受けなさい、私の挑戦を受けなさい。それがサニヤスのすべてだ。

今日はこれくらいにしよう。

第三章

綱渡り

Walking the tightrope

ハシディズムの人々が、一緒に仲良く座っていた
パイプを手にしたラビのイスラエルが、仲間に加わった
人々は、とても親しみやすいイスラエルに質問した
「先生、神に仕えるにはどうしたら良いか教えてください」

イスラエルはその質問に驚き
「私にわかるものですか」と答えた
だが、そのあと、こんな話を続けた

王様に、二人の友人がいた
しかし、二人とも罪を犯したことが判明した
二人を寵愛していた王様は、慈悲を与えたいと思ったが
無罪にはできなかった
王の言葉をもってしても、法を曲げることはできないからだ
そこで、王様はこのような裁断を下した

深い谷の両側を結んで綱が張られる
両名は、一人ずつ、その上を歩いて渡らねばならない
谷の反対側まで辿り着いた者は、命が救われる

それは王の命として施行された
二人のうち、最初の一人が無事に渡り終えた
もう一人は、未だ同じ所に立っていた
そして、渡り終えた友人に向かって叫んだ
「教えてくれ。どうやって渡ったんだ?」

最初の者が、呼びかけに答えた
「わからないけど、
一方に倒れそうになったら、その都度反対側に身を反《そ》らしたんだ」

存在は逆説的だ。逆説こそ存在の核心。存在は、対立物を媒介にして存立している。それは、対立物のバランスだ。バランスの取り方を学ぶ者は、生、存在、神の何たるかを知るようになる。その秘密の鍵は、バランスだ。

この話に入る前に、二、三。まず、私たちは、直線的で一次元的なアリストテレスの論理に慣らされているということ。生は、断じてアリストテレス主義者ではない。生はヘーゲル主義者だ。その論理は直線的でなく、弁証法的だ。まさしく生の歩みは弁証法、対立物の出会い、対立物同士の闘いと出会いだ。生は弁証法的過程を歩む。定立《テーゼ》から反定立《アンチテーゼ》、反定立から総合《ジンテーゼ》へ。そして再び総合は定立に転化する。すべての過程が再び始まる。

アリストテレスが正しかったら、男性だけで女性がいないか、女性だけで男性がいないかのどちらかになる。世界がアリストテレスに基づいて造られたとすれば、光だけで闇がないか、闇だけで光がないかのどちらかになる。論理的と言えば論理的だ。生と死のどちらかしかなく、両方あることはない。

だが、生はアリストテレスの論理に基づいていない、生は両方だ。両方、対立物――男性と女性、陰と陽、昼と夜、誕生と死、愛と憎しみがあってはじめて、生は成り立つ。生は両方でできている。

何よりもまずそのことを、心の奥にまで染み込ませておかねばならない。というのも、アリストテレスが皆の頭の中にいるからだ。最先端の科学では、アリストテレスは時代遅れになり、応用されることもなくなったというのに、教育の世界では、ことごとくアリストテレスが信奉されている。科学は存在に近づき、アリストテレスを超えてしまった。今日、科学は、生が弁証法的で論理的ではないことを理解している。

聞いた話だ。

ノアの箱舟では、航海中、セックスが禁止されていた——知ってるかな？　洪水が終わり、つがいが箱舟からぞろぞろと出ていくところを、ノアは見ていた。最後に、雄猫と雌猫が、とても小さな子猫を数匹引き連れて出てきた。ノアが訝しげに眉をひそめると、雄猫がノアにこう言った。

「僕たちが、喧嘩していたと思ってるでしょ！」

ノアはアリストテレス主義者だったに違いない。雄猫の方が良くわかっていた。

愛は一種の闘い、愛とは闘いだ。闘いなしに、愛はあり得ない。それらは相反するように見える。恋人たちは喧嘩してはいけない、と私たちが考えるからだ。そう考えるのは論理的だ。愛していたら喧嘩などできるだろうか。知性にとって、恋人たちが喧嘩してはいけない、というのは絶対的に明らかで確かなことだ。だが、喧嘩をする。実を言えば、彼らは親しい敵同士であり、絶えず闘っている。まさにその闘いの中で、愛と呼ばれるエネルギーが開放される。愛は闘いだけではない、闘争だけではない、というのは本当だ。愛はそれ以上のものだ。だが、闘いでもある。けれども、愛は乗り超える。闘いは愛を壊せない。愛は闘いを乗り超える。だが、闘いなしには存在し得ない。

生を覗いてみなさい。生はアリストテレス主義者でもユークリッド主義者でもない。自分の考えを押しつけず、ただありのままに見るならば、対立物が補い合っているのがわかって、びっくりするだろう。対立物間の緊張は、生を成り立たせる根幹だ。それがなければ、生は失われる。死のない世界を想像してごらん。「そうなったら、生は永遠になる」とあなたのマインドは言うかもしれない。だが、あなたは間違っている。死がなければ、生は消え失せる、死がなくては存在できない。死は生に、存立の基盤、色合いと豊かさ、情熱と激しさを与える。

だから、死は生に反しない。死は生に含まれる——ここが一番大事なところ。もし、正しく生きたかったら、正しい死に方を学ばなくてはならない。生と死のバランスをとり、ちょうどその真ん中にいなければならない。真ん中にいるということは、静止しているということではない。あることを達成すればそれで終わり、すべきことは何もない、というわけにはいかない。それは馬鹿げている。人は、永遠のバランスには達し得ない、何度も何度もバランスを取り戻さねばならない。

このことは、理解が非常に難しい。なぜなら、私たちのマインドが、現実の生に相応しくない観念の中で養われてきたからだ。一度瞑想に達すればそれ以上必要はない、瞑想の中に留まる、とあなたは考える。あなたは間違っている。瞑想は固定したものではない、それはバランスだ。何度も瞑想に達しなければならない。次第に、瞑想に達するのは容易になっていくが、手中の物のように、ずっと残るわけではない。一瞬一瞬、求めなければならない。そうしてはじめて、瞑想はあなたのものになる。あなたは休めない、「私は瞑想した。もう何もする必要がないとわかった。私は休める」とは言えない。生は休息を信奉しない。それは、完全から更なる完全へと絶えず動いていく。

いいかね、完全から更なる完全と言ったが、生は決して不完全ではなく、常に完全なのだ。だが、常にもっと完全になり得る。論理的には、こういう言い方は不合理だが。

面白い話を読んでいた……。

ある男が、偽札使用の容疑で訴えられた。尋問の際、被告は、偽札だとは知らなかったと抗弁した。だが、証拠を挙げられて白状した。「使う羽目になったのは、偽札を盗んだからです。しかし、偽札だと知っていたら、盗んだでしょうか」

熟慮の末、判事は被告の言い分を認めた。そこで偽札使用の訴えを取り下げ、代わりに窃盗の罪で新たに起訴した。

「確かに、盗みました」と被告は素直に認めた。「しかし、偽札には法律で言うところの価値はありません。とすれば、無価値なものを盗んで、それが罪になるのでしょうか」

誰一人、被告の論理に瑕疵《かし》を見つけることはできなかった。それで、男は無罪放免となった。だが、生において、論理は役に立たない。それほど簡単に無罪放免とはいかない。法律の罠からなら、合法的、論理的に抜け出せる。その罠は、アリストテレスの論理でできているからだ。抜け出すのに、同じ論理が使える。だが生の場合、論理や神学や哲学によって抜け出すことはできない。理論を造るのが非常にうまいからといって、抜け出すことはできない。実際に体験しなくては、生は抜け出せない、生は超えられない。

宗教的な人には、二種類ある。まずは子供っぽいもの——その種の人間は、父親的人物を捜している。未熟で自分を信頼できないため、どこかに神を求めなくてはならない。神はいるかもしれないし、いないかもしれない。だが、それは問題ではない。とにかく神が必要なのだ。神がそこにいないとしても、未熟な精神は神を造りだすだろう。未熟な精神は、心理的に神を必要とする。神の存在いかんを問う真理の問題ではなく、心理的必要性の問題だ。

聖書には、神は己の姿に似せて人間を造ったと書いてある。だが、その反対の方がよっぽど正しい。人間が己の姿に似せて神を造ったのだ。人は自分の必要に応じて、どんな神でも造ってしまう。そのため、それぞれの時代で神の観念が違ってくる。国ごとに必要とするものが異なるから、国によって考えが違ってくる。実際、個々人の抱いている神の観念が異なるのも、人によって必要性が異なるからであり、それらが満たされなくてはならないからだ。

第一のタイプの宗教的な人——いわゆる宗教的な人——というのは、ただ単に未熟な人のことだ。その宗教は、宗教ではなく心理学でしかない。そして、宗教が心理学であるとき、それは単なる夢、望み、欲望でしかない。真実とは何の関わりもない。

こんな話を読んでいた。

幼い少年が、お祈りをしていた。そして最後に、こう締めくくった、「神様、ママをお護りください。パパをお護りください。赤ちゃんの妹も、エマ叔母さんも、ジョン叔父さんも、おじいちゃんもおばあちゃんも。それから、神様、自分のことも大事にしてくださいね。大事にしてもらわないと、僕たち全員、だめになっちゃいますから」

これが大多数の人の神、宗教的と言われる人の九十パーセントは未熟だ。彼らが信じるのは、信仰がなくては生きていけないから、信仰が一種の安心を与えてくれるから、信仰すれば護られているような気持ちになれるからだ。それは彼らの夢だ。だが役に立つ。生の暗夜、存在の深刻な闘いの中では、そうした信仰がなければ、一人取り残されたような気持ちになる。だがそれは、実在する神ではなく彼らの神だ。未熟さがなくなれば、その神も消える。

多くの人々に、それが起こっている。今世紀になって、多くの人々が宗教的でなくなった。神が存在しないことを知ったのではなく、この時代が人を少しばかり大人にしたに過ぎないのだが。人間は齢を重ね、少し大人になった。それで、少年時代の、未熟な精神の神は不都合になった。

それが、フリードリッヒ・ニーチェの、「神は死んだ」という宣言の意味だ。死んだのは神ではなく、未熟な精神の神だ。本当のところ、神は死んだと言うのは正しくない。なぜなら、神が生きていたことなどないからだ。「神はもう時代遅れだ」と言うのが、唯一正しい表現だろう。人間はもっと自分を信頼していい。信仰は要らない、信仰の松葉杖は要らない。

それゆえ、人々はますます宗教に関心をなくしている。教会で起こっていることに無関心になっている。教会の言うことに、反論すらしないほど無関心に。あなたが、「神を信じますか」と聞けば、「神はいてもいなくてもどちらでもいい。違いはない。大したことではない」と言うだろう。あなたが信じていれば、単に敬意を表して「ええ、神はいます」と、信じていなければ、「いいえ、神はいません」と言うだろう。だが、強い関心はもうない。

これが第一種の宗教だ。それは、諸世紀、諸時代を経て、長い間存続してきた。だが次第に、流行遅れ、時代遅れになっている。その時代は終わった。心理学的なものでない新しい神、実存的な神、実在する神、実在としての神が求められている。神という言葉は、捨ててもいい。「真実」、「実在」で構わない。

それから、第二のタイプの宗教的な人がいる。その人たちの宗教は、恐れから生まれたものではない。最初の宗教は恐れに端を発しているが、二番目の宗教は恐れではなく、小賢しさに端を発している。これもまた偽物、つくりもので、いわゆるが付く。理論を造り続けるとても利口な人々がいる。彼らは、論理、形而上学、哲学の訓練を存分に積み、抽象物に過ぎない宗教——技能、知性、知力、思考力を発揮したすばらしい作品——を造る。だがそれは、決して生に入っていかない、どこでも生に触れることがない。それは、抽象的概念化に過ぎない。

昔、ムラ・ナスルディンが私に言った。「あたしゃ、真っ当なことなんてしたためしがない。西瓜や鶏を盗んだり、酔っ払っちゃ喧嘩して、殴ったり剃刀で切り付けたり。だがね、一つだけ絶対にしなかったことがある。あたしゃ、下司《げす》な男だが、宗教を捨てることだけはしなかった」

いやはや、何という宗教なのだろう？　そういう宗教は、生に何の影響も与えない。あなたは信じる、だが、その信念は生に入っていかない、生を変容させない。あなたを形作る不可欠の要素にはならない——血液中を流れたり、息とともに吸い、息とともに吐き出したり、心臓で脈打ったりすることがない。それは無用の代物だ。良くて装飾品だろうが、何の役にも立たない。そのうち、あなたは教会へ出かけることもあるだろう——儀式、社会的必要事として。そして、神や、聖書や、コーランや、ヴェーダに口先だけの信仰心を表すだろう。だが、本心ではないし、誠実でもない。あなたの生は、宗教を携えることなく、それとは全く別の方向へ進む。あなたの生は、宗教とは無縁だ。観察してごらん。あの人はイスラム教徒だ、あの人はヒンドゥー教徒だ、あの人はキリスト教徒だ、あの人はユダヤ教徒だ、と人は言う。信念はそれぞれ違っている、だが、彼らの生を観察しても、何ら違いは見出せないだろう。イスラム教徒も、ユダヤ教徒も、キリスト教徒も、ヒンドゥー教徒も皆、同じ生を生きている。その信念は、生に何の影響も与えない。実際、信念は生に触れることができない、それは便法だ。信念は、「私は生を知っている」とあなたに言わせてしまう巧妙な便法だ。あなたは、気を楽にして休めるし、生に悩まされることもない。あなたはある観念を抱く、その観念が自己の正当化に手を貸す。すると、生はさほどあなたを悩ませなくなる。あらゆる問いに、あなたが答を用意しているからだ。

だが覚えておきなさい。宗教が個人のものでない限り、抽象的ではなく現実的なもの、あなたに深く根づき、内臓にまで染み渡り、血液や骨や髄のようなものにならない限り、不毛で無益だ。それは賢者の宗教ではなく、哲学者の宗教だ。

ここで、第三のタイプが登場する。これが本物で、他の二つは宗教の捏造、偽りに満ちた、値打ちのない、極めて安直な代物だ。というのも、それらはあなたに挑戦しないからだ。第三のものは、極めて困難で、厳しい。それは大いなる挑戦だ。第三の、本物の宗教は、神に対し、個々人が独自に呼びかけなくてはならないと言う。そこで、あなたの生に混乱が生じる。あなたは神を挑発しなくてはならない、神があなたを挑発するのを許さなくてならない、そして神と折り合いをつけなくてはならない。実際に、神と争い、神にぶつかり、神を愛し、憎み、友となり、敵とならなくてはならない。神の体験を生きたものにしなくてはならない。

幼い子供の話を聞いたことがある。あなたたちにも、この幼子のようになってほしい。実に賢い子だった。

幼い少年が、日曜日の学校の遠足で迷子になった。その子の母親が、狂ったように捜し始めた。まもなく母親は、「ステラ、ステラ！」と大声で叫ぶ、子供の声を耳にした。

すぐに母親は子供を見つけ、駆け寄って腕に抱きしめた。「どうしてママって呼ばないで、ステラって、ずっと名前で呼んでたの？」と母親が聞いた。今までファースト・ネームで呼ばれたことがなかったからだ。

「うん、ママって呼んでもだめでしょ。ママがいっぱいいるんだもの」——そこは母親たちでいっぱいだった。

「ママ」と呼んでも、極めて多くのママがいる。そこは母親たちでいっぱいだ。あなたは自分流に、ファースト・ネームで呼ばねばならない。

神も、個人的にファースト・ネームで呼ばないと、生の中に実在するようにはならない。「パパ」と呼び続けるのも可能だが、どの父親のことを言っているのだろうか。イエスは神を「父」と呼んだ。しかし、それは個人の呼びかけだった。あなたの場合は、全く個人的ではない。キリスト教のものではあっても、個人のものではない。イエスが神を「父」と呼ぶのは意味がある。あなたが「父」と呼ぶのは意味がない。あなたには触れ合いが、神との現実的な触れ合いがない。生の体験だけが、信念でも哲学でもなく生の体験だけが、個人的な呼びかけを可能にする。体験したとき、あなたは神と出会う。

神と出会わない限り、あなたは言葉で自分を欺き続けるしかない——虚しい、空っぽの言葉で、中身のない言葉で。

とても有名なスーフィーの神秘家がいた。名をシャキクと言った。心の底から、途方もなく神を信頼し、その信頼だけで生きていた。

イエスは、弟子たちに「野の百合を見よ。案ずることなく、美しく生き生きと咲いている。ソロモンの栄華といえども、それには及ばない」と言った。シャキクは、野の百合の生を生きた。そのように生きた人はいるが、そのように生きた神秘家となると非常に稀だ。その信頼には限りがなく、絶対的で、何もする必要がないほどだった。神が代わりにやってくれる。実のところ、あなたが何かしているときでも、しているのは神で、あなたが自分でしていると思っているだけなのだ。

ある日、一人の男がやって来て、シャキクの怠けぶりを非難し、自分のところで働かないかと言った。そして、「お前が働いた分だけ、金を払おう」と言い添えた。

シャキクは答えた、「五つの問題がなければ、あなたの申し出を受けましょう。一つ、あなたは破産するかもしれない。二つ、泥棒があなたの財産を奪うかもしれない。三つ、私に何をくれるにしても、ひどく物惜しみながらだろう。四つ、私の仕事のあらを見つけたら、おそらく私を首にするだろう。五つ、もしもあなたが死んだら、私は食い扶持を失うだろう」

シャキクは結論を言った、「ところが、私にはそういう欠陥のないマスターがいるのです」


これが信頼というものだ。生を信頼すれば、失うものはない。だが、その信頼は空理空論からは生まれない。教育、説教、学習、思索からは生まれない。それは、あらゆる対立、あらゆる矛盾、あらゆる逆説を含み持つ生を体験して、はじめて生まれる。内にある、あらゆる逆説のバランスがとれた地点にやって来たとき、信頼は生まれる。信頼はバランスの香り、バランスの芳香だ。

本当に信頼したかったら、あらゆる信念を去ることだ。信念は無益だ。信ずる心は愚かしいが、信頼する心には清らかな知性がある。信ずる心は凡庸だが、信頼する心は完全になっていく。信頼は完全をもたらす。

信念と信頼の違いは単純だ。辞書に出ている意味のことを話しているのではない。辞書では、信念とは信頼、信頼とは信仰、信仰とは信念というふうになっているだろう。私が話しているのは実存的な意味であって、実存的見地からすれば、信念は借り物で、信頼はあなたのものだ。あなたが信奉している信念の真下には、疑いが隠れている。信頼には、疑いの元になるものがない。信頼とは、疑いが全くないということだ。信念を持つと、あなたの内部に分裂が生じる。マインドの一部は信じるが、一部は否定する。信頼は、あなたの実存の全一性、あなたの全体性だ。

しかし、自分で神を体験しないで、信頼することができるだろうか。イエスが体験した神であれ、私が体験した神であれ、仏陀のそれであれ、役には立たない。それは、あなたの体験でなくてはならない。信念を抱いていると、幾度となくそれと合致しない体験をする。だが、マインドには、そういう体験に目をつぶり無視する傾向がある。とても邪魔になるからだ。それは信念を打ち砕く。けれどもあなたは信念にしがみついていたい。そうやってあなたは、だんだん生を見なくなる。信念は目隠しになる。

信頼は目を開かせる。信頼には失うものがない。信頼とは、現実のものはすべて真実である、ということだ——「私は、欲望や願望を脇に置ける。真実にとって、何の意味もなさないからだ。それらは、マインドを真実から逸らすものでしかない」

あなたがある信念を持っていて、その信念が、「あり得ないことだ」と言うような体験、あるいは信念を捨てなくてはならないような体験をしたとする。あなたはどちらを選ぶだろうか、信念だろうか、それとも体験だろうか。マインドは信念を選び、体験のことは忘れようとする。神が何度もドアを叩いてくれたのに、そうやってあなたは、出会いのチャンスを逃がしてきた。

覚えておきなさい、真理を求めているのはあなただけではない、真理の方もあなたを求めているのだ。その手はあなたのすぐ近くまで伸びてきた、もう少しであなたに届くところだった。ところがあなたは、見向きもしなかった。それはあなたの信念にそぐわなかった。あなたは信念を選んだ。

実に見事な、ユダヤのジョークを聞いたことがある。

ある晩、パトリック・オ・ルークの寝室へ、血を吸いにやって来た吸血鬼の話だ。オ・ルークは、母親がしてくれた話を思い出し、吸血鬼の顔面へ十字架を闇雲に振りかざした。吸血鬼はしばらくじっとしていたが、気の毒そうに頭を振り、舌打ちすると、純粋なイディッシュ語で優しくこう言った、「*Oy vey, bubula!* お門違いの吸血鬼でしたね！」

さて、吸血鬼がキリスト教徒なら、グッドだ！ 十字架をかざせる。だが、ユダヤ教徒ならどうする？ そのときは、「*Oy vey, bubula!* お門違いの吸血鬼でしたね！」だ。抱いている信念が生にそぐわなかったら、あなたはどうする？ 十字架をかざし続けることもできる——だが、吸血鬼はユダヤ人だ。十字架になぞ、見向きもしない。だったら、どうする？

生は極めて大きいが、信念は極めて小さい。生は無限だが、信念はあまりにちっぽけだ。生は信念に決して合致しない、生を信念に無理に合わせようとするのは、不可能なことを叶えようとすることだ。絶対に合致しない。物事の本性からして、それはあり得ない。あらゆる信念を落としなさい。そして、体験するにはどうしたらいいか学び始めなさい。

さあ、この話に入ろう。

昔、ハシディズムの人々が、仲良く座っていた
パイプを手にしたラビのイスラエルが、仲間に加わった
人々は、とても親しみやすいイスラエルに質問した
「先生、神に仕えるにはどうしたら良いか教えてください」

ハシディズムについて二つ三つ。まず、*hasid*という言葉は、「敬虔な、純粋な」という意味の、ヘブライ語の言葉に由来しているということ。その語源は、恩寵を意味する名詞*hased*だ。*hasid*という言葉は非常に美しい。ハシディズムのあらゆる考えの基礎には、恩寵がある。生はすでにあるのだから、何かをするのではなく、ただ静かに、受動的に、意識して、受け取るということだ。神は、あなたの努力に応えようとしてやって来るのではない、恩寵を与えに来るのだ。だから、ハシディズムに、厳格な規律はない。ハシディズムは、生を信奉する、喜びを信奉する。ハシディズムは、世にある宗教の中でも、生を肯定するものの一つとして挙げられる。放棄はない、あなたは何も放棄しない。というよりも、あなたは祝わなくてはならない。ハシディズムの創始者、バアル・シェムは、「私は新たな道を示しに来た。断食でも、懺悔でもない、放蕩でもない。神の喜びだ」と述べたと言われている。

ハシディズムの人たちは、生を愛し、生を体験しようとする。他でもないその体験が、バランスをもたらす。そしていつの日か、その状態にあるとき、真にバランスがとれているとき、あっちにもこっちにも傾いていないとき、ちょうど真ん中にいるとき、あなたは超越する。真ん中は超越、超えるときに開ける扉だ。

もし、本当に存在を知りたいというのであれば……それは生でも死でもない。生は一方の極、死はもう一方の極だ。存在は、生も死もないところ、生まれることも死ぬこともないところ、まさしくその中心にある。バランス、均衡が取れているとき、恩寵は降り注ぐ。

私は、あなたたち全員がハシディズムの人になり、恩寵を受け取ってほしいと思う。この科学とバランスの術《アート》を学んでほしいと思う。

マインドは、極めて安易に極端に走る。耽溺する者がいる――肉欲、性、食べ物、衣服、家、あれやこれやに。耽溺する者、彼らは生に傾き過ぎて転げ落ちる。それから、人々が存在の綱から耽溺に転落するのを、耽溺のどん底に転落するのを見て怖くなる者がいる。その人たちは、もう一方の極に傾きだす。世を捨てヒマラヤに逃れる。妻、子供、家、世間、市場から逃れ、僧院に身を隠す。彼らは別の極を選んだ。耽溺は生という極であり、放棄は死という極だ。

ニーチェは、ヒンドゥー教を死の宗教だと評したが、ある程度正しい。仏陀を自殺的だとも言ったが、ある程度正しい。その正しさとは、人は一方の極からもう一方の極へ動くということだ。どの極も選ばず、ひたすら中心に留まろうとする。双方を手にしつつも双方を超える。どちらにも同一化せず、どちらにも捕らわれず、どちらにも固着しない。ひたすら自由でいて両方を楽しむ、というのがハシディズムの一貫した態度だ。生がやって来ればそれを楽しみ、死がやって来ればそれを楽しむ。神の恩寵として愛や生が与えられるのなら、それも良し。死が与えられるのなら、それも良し――神の贈り物なのだから。

バアル・シェムが、「ハシディズムは祝祭の宗教だ。全ユダヤ文化の結晶、全ユダヤ人の芳香だ。この世で最も美しい出来事の一つだ」と言ったのは正しい。

昔、ハシディズムの人々が、一緒に仲良く座っていた

ハシディズムは、共同の生を教える。それは、ともに生きることを強調する。ハシディズムは言う、人は島ではない、自我ではない、自我であってはならない、島であってはならない、と。人は、共同の生を生きるべきだ。

私たちはここで、ハシディズム的な共同体を育んでいる。共同体に住むというのは、愛の中で生きること、皆が関わり合い、人の世話をすることだ。

極めて自己中心的な宗教がたくさんある。自分のことだけ考えて、共同体のことなど少しも考えない。どうしたら「私は」解放されるか、どうしたら「私は」自由になるか、どうしたら「私は」モクシャ(解脱)に達するか――「私の」モクシャ、「私の」自由、「私の」解放、「私の」救済。

だが、「私の」と「自我」をすべての事柄の前につける。こうした宗教は自我を必死に落とそうとするが、その努力はすべて自我に基づいている。ハシディズムは、自我を落としたかったら、一番良いのは、共同体の中で人々と一緒に生きること、人々と関わって生きること、人々の喜び、悲しみ、人々の生、死とともに生きることだと言う。人との関わりを持ち、交われば、自ずと自我は消えるだろう。自我がなくなったとき、人は自由になる。自我の自由はない、自我からの自由しかない。

ハシディズムは、共同の生を方便として用いる。ハシディズムの人々は、小さな共同体に生きてきた。祝祭に満ちた、踊りのある、生の細《ささ》やかなことを楽しむすばらしい共同体を造ってきた。彼らは、食べるとか飲むとか、細やかなことを神聖にする。生のありきたりなものが、ありきたりでなくなる。神聖な恩寵で満たされる。

昔、ハシディズムの人々が、一緒に仲良く座っていた

ここが他と違うところだ。ジャイナ教の僧侶たちが座っているところを見たとしても、少しも親密さは見られないだろう。それはあり得ない、事に当たる姿勢が違うのだから。ジャイナ教の僧侶は、それぞれが島だ。ハシディズムの人々は島ではない。彼らは大陸であり、非常に親密だ。

私がここで育てたいと思っているのは、ジャイナ教の僧侶たちのようなものではなく、ハシディズムのような共同体だ――このことを覚えておきなさい。一人でいる人間、自分に閉じこもっている人間は醜い。生は愛の中に、流れの中に、やり取りや分かち合いの中にある。

ジャイナ教の僧院や寺院に行って、そこに座っている僧侶たちをじっと見ていなさい。皆が皆、いかに自分に閉じこもっているかわかるだろう。関わり合いが全くない。僧侶たちは、いかに関わらずにいられるか、そのためにのみ努力する。いかにあらゆる関係を絶つか、そのためにのみ努力する。だが、共同体や生との関係を絶てば絶つほど、人は死ぬ。まだ生きているジャイナ教の僧侶を捜すのは難しい。私は、ジャイナ教の家に生まれ、ほんの子供の頃から彼らを見ているので、良く知っている。私は本当に驚いた。どんな災難がこの人たちに降りかかったのだろう？　何がうまくいかなかったのだろう？　彼らは死んでいる、死体だ。先入見を抱かず、偉大な聖者たちだとは思わず、ただその人たちのところに近づき、何の偏見もなく観察すれば、あなたはとても困惑し、混乱するだろう。どんな病、どんな病気にかかっているのだろう？　彼らは神経症だ。自分自身への関心が、神経症を引き起こしたのだ。

ジャイナ教の僧侶にとって、共同体は完全に意味を失った。だが、意味は共同体の中にしかない。覚えておきなさい。あなたが誰かを愛する――それはその人に愛を与えているというだけではない、与えることによってあなたは成長する。あなたと相手の間に愛が流れ出すと、あなたたちは二人とも恩恵を受ける。そして、その愛の交換の中で、あなたの可能性が現実のものとなっていく。それが、自己実現の仕方だ。愛するほどに、あなたの存在は大きくなる。愛が小さくなれば、あなたの存在も小さくなる。あなたは、常に愛に比例して存在している。あなたの愛の度合いが、あなたの存在の度合いなのだ。

昔、ハシディズムの人々が、一緒に仲良く座っていたパイプを手にした……

手にしているのは神聖なパイプだ、想像できるかね？

パイプを手にしたラビのイスラエルが、仲間に加わった

ありきたりの生を聖化しなければならない、神聖なものにしなければならない――パイプといえども。心から祈りを込めてタバコを吸うこともできるし、祈りなど全く込めずに吸うこともできる。何をするかの問題ではない、寺院やモスクに行っても、全く心を込めずに祈ることもある。あなた次第だ。あなたが祈りに込める質による。食べる、タバコを吸う、飲む、こうした細《ささ》やかで平凡なことのすべてに深い感謝の念を込めて行なえば、それらは祈りになる。

つい先日の夜、ある男性がやって来た。お辞儀をして私の足に触れた。その触れ方というのが、まことに祈りのないものだった、私にはわかった。インド人だったので、義務感からそうしたに過に違いない。だが、私は感じた、私はわかった、そのエネルギーは全然祈りのないものだった。それで私は、なぜここに来たのか不思議に思っていた。彼はサニヤシンになりたがっていた。私は決して断らない、だが断りたかった。私は、どうすべきかしばらく考えた。もし断ったら……断るのは良くないだろう、しかし彼は完全に間違っている。やっとのことで、私は言った、「よろしい、あなたにサニヤスをあげよう」。断れないからだ、ノーとは言えないからだ。ノーという言葉を口にするのはとても大変だ。

それで、私はサニヤスを与えた。そのあと、すべてが明らかになった。サニヤスをもらうなり男はこう言った、「こうして、あなたの元へやって来たのです。私を助けて下さい。私は別の部隊に――彼は軍隊にいる――パランプルのどこかに配属されることになったのです。和尚、あなたの霊力でランチに配属させてください」

私の霊力が、ランチに移動させるために使われなくてはならない。はてさて、霊力を何だと思っているのだろうか。今やすべてが明らかになった。男はサニヤスになど興味がなかった、サニヤスを取ることは、願いを叶えてもらうための手土産でしかなかった。きっと、サニヤスを取らずに配置転換を頼むのは、良くないと思ったのだろう。だから、まずサニヤシンになって、それから頼んだのだ。

祈りがない、霊的でないとは、まさにそういうふうに考えることを言う。しかし、その男は自分がとても霊的だと思っていた。パラマハンサ・ヨーガナンダの信者だと言ったが、その口ぶりはとても傲慢なものだった。とても得意げに、とても尊大にこう言った、「私は、パラマハンサ・ヨーガナンダの信者、弟子です。私は何年も勤めを続けています。そういうわけで、ランチに行きたいのです」。ランチは、パラマハンサ・ヨーガナンダの弟子たちの拠点だ。

こうなると、この男の霊性のなさは完全無欠だ。徹頭徹尾霊的でない、祈りがない、というのがこの男のやり方だ。

はっきりさせておきたいのはここのところ、あなたが何をしているかではないということだ。あなたは、少しも祈りを込めずに私の足に触れることができる。それでは意味がない。だが、タバコを、祈りを込めて吸うことができる、するとあなたの祈りは神に届く。

ひどく凝り固まった宗教の観念を抱いている人がそうするのは、極めて難しい。あなたたちにはもっと流動的になってほしい。凝り固まった観念を持ってはいけない。注意するように。

パイプを手にしたラビのイスラエルが、仲間に加わった人々は、とても親しみやすいイスラエルに質問した

「先生、神に仕えるにはどうしたら良いか教えてください」

そうだ、深い友愛がなければ、問うことはできない。また、深い友愛がなければ、問いには答えられない。師と弟子の間には深い友愛がある。それは恋愛関係だ。弟子は然るべき秋《とき》が来るのを待たねばならない、師も秋《とき》が来るのを待たねばならない。友愛が流れ、妨げるものがなくなったとき、答えは与えられる。ときには、問いの答えが与えられなくとも、答えられることがある。言葉にしなくとも、言いたいことは伝えられる。

イスラエルはその質問に驚き
「私にわかるものですか」と答えた

「私にわかるものですか」――実は、これが知る者たち全員の答えなのだ。

「いかに神に仕えるか？　あなたたちは荷の重過ぎる質問をしている。私には答える資格がない」

「私にわかるはずがない」と、師は答えた。

愛について知り得ることは何もない、神への奉仕について知り得ることは何もない――きわめて難しい問題だ。

だが、そのあと、こんな話を続けた

最初にイスラエルは、「私にわかるものですか」と言った。最初に、そういうものについては知り得ないと言った。最初に、そういうものについての知識は与えられないと言った。最初に、こうした事柄についての知識は深められないと言った——どうにもならないのだ。だが、そのあと、話をした。

物語は、理論的な話とは全く異なる。物語は、より生き生きとし、示唆に富んでいる。多くは語らないが、多くのことを教える。それで偉大な師たちは、物語、喩え、逸話を用いた。直接的に説明すると、多くのことが台無しになってしまうからだ。直接的な表現は、生硬で、粗野で、粗雑で、品がなさ過ぎる。喩えは、極めて遠まわしに表現するが、事をわかり易くする。論理を控え、事を詩的にし、生に近づけ、一層逆説的なものにする。神に対して三段論法は使えない、論ずることもできない。だが、物語でなら語ることができる。

ユダヤ人は、喩えの豊富さという点では、世界有数の民族だ。イエスはユダヤ人だったが、かつてない見事な喩えをいくつか用いた。ユダヤ人は物語の方法を学んだ。実のところ、ユダヤ人に大した哲学はない。だが彼らには、見事な哲学的喩えがある。それは、語らずして、直《じか》には何も示さずして、多くを語る。それは空気を生み出す。その空気の中で、事は理解される。それが、喩えという方便のすべてだ。

だが、そのあと、こんな話をした

最初にイスラエルは、「私にわかるものですか」と言った。最初に、知識として知る可能性をあっさりと否定した。哲学者なら、「ええ、知っています」と言うだろう。明快な言葉で、論理的な、数学的な、三段論法の、理屈っぽい理論を提示するだろう。哲学者は説き伏せようとする。当人は確信していないかもしれないが、あなたを黙らせることができる。

喩えは、決して説き伏せない。それは、あなたに不意打ちを食らわせる、あなたを説得する、あなたの深部をくすぐる。

師が、「私にわかるものですか」と言うときには、こういうことを言っているのだ。「くつろぎなさい。私は、そのことを議論するつもりも理屈を言うつもりもない。心配しなくていい、説き伏せたりはしないから。ちょっとした喩え話、短い話だ。楽しんでくれればいい」。話を聞き出すと、あなたはくつろぐ。理屈を聞き出すと、あなたは緊張する。緊張させるものは役に立たない。それは破壊的だ。

だが、そのあと、こんな話を続けた

王様に、二人の友人がいた
しかし、二人とも罪を犯したことが判明した
二人を寵愛していた王様は、慈悲を与えたいと思ったが

無罪にはできなかった
王の言葉をもってしても、法を曲げることはできないからだ
そこで、王様はこのような裁断を下した
深い谷の両側を結んで綱が張られる
両名は、一人ずつ、その上を歩いて渡らねばならない
谷の反対側まで辿り着いた者は、命が救われる

喩え話は雰囲気、とても家庭的な雰囲気だ。まるで、あなたが寝るときに、おばあさんから話しをしてもらうような。「お話してよ」と子供はねだる。話をしてあげると子供はくつろぎ、眠りに落ちる。物語は気持ちを和らげる。マインドを圧迫することがない。というよりも、物語はハートと一緒に遊びだす。物語を聞くとき、頭では聞かない。頭では聞けない。

頭で聞くと、話を聞き逃す。頭で聞けば、話を理解できなくなる。話はハートで理解しなくてはならない。それゆえ、「頭でっかち」の国民や民族は、すばらしいジョークが理解できない。例えば、ドイツ人だ！　彼らには理解できない。ドイツ人は、世界でも有数の知的民族だが、面白いジョークの蓄積がない。

ある男性がドイツ人に話をしていた——私は偶然、アシュラムでその話を耳にした。その人はドイツ人に、素晴らしいドイツのジョークを聞いたことがある、と話していた。

ドイツ人は言った、「でもね、僕はドイツ人だよ」

そこで、彼は言った、「わかった。じゃ、ものすごくゆっくり話すから」

非常に難しい。ドイツは教授たちの、論理学者たちの国だ——カント、ヘーゲル、フォイエルバッハ。ドイツ人は、常に頭を使ってきた。頭脳を磨き、偉大な科学者、論理学者、哲学者を生み出した。だが、何かを失っている。

インドには、あまりジョークがない。精神が極めて貧困なのだ。特に、ヒンドゥー教のジョークは見当たらない。インドで言われているジョークは、すべて西洋からの借り物で、インドのそれは存在しない。私はインドのジョークに出くわしたためしがない——ジョークのことなら私に任せてもらって構わないが。何しろ、世界のあらゆるジョークを見聞きしたのだからね！ ヒンドゥー・ジョークなるものは存在しない。なぜか。これもまた、非常に知的な民族であるが故だ。インド人は、理論を編み出し続けてきた。ヴェーダからサルヴァパリ・ラーダークリシュナに至るまで、理論に継ぐ理論を編み出し続けてきた。深すぎるほどに深く追求したため、美しい物語の方法やジョークの作り方を忘れてしまったのだ。

ラビはその話を始めた。弟子たちはくつろいだに違いない。くつろいで、しかも集中して聞いたに違いない。そこが物語りのすばらしいところだ。物語が始まると、あなたは集中する、だが緊張はしない。くつろぎながら集中できる。物語を聞くときには受動的な集中力が生じる。理屈を聞くときにはひどい緊張が生じる、一言でも聞き漏らせば、理解できないかもしれないからだ。あなたはより一層必死になる。物語を聞くと、より一層瞑想的になる。別に失うものはない。たとえ、話の端々を聞き漏らしたとしても、何もなくならない。なぜなら、物語はさほど言葉を拠り所にしていないため、感触さえ掴んでいれば理解できるからだ。

弟子たちはくつろいだに違いない。師はこの物語を話して聞かせた。

そこで、王様はこのような裁断を下した
深い谷の両側を結んで綱が張られる
両名は、一人ずつ、その上を歩いて渡らねばならない
谷の反対側まで辿り着いた者は、命が救われる

さて、この一文は極めて示唆に富んでいる

——**谷の反対側まで辿り着いた者は、命が救われる**

イエスは弟子たちに何度も、「豊かな生が欲しければ、私のところに来るがいい。豊かな生を手にしたければ、私のところに来るがいい」と言った。だが生の豊かさは、生と死を超えた人、二元性を超え対岸に渡った人にしか生まれない。対岸、反対側とは、超越の象徴に他ならない。だがそれは、暗示だ。特別なことは何も言っていない、暗示が与えられているに過ぎない。

話は続く。

それは王の命として施行された

二人のうち、最初の一人が無事に渡り終えた

さて、ここに二種類の人間がいる。

最初の人は、無事に、あっさりと渡ってしまった。普通私たちは、綱の渡り方を聞きたくなる。谷の両側を結んで綱が張られている――危険だ。普通は、どうやって渡ったらいいか、その方法、手段、手順を知りたくなる。「いかにして？」を知りたくなる。その技術、技術があるはずだ。何世紀にも渡って、人は綱の上を歩いてきたのだから。

ところが、最初の人は聞きもせず、もう一人が歩き出すのを待ちもせず、すっと歩き出した。他の者を先に行かせようとして当然だ。何はともあれ、見たり観察したりできるし、自分が渡るときにはそれが役立つだろう。だが違った、最初の人はすっと歩いた。きっと、途方もない信頼の人だったのだろう、疑いのない確信の人だったのだろう。生における一つのこと――学ぶ方法はただ一つ、生きてみること、体験してみることだと知った人だったのだろう。他に方法はない。

綱を渡る人を見ても、綱渡りは学べない。学べない、絶対に。その技は、外から観察できるようなものではないからだ。それは、歩いた人にしかわからない、ある種の内的な平衡感覚だ。それは伝えられない。人に教えたり、言葉にしたりすることはできない。どんな綱渡り師でも、自分のやり方は教えられない。

あなたは自転車に乗る。どうやって乗るのか、人に伝えられるだろうか。あなたはバランスの取り方を知っている。それは一種の綱渡り、まっすぐ並んだ二つの車輪が綱の上を走るようなものだ。だが、あなたは少しの不安もなくスピードを出す。誰かにその秘訣を聞かれたら、それをH_2Oのような形にまとめられるだろうか。一般的な原理にまとめられるだろうか。あなたは「これがその原理です。私はその原理に従っています」とは言わないだろう、「自転車に乗って見るしかありません。手を貸しますよ。何度か転ぶでしょうが、転んでみて、コツを得るにはやってみるしかないとわかるでしょう」と言うだろう。泳ぎを知るには泳いでみるしかない。それにはあらゆる危険が伴なう。

最初の人は、生を生きて、深い理解に達していたに違いない。その生は教科書のようなものではない。それは教えられない、体験しなくてはならない。その人は途方もない気づきの持ち主だったはずだ。躊躇しなかった、すっと歩いた。まるで、いつも綱渡りをしていたかのように。彼は、これまで綱渡りをしたことはなかった、そのときが初めてだった。

だが、気づきのある人にとってはすべてが初めてなのだ。にも関わらず、気づきのある人は事を完璧にこなす——たとえ初めてであっても。その巧みな技は、過去ではなく現在から生まれてくる。

そのことを覚えておきなさい。物事には、二通りのやり方がある。以前やったことがある場合——あなたはどうすべきか知っている、現在にいる必要はない、ただ機械的にすることができる。しかし、以前やったことがなく、初めてのときには、とてつもなく注意深くなくてはならない。過去の経験が一切ないからだ。したがって、記憶には頼れない、気づきに頼らねばならない。

これらは、二つのものを元にする働きだ。記憶、知識、過去、マインドを元にしている働きか、気づき、現在、ノーマインドを元にしている働きか。最初の人は、間違いなくノーマインドの人、何が起こるか注意深く見ていさえすればいい、と知っている人だった。何が起こっても、それで良し——すばらしい勇気だ。

二人のうち、最初の一人が無事に渡り終えた
もう一人は、今だ同じ所に立っていた
そして、渡り終えた友人に向かって叫んだ
「教えてくれ。どうやって渡ったんだ？」

二番目のは、多数者の、大衆のマインドだ。二番目の人は、渡り方を知りたがっている。だが、渡る方法などあるだろうか、学べるような技術などあるだろうか。彼は、友人の答えを待っている。

「教えてくれ。どうやって渡ったんだ？」

二番目の人は、知識の信奉者、他人の経験の信奉者だったに違いない。

多くの人が私のところにやって来て、「和尚、教えてください。あなたに何が起こったのですか」と言う。しかし、それを聞いてどうするのだろう？　仏陀はそのことについて語った。マハヴィーラも語った。イエスも語った。ところで、あなたはどうなんだね？　あなたに起こったのでなければ意味はない。さらに私がその話をして、それもまたあなたの記憶に加えることもできる。だが、無益だ。

人が教えてくれるのを待っていても無駄だ。人が教えられる知識には価値がないし、少しでも価値のある知識は教えることも伝えることもできない。

最初の者が、呼びかけに答えた

「わからないけど」

渡り終えたのに、それでも「わからないけど」と言った。というのも、事実として生は知識にならないからだ。生は知識にならない、中身のたくさん詰まった体験であり続ける。それを言葉にしたり、概念化したり、明快な理論にしたりすることはできない。

「わからないけど
一方に倒れそうになったら、その都度反対側に身を反《そ》らしたんだ」

二つの極、左と右があった、左に傾き過ぎてバランスが取れていないと感じたら、右に体を反らした。しかし、右に傾き過ぎてバランスが取れていないと感じたら、また左に体を反らしてバランスをとらなければならなかった——これ以上は言えない。

彼は二つのことを言った。一つは、「それを知識という形で表すことはできない、手掛かりを与えるくらいしかできない。何が起こったのか正確にはわからないが、これがその手掛かりだ。大したものではないし、実際必要のないものだ。あなたも自分で体験するだろう。だがとにかく、これだけは言える」

仏陀は何度も、「あなたに何が起こったのですか」と聞かれた。そしていつもこう答えていた、「それは言葉にしようがない。しかし、どういう状況で起こったか、それなら教えられる。少しはあなたの役に立つかもしれない。究極の真理を語ることはできないが、どのように、何を、どんなふうにしたときにそれが起こったのか、恩寵が降り注いできたとき、至福が訪れたとき私がどのような状況にあったのか、それについてなら話はできる」

その人は言った。

「一方に倒れそうになったら、その都度反対側に身を反らしたんだ」

「それだけだ。それ以上は何もない。そうやって私はバランスを取った、そうやって真ん中に留まった」――真ん中には恩寵がある。

ラビは弟子たちに、「神に仕えるにはどうしたら良いか聞きたいのですね?」と言い、この喩えを用いて中央に留まるべきことを示唆した。

耽溺し過ぎてもいけないし、放棄し過ぎてもいけない。世間にだけいてもいけないし、そこから離れ過ぎてもいけない。バランスを取り続けることだ。耽溺の方に転びそうだと感じたら、放棄の方に傾きなさい。世捨て人、苦行者になりそうだと感じたら、もう一度耽溺の方に傾きなさい。中央に留まるのだ。

インドでは、道路に、「左側通行」と書かれた看板が見られる。アメリカでは「右側通行」だ。世間には、二種類の人間しかいない――左側を歩く者と、右側を歩く者。意識の頂点にいるのが、第三の人間であり、その人たちのあいだでは「中央通行」がルールとなっている。道路ではいけないが、生の道路では中央を歩きなさい。左でも右でもなく、ちょうど真ん中を。

中央にいれば、一瞬、バランスを感じるだろう。ある場所、どちらの極にも傾いていない、ちょうど真ん中のところがあり、あなたはそれを感じ取ることができる。そこにいると、瞬《また》く間に恩寵が現れ、あらゆるものが調和する。

そうするのが、人間の神への奉仕だ。バランスを保っていれば、それが神への奉仕となる。バランスを保っていれば、神はあなたを手にできる、あなたも神を手にできる。

生は技術ではない、科学ですらない。生はアートだ。というより、むしろ、直感と言った方がいいだろう。あなたはそれを感じなくてはならない。生は綱渡りに似ている。

ラビは見事な喩えを選んだ。神のことは全く語らない、奉仕のことは全く語らない。実のところ、質問に対して、直接には何も答えていない。弟子たちは、質問のことなど忘れてしまったに違いない、それが喩えの良いところだ。喩えはマインドを質問と答えに分裂させない、それは物事の有り様を直感させる。

生に関する実際的知識はない。覚えておきなさい、生はアメリカ人ではない、技術ではない。アメリカ人の精神、すなわち現代の精神、何事も技術にしてしまう傾向がある。瞑想の場合ですら、現代の精神はすぐそれを技術にしようとする。私たちは機械をこしらえているのだ。だから、人間がいなくなり、私たちは生との接触を完全に失う。

教えられない、掴み取るしかないものがあることを忘れてはいけない。私はここにいる、あなたは私を見ることができる。私を覗き込めば、バランスと沈黙が見えるだろう。それは有形のものと言ってもいい。触れることができる、聞くことができる。それはここにある。言葉にはできないし、それに到達するための技術をはっきり示すこともできない。せいぜい私にできるのは、いくつか物語や喩え話をしてあげるくらいだ。それは暗示でしかない。理解する者は暗示が、種のように心の中に蒔かれるのを許す。そのうち、然るべきときに、暗示の種は芽を出すだろう。そして、あなたが私と同じ体験をしたとき、そのときはじめて、私のことを真に理解するだろう。私は対岸に渡った。あなたは向こう岸で、「教えてくれ、どうやって渡ったんだ？」と叫んでいる。私にはこれしか言えない。

「わからないけど
一方に倒れそうになったら、その都度反対側に身を反らしたんだ」

中央にいなさい。バランスを失わないよう、いつも油断なく覚めていなさい。そうすれば物事は皆、ひとりでに片付いてゆく。

中央にいられれば、神を、神の恩寵を手にできる。中央にいられれば、ハシディズムの人になれる、恩寵の受け手になれる。神とは恩寵のことだ。何をどうしようと神は探せない。あなたにできるのはただ一つ、神の邪魔にならないことだけだ。一つの極へ動くたびに、あなたは緊張し、その緊張があなたを固くする。中央へ来るたびに、緊張は消え、あなたは液体に、流動的になる。もう、あなたは邪魔にならない。中央にいれば、もう神の邪魔にはならない。むしろこのように言おう

――中央にいるとき、あなたはいない、と。ちょうど真ん中にいるときに奇跡は起こる。つまり、あなたは誰でもない人となる、あなたは空《くう》となる。

これが秘密の鍵だ。それは、神秘の、存在の錠前を開ける。

今日はこれくらいにしよう。

第四章

そのままにしておきなさい

Let it be so

最初の質問

愛する和尚、
あなたを通して、私の身に何かが起こりました。でも、言葉には表せません。何であるのか、私にはわかりません。それでも、それはそこにあるのです。

人間の精神《マインド》は、何でも体験したことを問いたがる。破滅への恐ろしい一歩だ。それはやめてほしい。知られざるものを知る、表現できないものを知る、言葉にできないものを知る——私のそばに、ここにいるのはすべてそのためなのだから。そういうことが起こり始めても、問題にしてはいけない、問うてはいけない。他ならぬその問いが妨げになる。問えば、マインドが何か別のことをやりだし、あなたを混乱させる。

そういうことが起こり始めたら、それを楽しみ、愛しなさい。味わい、栄養をもらいなさい。その歌を歌い、その踊りを踊りなさい。だが、問うてはいけない。ただそれとともにあり、全空間を開けておきなさい。それは成長する。成長するには空間が必要だ。

あせって、理論化しようとしないこと。理論は非常に危険だ。お腹の胎児を殺しかねない。それが何であるのか、何でないのか知ろうとして、比較、命名、分析しだす途端、あなたは中絶の方へ向かう。成長しようとしていたものを殺し、失う。自己破壊的にならず、分析せず、そのまま放っておきなさい。その存在を感じなさい、だがマインドではなく、心身全体で感じるように。心を開いておきなさい、そうすれば成長する。

それが成長していけば、やがて理解できるようになるだろう。分析、思考、思索、論理を用いても理解は生まれない。体験が深まることによって、理解は生まれる。

私を通して何かが起こったが言葉に表すことはできない、とあなたは言う。それでいい。喜びなさい、あなたは祝福されているのだ。表現できないことが起こり始めた。あなたは正しい道を歩んでいる、神の方へ、究極の神秘へ向かっている。理解できないことが内部で起こる――まさにそれは、あなたより大きなものがあなたの中に入り込んだという証しだ。そうでなければ、理解できただろう、それが何だかわかっただろう。マインドより大きな何かが、魂の暗闇に一筋の光が、マインドの暗夜に一筋の光が入り込んだ。マインドには理解できない。それはマインドの理解を超えている。だが注意しなさい、理解を超えているのではない。マインドの理解力を超えているのであって、理解を超えているのではない。マインドによる理解ではなく、全器官、全実在、あなたという全体的存在による理解というものがあるからだ。

だが、分析や吟味から理解は生まれない。理解は体験を血肉化することによって生まれる。食べなさい！　言葉に表せないものを食べなければならない。イエスは弟子たちに、「私を食べなさい」と言った。言葉にできないもの、未知のものを食べなさい、それがイエスの言いたかったことだ。消化し、血液の中を巡らせ、あなたの一部とする。そうすれば、理解するだろう。体験すれば、理解は即座に生まれる。

今、光線があなたを貫いた。光線があなたの一部となるよう、それに委《ゆだ》ねなさい。そうしたときにはじめて、理解するだろう。

この理解は、あなたがこれまで親しんできたようなものではない。あなたはマインドとその手法しか知らない。マインドはすぐさま物事にラベルを貼り付ける。これは何かとあなたは尋ねるが、そのとき実際に尋ねていることは何なのだろうか。花の咲いている木を見てあなたは、「これは何？」と言う。誰かが「バラの木だ」と言うと、あなたはわかった気になる。誰かが「バラ」という言葉を口にしただけで、わかった気になる。

だが、名前を知らないと少し不安だ。その見知らぬ花が、あなたに立ち向かい挑戦する。あなたは、自分の威信が危ういと感じる。というのも、その見知らぬ花が絶えず、「あなたは私を知らない。私のことも知らないなんて、どういう知識の持ち主なんだ」と言うからだ。花はあなたを激しく打ち続ける。あなたは不安になる。この戦いの片《かた》をつけたいがために、あなたは知りたがる。図書館に行き、本やブリタニカ百科事典で花の名前を探し出す——「バラ」だ。よし、ラベルを貼った。さあ、これで楽になれる。

しかし、あなたは何をしたのだろう？　バラの木に言葉を貼り付けただけで、理解したと思っているのだろうか。あなたは理解する機会を失った、挑戦する大きな機会を失った。しっかり頭に入れておきなさい——なぜなら、バラという名は人間がバラの木につけたものであって、バラの木はそんな名前など全く知らないからだ。バラの木にバラの木の話をしても、理解はしない。何の話をしているのだろう？　何て馬鹿げた話をしているのだろう？　バラの木自体に名前はない。その名は他の者、あなたのように知らないでいることが耐えられない者たちが、つけたものだ。

知らないというのは、それほどに気がかりなことなのだ。知らないとても不愉快になる。知らない人を見る、「この人、誰？」とあなたは言う。誰かが、中国人だ、アフリカ人だ、日本人だと言う。あなたは楽になる。何を知ったのだろうか。中国人だと言われただけで……極めて多くの中国人がいる、八億もの中国人が。しかし、彼のような中国人は他にいない。事実、その中国人のような人は存在しない。極めて多くの中国人がいるが、ひとりひとり個性的で違っている。それぞれの特徴、独自の実存が備わっている。中国人というラベルを貼って、何を理解したというのだろうか。だが、あなたは楽になる。

その人の宗教は何か——仏教だ、もう一つのラベルが手に入る。今あなたは、少しではあるがさらに知識を得た。どの政党に所属しているのか――共産党だ。さらにまたラベルを集め、あなたはその人を知ったと考える。

知るということは、マインドが考えるほど安っぽいものだろうか。ラベルを貼るのが知ることではない。ラベルを貼るのは、開かれていた智の機会を避けることだ。その人と関わりを持っていたなら、その人を知ることができただろう。バラの木に一人瞑想していたなら、その香りを鼻から受け入れ、心に届かせていたなら、愛情をもって触れていたなら、バラの木を知ることができただろう。そのバラの木と心を通わせていたなら、何か知ったかもしれない。

バラの木を完全に知り得ると言っているのではない。一本のバラの木を完全に知ることができれば、全宇宙を知ったことになる。なぜなら、その一本の木に全宇宙――太陽、月、星、過去、現在、未来が包摂されているからだ。時間、空間の総体が小さなバラの木に凝縮されている。もしバラの木を知り尽くせば、全宇宙を知ったことになる。そうなったら、知るべきものは何も残されていない。小さなものの一つ一つが、それほどまでに偉大なのだ。

見知らぬ花があなたの内部で咲きだしても、急いで調べたりしてはいけない。テーブルに乗せて切り裂き、成分を調べたりしてはいけない。楽しみ、愛し、その成長を育むこと。恩寵があなたに降り注ぐ。あなたはハシディズムの人になる。恩寵、それがハシディズムだ。

第二の質問

シヴァ神は、「ヴィギャン・バイラヴ・タントラ」の中で、妻デヴィに心の安定を保つ技法を色々と教えています。ハシディズムの、そうした心の安定、バランスを保つための技法についてお話していただけませんか。

いや、私はそうした技法のことについては何も話すつもりはない。というのも、ハシディズムには技法というものが全くないからだ。終始一貫して、技法を持たないというのがハシディズムの姿勢だ。ハシディズムには技法がない、ひたすら生を楽しむ。

ハシディズムは瞑想の道を歩まない。それは祈りの道を歩む。祈りには技法がない。瞑想は内なる真実に達するための技法だから、数多くの技法があり得る。ハシディズムは科学ではなく芸術だ。技法ではなく、愛に信を置く。

技法に走るマインドは数学的だ――しっかり頭にいれておきなさい。愛する者のマインドは数学的ではない、それは詩人のマインドだ。愛はロマンスであって技法ではない。愛は夢であって技法ではない。愛には、生に至る全く異なった道がある。

ハシディズムには技法がない、ヨガもタントラもない。生を、神を信頼し、与えられたものは何でも楽しめと言うだけだ。ありふれたものの一切が尊く神聖になるように、生の些細なものの一つ一つが神聖になるように、感謝の気持ちを込めて心から楽しみなさい。あらゆるものが神聖になるように。愛、慈悲、感謝のエネルギーがあれば、穢《けが》れは消える。

愛は技法ではないから、愛する方法を教えられる人はいない。愛し方を教えようなどという本に出くわしたら、気をつけることだ。一度愛し方を身につけてしまったら、二度と愛せなくなる。そうした技法は障害になる。愛は自然に、ひとりでに起こる。動物でさえ愛し合っている。キンゼイやマスターズ・アンド・ジョンソンなどいなくとも、科学の力など借りなくとも、動物は完全にオーガズムに達している。セックスセラピストもいないし、愛し方を教わりにグルのところへ行くこともない。それは生まれつきのもの。生まれて来るものには皆、具わっている。

生まれつき具わっているものがいくつかある。子供が生まれる……誰にも呼吸の仕方は教えられない。もしそれが教えなければできないものだとしたら、誰ひとり生存する者はないだろう。子供に教えるには時間が必要だからだ。まず学校へ通わせ、言葉を教えたり訓練したりしなければならない。少なくとも七年、ともすれば八年、十年かかって、やっと呼吸の仕方が教えられる。「呼吸」という言葉の意味すら子供はわからない。いや、それは教えるようなものではない。子供は呼吸の能力を身につけて生まれてくる。それは生まれつきのものだ――草むらの花がそうであるように、海に向かって流れていく水がそうであるように。

生まれるとすぐ、子どもの全存在が呼吸を求める――これまで呼吸をしたことがないから、何が起こるかもわからぬままに。誰にも教わったことはない、呼吸したことはない、体験はない。それはただ起こる。

全く同様に、十四歳になると、子供は異性にとても強く惹かれだす。誰が教えたわけでもない。それどころか、教師たちは反対のことを教えている。一貫して、性欲や性エネルギーに反対することを教えてきたというのが人類の歴史と言えるだろう。宗教、文化、文明、聖職者、政治家、皆、性の抑圧の仕方を教えてきた。にも関わらず、未だに抑圧できてはいない。抑圧するのは不可能なようだ。

それは自然現象だ。湧き上がってくる。逆らおうとも、湧き上がってくる。事の真実を見なくてはならない。いくら逆らっても、湧き上がってくる。それはあなたより大きい、統制することはできない。自然なものだからだ。

ハシディズムは言う、自然な生き方をし始めると、ある日突然、女性や男性に対する愛や生まれた後の呼吸と同じように、ひとりでに神への愛が生まれてくる、と。その尊い瞬間は操ることができない。目論むことも、準備することもできない。が、その必要はない。自然に生きるだけでいい。

自然と闘わずそれとともに漂う、するとある日突然、神の恩寵があなたに降りて来るだろう。あなたの実存に、途方もない衝動が生まれる。存在――神と呼ぼう――へのこれまでにない愛が生まれる。愛が生まれると、存在は個人的なものになるからだ。すると、存在はそれではなく汝となる。あなたと存在は、われと汝の関係となる。

ハシディズムは、「不自然になってはいけない、不自然にならなければひとりでに祈りが起こる」としか言わない。ハシディズムに技法はない。そして、そこがすばらしいところだ。

祈りの花を咲かせることにしくじると、技法が必要になる。瞑想は祈りの代替え、祈りよりも劣る。祈りができないと瞑想が必要になる。あなたの中に祈りが生まれれば、どんな瞑想も要らない。祈りとは自然な瞑想であり、瞑想とは努力を伴なった祈りだ。技法を伴なった祈りが瞑想であり、技法を伴なわない瞑想が祈りだ。

ハシディズムは祈りの宗教だ。だから、放棄がない。ハシディズムの人は、神が与えてくれた自然な生を生きる。神がその人をどこへ置こうとも、その人はそこで生き、愛し、生の小さな喜びを味わう。一度小さな喜びを味わうと、その効果が累積し、実存の中で大きな喜びとなる。

無上の喜びが降りて来るのを待ち望んではならない――このことは理解されなくてはならない。そんなことは決して起こらない。無常の喜びとは、あなたの実存に蓄積された小さな喜びに過ぎない。小さな喜びの総和が、無上の喜びなのだ。食べる――それを楽しむ。飲む――それを楽しむ。

風呂に入る――それを楽しむ。歩く――それを楽しむ。何とも美しい世界、何とも美しい朝、何とも美しい雲……祝福するのに、他に何が要る？　満天の星……祈るのに、他に何が要る？　東から昇ってくる太陽……頭《こうべ》を垂れるのに、他に何が要る？　無数の刺の間から顔を出し、蕾を開かせるバラの花。か弱くて壊れやすく、それでいて、風や稲光や雷に立ち向かっていくほどに強いバラの花。その勇気を見るがいい。信頼を理解するのに、他に何が要る？

神に至るこうした小さな隙間を見失ったとき、技法が必要になる。その小さな隙間を見続けていれば、効果が累積しそれが大きな扉となる。そして突然、祈りを理解しだす。理解するだけでなく、祈りに生きるようになる。

ハシディズムは、タントラとは事に当たる姿勢が全く違っている。そして、ハシディズムはいかなるタントラよりも優れている。なぜなら、それは自然なタントラ、無作為の道だからだ。タオの道だ。

だが、マインドは実に小賢しい。マインドは操作したがる、恋愛関係であっても、祈りという神秘的な現象であっても。それは強力な制御装置だ。マインドは操作に取りつかれていて、何ものもその対象から免れることを許さない。そこで技法ということになる。マインドは常に技法を求め、百計を案じ続ける。

あなたが百計を案じ、何でも自分でやろうとすれば、神はあなたに入り込めない、あなたを操るチャンスが得られない。あなたは神の手助けを決して許さない。あなたは自立しなくてはと、自らが自らを助ける以外にはないと思っている。惨めでいる必要などないのに、あなたは自分で自分を惨めにしている。

幼い子供が、庭に腰を降ろしている父親の周りで遊んでいた。そして、大きな石を持ち上げようとした。一生懸命やってはみたが、大き過ぎてだめだった。その子は汗をかいていた。

父親は言った、「お前は力を出し切っていない」

子供は言った、「そんなことないよ。全部出し切ってる。でも、どうしたらいいかわからないの」

父親が言った、「お前は父さんに助けを求めなかったね。助けを求めることもお前の力なんだよ。父さんがここに座っているのに、助けを求めなかった。だから、力を出し切っていないんだ」

技法を頼りに生きている者は、自分の力を出し切っていると考えているかもしれない。だが、神の助けを求めていない。技法を用い、ただ瞑想しているだけの人は貧しい。ハシディズムの人は、本当に力を出し切っている。だから、とてつもなく豊かだ。ハシディズムの人は開いているが、技術志向のマインドは閉じている。そのマインドは、何事にも計画を立て続ける。計画が実現したとしても、あなたは幸福ではないだろう。というのは、あなたが立てた計画だからだ。それはあなたと同じほどに小さい。成功したとしてもあなたは失敗者、成功したときでさえ挫折感を味わうだろう。得るものなどないからだ。失敗すれば当然がっかりする。失敗したときは挫折感を味わう。ところが、成功したときにもあなたは挫折感を味わう。

聖なるものに自分を開きなさい。自然に生きなさい――良くなろうとせず、観念や道徳的規範に縛られず、ただ自然に生きる。自然が唯一の規律でなくてはならない。何であれ自然なものは良い、それが神の意思であり望みなのだから。深く感謝しながら自分の生が受け入れられれば、それが神の望む生だ。もし神があなたにセックスを、セックスを与えたなら――神の方が良く知っている――無理に禁欲することはない。強いられた禁欲は醜い、自然なセックスより醜い。自然なセックスを受け入れれば、ある地点を超えたとき、それは自然な禁欲になる。性超越者が生まれる。そのとき、全く違った生が始まる。

だがそれは、生の川を漂いながらやって来る。


わかるかね？　もし川がいっぱしの思想家なら、こう考え始めることだろう、「下へ流れ落ちている、それはいけない。私の住み処は山なのだ。川も初めはヒマラヤの頂上の雪、そこが私の住み処だ。なのに私は落ちている。それは悪いことだ。天の高みから氷河を下り、大地の方へ向かっている」。川に考えることができるとすれば、川は狂ってしまうだろう。下へ、地獄へと流れ落ちているのだから。だが、とても幸いなことに川は考えない。川は受け入れる。川を頂上に造る、それが神の意志だった。深みを求めて流れる、今度はそれが神の意志だ。

本当に高みを知りたかったら、深みも知らなければならない。それを知らなければ、高みは知り得ない。深みは高みの一方の極。山の頂きが高くなるほど、谷は深くなる。木を知りたければ、根の方も知らなければならない。木は上へ、根は下へ伸びる。上昇と下降、その動きの中で木は成り立っている。その力の拮抗が木に命を与えている。

どこへ行くかも知らずに、信頼して川は流れる。川はどこへも行ったことがない、道路地図もなければ案内人もいない。だが、川は信頼し続ける。起こるべくして起こるのであれば、それは良いことであるに違いない、と。川は歌い踊り続ける。そしてある日、どの川もついには究極のものに辿り着き、海で姿を消す——西へ流れようが東へ流れようが、南だろうが北だろうが違いはない。川は海で究極の深みに達する。

今や、旅は完結した。川はヒマラヤの高みと海の深みを知った。今やその体験は全面的なものになり、円が完結した。川は今、涅槃《ニルヴァーナ》の中に、解脱《モクシャ》の中に消え入ることができる。

これが解放だ。

ハシディズムの人は、川のように生きる。ハシディズムの人は信頼する。技法に捕らわれ過ぎる人は信頼しない人、疑い深い人だ。そういう人は、生を信頼できず自分の技法を当てにする。

とてもすばらしい話を聞いた。ボーディが送ってくれたものだ。

あるゴリラの収集家が、もっとゴリラを集めたくなってアフリカに行った。着いて間もなく、白人の優秀なハンターがいる小屋を訪れた。

「一頭につき、幾ら払えばいいんだね？」と収集家が尋ねた。

「そうだな、俺に五百ドル、あそこでライフルを持っている小さなピグミーに五百ドル、それから俺の犬に五百ドルだ」

収集家は、なぜ犬にも五百ドルなのか理解できなかった。しかし、実際的な男だったので千五百ドルは安いと考え、それがどう分配されようと気にしなかった。

猟に出かけると、優秀なハンターはゴリラが一匹、木に登っているのを見つけた。そして、木によじ登りゴリラの頭をひっぱたいた。ゴリラが木から落ちると、犬がゴリラに駆け寄ってその睾丸に噛み付いた。ゴリラは動けなくなった。それからハンターが木から降り、檻を持ってきてゴリラを中に押し込んだ。

収集家は仰天しハンターに言った、「実にお見事！　今までこんなのは見たことがない！　あんたは確かに五百ドルの仕事をした。それからその犬もね。いやぁ、何て言うか、その犬は本当にすごい。でも、あのライフルを持ったピグミーは仕事をしていないようだが」

ハンターは言った、「ピグミーのことは心配しなくていい。奴もちゃんとやるんだから」

そのようにして、次から次へとゴリラを捕まえていったのだが、最後にその一部始終を見ていたゴリラに出会うことになった。ハンターが木に登ってまさにゴリラの頭を叩こうとしたとき、ゴリラが向きを変え、先手を打ってハンターを叩いた。

木から落っこちながらハンターはピグミーに叫んだ、「撃て、犬を撃つんだ！」

さて、これが技術思考のマインドだ。あらゆること、起こりうるすべての事態に備え、システムに抜け穴を作らない。

宗教的な人は、そういう計画的な生を送ることはできない。不可能だ。宗教的な人は、神の入り込む抜け穴を開けておかなければならない。実のところ、正しく理解するなら、宗教的な人とは何も計画しない人のことだ。どうやって計画するのだろう？　私たちのどこに、そんな能力があるというのだろう？　私たちは限られている、知性の微かな明かりがあるとはいえ、あまりにもちっぽけだ。それに全幅の信頼を置けば、生は極めて凡庸になる。巨大なものが、凡庸な生に入り込むことはない。無限なもの、終わり無きものが凡庸な生に入り込むことはない。

ハシディズムは極めて革命的な歩みだ――大きな危険が伴なう。危険は、私たちの唯一の安全装置、唯一の確かさ、唯一の能力と思えるマインドを落とすことの中にある。さらには、自己ではなく、ノーマインド――神と呼ぼう――を信頼すること、存在を信頼することの中にある。

ハシディズムは、偉大な明け渡しだ。

第三の質問

愛する和尚、
一度に一人の師《マスター》だけですか。

私には、あなたが困ってしまうのも理解できるし、うなずける。私はあまりに多くの師、歩むべき道、扉のことを語っている。だから、混乱したとしても当然だ。

だが、私の言葉にしがみつくから混乱するのであって、しがみつかなければ混乱はしない。言葉や説明の仕方が違っていたとしても、私は同じことを何度も何度も言い続けているのだ。どのような道を示すにしろ、どのような説明をするにしろ、私はそれと完全に一体になっている。だからそれ以外のことは、たとえ以前話したことであっても眼中にない。

ハシディズムのことを語っているとき、私はハシディズムの人だ。そのとき私は、その中に完全に浸り切っている。ハシディズムの秘密を明かすには、そうする以外ない。もしそれに浸っていないなら、少しの情熱も持たず、傍観者や教授にすぎないなら、ただ説明するだけなら、伝えようとしていた洞察やヴィジョンは伝わらないだろう。そうすれば、あなたは情報を集めて家に帰るだろう。あなたはさらに物知りになるが、賢くはならない。

どのような師であれ、道であれ、経典であれ、話しているとき、私はそれに浸り切っている。絶対的に浸っている。そのとき、話している以外のものは一切存在しない。情熱を燃やしているから、その教えを心から愛しているからだ。

もちろん、あなたが困るのもわかる。ハシディズムこそ歩むべき道だと私は熱烈に語るが、あなたは困ってしまう。なぜなら、かつて私はタントラが歩むべき道だと言っていたし、別のときには禅が、さらに別のときにはタオが道だと言っていたからだ。はてさて、どれが歩むべき道なのだろう?

私がある道のことを話しているとき、私はそれだ。私の言葉にしがみつかず、言葉のないメッセージを聞き取りなさい。そして、もしそれがあなたの心を打つなら、心の中で歌うなら、あなたは自分の道を発見したのだ。そうなったら、かつて私が言ったことも、将来言うであろうこともすべて忘れなさい。そうなったら、あなたは悩まなくていい。あなたは自分の鍵を見つけた。もう、鍵は開けられる。

私は、これからも語り続ける。何百万もの人に語りかけているからだ。鍵を見つけたら、私が何を話してもそれを楽しみなさい。だが、何度もかき乱されてはいけない。あなたは自分の鍵を見つけた。これからは、まだ見つけていない他の人のために話さなくてはならない。平和、沈黙、至福を見つけたら、あなたは必要としていたものを手に入れたのだ。しかし、手に入れていない人が大勢いる。私はその人達のために話す。そして、あらゆる可能性を利用する。

例えば、私がハシディズムの話をする。それがあなたの心を強く打ち、あなたにこの道への愛が湧き上がるかもしれない。私の情熱があなたに火をつけるかもしれない。だから私は、情熱的に語る。もし教授たちのように冷ややかに語れば……私は教授ではない。ハシディズムの話をしているとき、私はハシディズムのラビだ。私が話しているのは私の道だ。説明しているのは他人の道ではない。自分で旅をし、愛し、知り、味わった私の道だ。私は自分自身の体験を語っている。そして、それがあなたを打ち、あなたの心の中で何かがカチッと鳴れば、祈りがあなたの道となる。そうったら、私の言うことはすべて忘れなさい、何度も考える必要はない。

もしそうならなかったら、考えなくてはならない。だが、それでも気に病むことはない、すべて忘れなさい。私は別の話をする、別の扉を開ける。多分、それがあなたの扉になるだろう。扉を見つけたら、私が開けようとしている他の扉のことを気にしてはいけない。すべての扉は同じものへ導くからだ。和尚はもっと大きな金の扉を開けるかもしれない、その扉から入るべきだ――などと思い悩んではいけない。どれも皆同じだ。

あなたの愛する扉があなたの金の扉。この扉を愛したら他に扉はない。他の人たちが別の扉から入っていくのを見るだろう。だが、存在の中核に達したとき、あなたはそこで、とてつもない愛と友情を感じながら皆と出会うだろう。ハシディズムの人、禅僧、スーフィー、チベットのラマ僧もいれば、静かに座ってそこまでやって来た人、踊ってやって来た人もいるだろう。深い友情の中ですべての探求者は出会う。

それがとても難しいのは知っている。二人の師を求めだせば葛藤が起こる。決して二人の師を求めないこと。一人で充分、充分過ぎるほどだ。

ムラ・ナスルディンは、死の間際に息子をそばに呼んで言った、「いいか、一つお前に言っておきたいことがある。お前が言うことを聞かないのは知っているがな。俺も、親父が死ぬとき、親父から言われたことを聞き入れなかった。親父は言った、『ナスルディン、あまり女を追いかけてはいかんぞ』と。だが、誘惑が強すぎて俺は我慢できなかった。だから、次から次へと女と関係していった」。ムラは、コーランが許す上限である九人の女性と結婚した。

さらにムラは言った、「地獄になっちまった。ひどい苦しみだった。お前が聞く耳を持っちゃいないのは知っているが、それでも俺は言う。俺はもう逝ってしまうし、話す機会がなくなるからな。お前は女と恋をするだろう。だが、一つこれだけは覚えておけ。親の遺言だ。『一度に一人、一度に一人だ。せめてそれだけは守るんだぞ』」

一度に一人だ。一度に二人の女性を愛したとすれば、それはどういうことだろうか。分裂した人格の持ち主ということだ。精神分裂症、あなたは一人ではない、二人だ。一度に三人の女性を愛したら、あなたは三人だ。また、どんな女性にでも、会えば恋をしてしまう人々がいる。誰が通りすぎても、突然好きになる。すべての女性が恋の対象だ。その人たちは群集だ。同時に何人に恋をするかで、自分の中に住んでいる人の数が数えられる。それは、自分の中に何人住んでいるかを数える非常にすばらしい方法、非常に手軽な目安だ。

だが、一人の女性に恋をすると、あなたはまとまり調和していく。あなたは全体になる。葛藤がないので正気になる。

聞いた話だが――。

花嫁と花婿がホテルのエレベーターに乗り込んだ。するとかわいいエレベーターガールが、花婿に向かって、「ハーイ、ダーリン」と言った。カップルが目的の階で降りるまで、他に言葉は交わさなかった。エレベーターを降りたとき、花嫁が叫んだ、「誰なの？　あの女」

とても気まずそうに花婿は言った、「何も聞かないで。明日、あの娘《こ》に君のことを説明しなきゃいけなくなって、大変なんだから」

二人の女性を愛することさえ危険だというのに――二人の師を愛することは、その百万倍も危険だ。なぜなら、女性への愛は肉体の愛に過ぎないだろうし、その分裂は肉体的なものに限られるからだ。あるいはせいぜいマインドの愛だろうから、マインドの分裂に留まる。ところが、師への愛は魂の愛だ。二人の師を愛すれば魂は分裂し、完全に統一性を失うだろう。あなたはばらばらになり、まとまっていられなくなる。あなたは姿、形、まとまりをすっかり失う。だが、統合を達成するためにこそ、師の許《もと》にいるのだ。

いったん、一人の師を愛したら、その師の許に留まりなさい。その人に幻滅しても留まれと言っているのではない。幻滅したら、もうその人はあなたの師ではない。そのときには、そこにいても仕方がない。別の師を探しなさい。

だが、決して心の中に同時に二人の師を置いてはならない。どちらかはっきりさせなくてはならない。これは、普通の決断ではなく、極めて重大な決断だからだ。それはあなたの全存在、その質、未来を決定づける。

第四の質問

愛する和尚、

あなたは本当にいたずら好きですね。あなたは、私たちがあなたの家に入れるように、私たちの家を壊したいと言います。でも、私は見ました。あなたの家には、床も、壁も、天井もありません。だから私は、引き込まれるのを恐れ、玄関で柱にしがみつきながら眺め続けているのです。

その通りだ。私はあなたたちを騙そうと、あなたたちが望んだこともないものにあなたたちを誘い込もうと、精一杯努力している。

弟子と師《マスター》は大きな闘いの中にある。大いなる闘争が続く。弟子が不運なときにのみ、弟子の勝利はあり得る。師が勝利するとすれば、弟子が祝福されている、非常に幸運ということだ。闘いが起こるのは、弟子が誤った動機で師のところに来ているからだ。おそらく、自我が何らかの霊性を求めたからやって来たのだろう。弟子は人生の落伍者となった。お金、権力、特権、尊敬、経済的成功、政界での野望――その世界で弟子は失敗した。利己的な旅の頂上を極めることができなかった。大統領や首相になれなかった。もはや生はその手から走り去っているのだが、弟子はひとかどの人物になりたがっている。無名の人でいるのは、極めて、極めて不愉快なことだ。

最後に、人々は宗教的なものを捜し求める。そちらの方が簡単そうだ。ある種の自我へ到達するにも、ある形の自我を具現するにも、そちらの方が簡単そうだ。何はともあれ、和尚のサニヤシンにはなれる、いとも簡単に。そして、すばらしい気分、特別な存在になった気になれる。

宗教的と言われる人々は、俗世でできなかったことを実現しようとする――ときには難行苦行によって。何日も続けて断食をする者、その人は特別な存在となる。そんなに断食できる者などいやしない。マゾヒストなのだろう、そうに決まっている。自殺的なのだろう、そうに決まっている。

ところがその人は、人々に偉大な大聖《マハトマ》として尊敬されだす。すごい断食をした、肉体に逆らった、安楽に抗した。刺のベッドに横たわったり、何年も立っていたり、砂漠で柱の上に何年も座っていたり——ただ柱の上に座っているだけだが。とても居心地が悪い。眠れないし、休めもしない。だが、人々を惹きつける。突然苦行者は、極めて重要な人物となる。なりたくてもなれなかった首相や大統領でさえ、やって来るようになる。これほど偉大な苦行者に祝福してもらえれば、権力の世界でさらに上に行けると考えているからだ。苦行者は、とても心地よい満足した気分になる。今や、自我は絶頂に達した。王や首相や大統領までが会いに来る。

弟子は、誤った動機でやって来る。あるいは、ひどい混乱状態にあって、何らかの平安を手に入れようとしてやって来る。どうして平安を手にしたいのだろうか。自分の野心をもっとうまく実現できるようにと望むからだ。

つい先日、私はマハリシ・マヘシ・ヨギの超越瞑想の宣伝広告を読んでいた。ありとあらゆることを請け合っていた——良い仕事、仕事の上達、健康、精神の健康、肉体の健康、長寿、人が望みうるものすべて。経済的、精神的、社会的、肉体的、心理的なあらゆる利益がずらりと並んでいる。二十分座り、コカコーラ、コカコーラとか、何か馬鹿げた言葉を繰り返すだけでいい。

極めて単純！　だからこそ、マントラを誰にも聞かせないようにと言われているのだ。聞いたら人は笑うだろう！　もし、「私はコカコーラ、コカコーラと唱えています」などと人に言ったら、気が狂ったと思われるだろう。だから内緒にしておかねばならない。人に聞かせるには、ばかばかし過ぎる。とにかく内緒だ。

二十分ナンセンスな言葉を繰り返すだけで、それほど多くの御利益が得られる。それは、たちどころに凡庸なマインドに訴える。このマハリシ・マヘシ・ヨギの超越瞑想は、瞑想でもなければ超越でもない。それは騙されやすい人、あらゆる御利益を捜し求めている人、万能薬や治療薬を求めている人を食い物にしようとするものだ。

本物の師に出会えば、薬はない、万能薬はないと言うだろう。また、心穏やかにしてやろう、健康にしてやろう、ああしてやろう、こうしてやろう、そうすれば俗世に戻ってもっとうまく望みを遂げられるだろう、などとは言わない。違う。師は、野心のせいであなたは取り乱している、混乱していると言う。野心を落としなさい。本物の師が請け合えるのは、あなたの野心、あなたの自我を取り去ること、あなたを殺すことだけだ。あなたは、護ってもらおう、安心を手にしよう、支えを見出そうとしてやって来た。だが、本物の師とは、支えを次々に奪っていく人のことだ。いつの日かあなたは、ぺしゃんこに潰れる。そしてまさにその崩壊の中で、灰から新たな存在が生まれ出る。その新たな存在はあなたと無関係、あなたと繋がりを持たないほどに新しい。過去を持たない、未来も持たない、今ここの純粋な存在でしかない。

質問はクリシュナ・ラーダからだ。彼女は正しい。「あなたは本当にいたずら好きですね」――その通り。だから気をつけなさい。近いうちに逃げられるものなら、逃げるがいい。いつまで玄関でしがみついていられるというんだね？　玄関まで来たからには、家まではもう遠くない。

そしてまた、玄関も想像の産物だ。床も屋根も壁もないような家に、玄関などあるはずがない。ちょっと考えてみなさい。玄関は想像物に過ぎない。

私は、玄関が見えるようあなたに手を貸している、だから玄関に入るくらいはできる。旅は楽になる。時々私は、あなたの望みに応えているのだが、それはただ、あなたが少しでも長くここにいられるようにするためでしかない。そのことを理解すれば、やがてあなたは、愚かしいことを望んでいたのだとわかるようになるだろう。そしてある日突然、玄関が消え、当然その家もなかったことがわかるだろう。

だが、壁も屋根も床もない家は神の家だ。というのは、まさに空がその屋根であり、大地がその床であり、境界のない境界がその境界だからだ。

そう、私は境界のある家には連れていかない。そういう家は再び別の拘束に、別の監獄になるだろう。より快適で飾りつけも良く、より現代的な様式の家具が備え付けられているだろうが、それでも監獄だ。

私の家は自由の家だ。「あなたの家には、床も、壁も、天井もありません」――ラーダの言う通り――「だから私は、玄関で柱にしがみつきながら眺め続けているのです」。もう一度見てごらん。

柱はない。柱があると信じるのは、しがみつきたがっているからだ。もう一度見てごらん、目を開けて。柱も、しがみつけるものもない。リラックス、レット・ゴーだ。すると、突然あなたは消え、あなたは無限のものに、空間になるだろう。それが神、すなわち空間、無境界だ。

私の家は神の家、人の作った寺院ではない。

聞いた話だが――。

二人の会社員が仕事を終え、町の中心にあるバーで酒を一杯、二杯と飲んだ。一人が三杯目を勧めたが、勧められた友人は、家に帰って女房に言い訳しなければならなくなる、と言って断った。

「何の言い訳だい？」と友人は尋ねた。

「わかるはずないだろう。まだ家に帰っていないんだから」

玄関に立ち続けてはいけない。玄関に立っていてもわかりはしない。家に来なさい、私が用意したこの無限性の中に消えなさい。消えてはじめて、あなたは知るだろう。知ればいかなる釈明も要らない、理論も要らない、解釈も要らない。体験そのものが自分の確証となる。これまであなたは、小さい家の狭くて暗い部屋にいて、絶対的自由の中に住めるなんて信じられなかった。自由の身でいる能力を失っていた。

その能力を学び直さなくてはならない、取り戻さなくてはならない。私がここにいるのは、あなたを訓練するためではない。規則を与えるためでもない。原理原則のない生、規律を押しつけられない生を与えるために全力を注いでいるのだ。私にできる贈り物は、自由しかない。自由には壁がない、空のように無限だ。空全体を求めなさい。それはあなたのものだ。

第五の質問

愛する和尚、
学のある愚か者と学のない愚か者のうち、どちらが良い弟子になれるのでしょうか。そして知識人のために――「愚か者は幸いである」、この言葉に対する見解をお聞かせください。

ここには一人の知識人も見当たらない。祝福された愚か者だけだ。
質問者であるスワミ・ヨーガ・チンマヤ博士は例外かもしれないが。彼は例外だろう。だが、それを別にすれば、ここには一人の知識人も見当たらない。
天国は愚か者たちに占領されかけている、というマホメッドの極めて奇妙な言葉がある。それに出くわしたときは、私でさえ驚いた。マホメッドがそれほど革新的だとは思ってもみなかった。途方もない言葉だ！　天国は愚か者たちに占領されかけている、これをもって何を言おうとしたのか。だが、あなたたちを見ていて、マホメッドが正しいように思えてきた。ここも、愚か者たちに占領されかけている。

何種類の愚か者がいるか説明しよう。第一は、知らないうえに自分が知らないことも知らない者、単なる愚か者。第二は、知らないのだが、知っていると思っている者、複雑な愚か者、学のある愚か者。そして第三は、自分が知らないことを知っている者、祝福された愚か者。

誰もが、単なる愚か者として生まれて来る。それが「愚者」の意味だ。子供は皆単なる愚か者、知らないことを知らない。まだ知の可能性に気づいていない。それがキリスト教のアダムとイブの話だ。

神は彼らに言った、「知恵の木の実を食べてはならない」。知恵の木の実を食べるという事件が起こる前、二人は単なる愚か者だった。何も知らなかった。当然、知らなければ不幸になるのは難しい。だから、とてつもなく幸せだった。不幸になるには少し訓練が要る。不幸を生み出すには少し熟練が、ちょっとした技術が必要だ。知識がなければ、地獄は造れない。知識なしにどうやって地獄を造る？

アダムとイブは幼い子供のようだった。子供が生まれるたびに、一人のアダムが生まれる。子供として生きるのは数年、せいぜい四年だ。その期間は日に日に短くなっている。地獄の造り方を知らないから、子供は天国に住む。生を信頼し、岸辺の小石や貝殻といった取るに足らないものを楽しむ。宝物でも見つけたようにそれらを集める。色のついたありきたりの石が、コイヌール（インド産のダイヤモンド）のように見える。あらゆるものが子供を魅了する——朝日にきらめく露、夜の星々、月、花々、蝶々。

だが、少しずつ知り始める。蝶は蝶に過ぎない、花は花に過ぎない、大したものは何もないと。子供は名前を知り始める。これはバラ、あれはチャムパでそれはチャメリ、そしてこれは蓮。だんだん名前が障害になっていく。知れば知るほど、子供は生それ自体から切り離され、頭でっかちになる。もはや、全体ではなく頭で生きるようになってしまった。それが堕落の意味だ。知恵の木の実を食べてしまったのだ。

子供は皆、知恵の木の実を食べねばならない。子供は皆、とても単純だから、複雑にならなくてはならない。それは成長の一部だ。子供は皆、単なる愚か者から複雑な愚か者へと向かう。複雑な愚か者には程度の違いがある。大学に入学したての者が少々、卒業した者が少々、大学院生になる者が少々、博士や哲学博士になる者が少々。程度の違いがある。しかし、知ることへの誘惑は大きく、すべての子供は何らかの知識を味わわざるを得ない。その場に立ちはだかる未知のものは、どれも危ない。危険物となる。知識があれば処理できる、だからそれを知らねばならない。知識なしに処理できるだろうか。だから、子供は皆知るようになる。

したがって、最初の愚か者は当然、必然的に二番目の愚か者になる。しかし、二番目から三番目の愚か者になる必然性はない。なるかもしれないし、ならないかもしれない。なるのは、二番目の愚かしさが大きな重荷となった場合に限られる。極度に多くの知識を身につけ、頭だけの存在となり、感性や気づきや生活をすっかり失った。マインドの中でぐるぐる回る理論、経典、教義、言葉につぐ言葉に過ぎないものになってしまった。あるとき、それに気がつけば、人はそのすべてを落とさざるを得なくなる。すると、第三の、祝福された愚か者になる。

すると、その人は第二の少年期に達し、再び子供になる。イエスの言ったことを覚えておきなさい、「私の神の王国には、幼子のような人々だけが迎えられるだろう」。だが忘れてならないのは、イエスは「幼子のような」と言っているのであって、「幼子」と言っているのではないということだ。幼子は入れない。世間の風習に染まり、汚され、それを自分の手で清めなければならない。その体験が必要だ。

それでイエスは、「幼子」とは言わずに「幼子のような人」と言う。「ような」というその言葉には、極めて深い意味がある。子供ではないが、子供のような人ということだ。子供は聖者だが、罪の誘惑をまだ体験していないから神聖であるに過ぎない。その神聖さは極めて単純だ。大して価値はない。手に入れたわけでも、努力したわけでもないし、まだ誘惑されてもいないからだ。誘惑は遅かれ早かれやって来る。世の中には千と一つの誘惑があり、子供は色んな方向に引っ張られるだろう。そうした方向へ行くべきでないと言っているのではない。もし自分を押さえ、そうした方向へ行かないように抑圧すれば、子供はいつまでも最初の愚か者に留まる。イエスの王国の一員にはなれない、マホメッドの天国には入れない。それはできない。無知でいるだけだ。その無知は抑圧に過ぎぬものであって、知識からの解放ではない。

まず知識に達し、罪を犯さねばならない。罪、知識、神への不服従、そして世の中という荒野に下り、道に迷い、己の自我の生を生きてはじめて、すべての知識を落とせるようになる。

誰もが落とせるわけではない。子供は皆、最初の愚か者から二番目の愚か者に移っていくが、二番目から三番目にいくのは、極少数の祝福された者に過ぎない。だから、祝福された愚か者と呼ばれるのだ。

祝福された愚か者は、理解に達する最も大きな可能性を持つ。なぜなら、知識は不毛であり、あらゆる知識は智への障害であると知るに至ったからだ。知識は智への障害だから、知識を落とし、ひたすら理解する人となる。まさに、物事がはっきり見えるようになるということだ。その目には理論も思考もない。そのマインドは、もはやマインドではなく知性そのもの、純然たる知性、もうガラクタや借り物の知識は散乱していない。その人は、ひたすら気づいている人、気づきの炎だ。

テルトリアヌスは知識を二つの範疇に分け、その一つを、無知なる知と呼んだ。それは第二の愚か者、無知でしかない知だ。学識者は、知っているにも関わらず知らない。自分自身の体験として知ったのではないからだ。学識者は聞いた、記憶した。彼は鸚鵡《オウム》、良くてコンピュータだ。

昨日、私はサニヤシンのニナドがアメリカから送ってくれた手紙を受け取った。彼は書いている、

「和尚、私はとても幸せです。私の勤めているオフィスのコンピュータが、『おはよう、スワミジ』と言って、毎朝私を迎えてくれるのです」。ニナドは、とても幸せだ。『おはよう、スワミジ』と言ってくれるのは、コンピュータであることも良く知っている。中には誰もいない。だが、そんな言葉でさえ聞けば幸せになる。誰もいない、心もない、誰がその言葉を言うのでもない、それが機械に過ぎないことをニナドは知っている。

学識者が何か言うときも、コンピュータだ。「おはよう、スワミジ」。鸚鵡《オウム》に似ている。テルトリアヌスは、これを本物ではない知識、知識に捕らえられた、知識の装いをした無知と言う。それは転落、少年時代の無垢からの転落。堕落、マインドの堕落した状態だ。抜け目なく小賢しいが、腐敗している。

それから、テルトリアヌスは別種の知識があると言い、それを「無知の知」と呼ぶ。ここに来て、人はすべての知識や理論を落とし、何の考えも抱かず、あるがままの生を直《じか》に覗き込む。何の知識も持たず、ただちに、真実に直面する。真実と出会い、向き合い、あるがままのものを開花させる。無知の知の人は言う、「私は知らない」と。その人こそがイエスのいう子供、本当の子供ではないが、子供のような人だ。

私は、「その通り。愚か者たちは幸いである。神の祝福を受けることになっているからだ」と言う。

第一のものから第二のものへは自動的だ。第二のものから第三のものへはそうではない。二から三へ行くには、跳躍しようと決意しなければならない。それがサニヤスだ。充分知識は得た、再び無知になろう、再び子供になって生まれ変わろう、とあなたは決意する。ここにいる私は助産婦、あなたたちが愚か者になるのを助ける。

覚えておきなさい、三番目に達しなければ生のすべては浪費そのものとなる。

アダムは神に背いた。すべてのアダムは背かなくてはならない。アダムは堕落し、神の恩寵を受けられなくなった。すべてのアダムは堕落しなくてはならない。アダムは知恵の木の実を食べた。すべてのアダムは物知りにならなくてはならない、自然の流れだ。私は何千もの寓話に出会ったが、このアダムの堕落の話に匹敵するものはない。最も含蓄のある寓話だ。だからこそ私は、新しい意味を持たせて何度も取り上げる。それは新たな意味を表出し続ける。

アダムがキリストに変わるとき、アダムは第三の愚か者になる。キリストは第三の、祝福された愚か者だ。アダムがしたことをキリストは元に戻す。キリストは、途方もない従順さ、無垢に帰る。ラビ、ユダヤの宗教的な人々、エルサレムの寺院の僧侶たちは、学のある愚か者だった。彼らはイエスに我慢がならなかった。学のある愚か者は、常に祝福された愚か者にかき乱される。イエスの存在そのものが不愉快であったがために、学のある愚か者たちは彼を殺さなければならなかった。イエスの存在そのものが究極の平和、愛、情熱、光であったがために、己の全存在が危うくなると気づいたのだ。この男が生きていれば、自分たちは愚か者、この男から逃れるには殺すしかない。

そうすれば、またユダヤ民族の学識者になれる。

ソクラテスは知識人に殺された。マンスールは別の知識人に殺された。第三の愚か者が世に現れるたびに、必ず大きな闘いが起こる。学識者は皆結束する。自分たちの商売があがったりになりかねないからだ。この男の言うことはすべて馬鹿げていると思いつつも、心の底では、自分たちの知識が馬鹿げたものであることも知っている。何の役にも立たないからだ。喜びも祝福も出てこない。いつもの通り相変わらずだ。その知識は心に触れない、何の変容ももたらさない。心の底でそのことを知っているから、知識人はより一層不愉快になる。そうした人がいること自体が、知識人をただの人にしてしまう、だから殺したくなる。イエスがいなかったとき、彼らは寺院の偉大な僧侶だった。だが、イエスの出現で、突然ただの人になってしまった。イエスの存在は、神の存在そのものだった。それで僧侶たちは皆、自分たちの栄光が取り上げられたと感じた。

二番目から三番目へジャンプするのは、極めて勇気のある人々だけ。それは量子的跳躍だ。宗教は極めて勇気のある人々、本当に向こう見ずな人々だけのものだ。臆病者には相応しくない。


二つ三つ小話を――。

酒好きではあるが、学があり読書家でもある年配の男が、田舎町の裁判所の法廷に出頭を命じられた。

「飲酒および治安乱罪」、「この裁決に対する異議申立てはありますか」と判事が語気鋭く言い放った。

四人は雄弁に語り出した、「人間の冷酷さは、無数の悲しみを生むもんだ。私はポーほど卑しくはないし、バイロンほど放蕩でもない。キーツほど恩知らずでも、バーンズほど不摂生でも、テニソンほど臆病でも、シェークスピアほど低俗でも……」

「もういい」、判事が口を挟んだ。「禁固九十日」、「それから、執行吏、今被告が言った名前を書き留めて、彼らも検挙しなさい。被告と同等の悪党だ」

さて、判事は第一の愚か者で、被告は第二の愚か者だ。地上に住む人間のほとんどは、この二つのタイプだ。第三のタイプ、イエスや仏陀は稀にしか現れない。

愚か者を表すインドの言葉は *buddhu*（ブドゥー）だが、それは仏陀に由来している。仏陀が王国を捨て、非常に多くの人々が従い始めたとき、国中が騒然となった。人々は、「ブドゥーになってはいけない、愚か者になってはいけない、この男についていってはいけない」と言いだした。人々は仏陀についていく者をブドゥーと言うようになった。あの男はブドゥーだ、愚か者だ、王国を捨てたのだから。王国を捨てる者など他にいるだろうか。人は王国にあこがれ、望み、夢見る。だが、仏陀は捨てた。愚か者に違いない。

第三のタイプは極めて稀だ。だが、それは起こる。充分な勇気があれば、あなたは跳躍し得る。

次の話。

誰かが私に、あの人はできる限りのことをしたと言う。しかし、私がそれを不充分と判断したとき、私はその人のことを、自動車を止め、違反の切符を切った白バイの警官と同じ扱いにする。

「おまわりさん、スピード違反なんかしていませんよ。制限速度は五十マイルでしょ、四十マイルしか出していないんだから」、とドライバーが極めて腹立たしく抗議した。

「知ってるよ。しかし、本当にスピードを出してる奴には追いつけないからね」、と弁解するように白バイの警官が言った。


第三の愚か者はとても速い。天使が恐れをなして歩けないところも、平気で歩く。とても速い。だから私は、その跳躍を量子的跳躍と呼ぶ。第三の愚か者は勇気とエネルギーそのものから飛び出てくる。第二の愚か者にそれほどの勇気はない。第二の愚か者は、あちこちからこまごましたものを集め続ける。それほどの勇気、スピードはない。知識を借りる、自分で知るというよりも借りるのだ。安物買いだからこそ、こっそり買えるのだ。

真実を直接知りたいと思えば、それはとても骨が折れる。すべてを犠牲にすることが要求される。第二の愚か者は、ある限界までしかやろうとしない。その限界というのは、安く知識が手に入ればそうするが、何か危険に晒されたら尻込みするということだ。

勇敢でありなさい。限りない勇気を持たなければ、第三の、祝福された愚か者にはなれない。

最後の話。

普通、最初の段階に留まる者はいない。留まるのは理論上のことに過ぎず、すべての者は多少なりともそこから抜け出なくてはならない。程度、量の問題であって質の問題ではない。だから、人はほとんど第二の範疇に見出される。二番目から三番目へ行くには、あなたがどこにいようとこの決まりを覚えておくように——。

閉ざされたマインドを持たないこと。部屋で強盗を捕まえた、年老いた女中のようでありなさい。

「頼む、逃がしてくれ。何も悪いことはしちゃいないんだから」、強盗が嘆願した。

「いいでしょう。学ぶのに遅すぎるってことはないからね」と女中は答えた。

そしてそれが、私の言いたいことだ。もしあなたが二番目にいて、自分を知識人と思っているのなら、学ぶのに遅すぎることはない。あなたは充分知識を得た。今度は、知ることを学ぶがいい。ごみが鏡につくように、マインドは知識で雑然となる。知識は智ではない。智には全く違った質と香りがある。学びの香りがある。

その違いを言おう。知識とは、情報や体験を集め続け、分類、記憶し続けること。学びとは、何も集めず、ただ、起こっていることや起こるであろうことに対して、受け入れ態勢を整えておくこと、マインドが開いている状態にあることだ。知識が増えれば増えるほど閉じていく。持っている知識が常に間に入り、それを避けられなくなるからだ。

私の話を聞いているあなたが知識人、学者であるならば、話を直接、何も介さずに聞くことはできない。話は聞けない。私が話している間中、あなたの内部、奥深いところで判断し、評価し、批判している。あるのは対話ではなく議論だ。あなたは沈黙しているように見える。が、そうではない。知識がぐるぐる回り続けている。それは私の言うことをすべて台無しにする。捻じ曲げる。あなたに何が届こうとも本物ではない。何が届くにしても、あなたの知識が届くのを許したものでしかない。

学ぶマインドとは、過去に邪魔されることなく注意深く聞こうとするもの、まさに開かれたもの、何であれ、ありのままに映す鏡のようなものだ。学び始めれば、智に達する。自分が何も知らないことをあなたが悟るうえで、智は役に立つ。真実を知るに至った者は、己の無知に気づく。自分が知らないことを知る。この智における無知は、転換、変容、革命となる。

第二の状態から、第三の祝福された愚か者の状態に跳躍しなさい。私の祝福は、すべて祝福された愚か者たちに向けられる。

今日はこれくらいにしよう。

第五章

所有と実存

Having and being

ラビのヴィサカール・バエルが
オレシーニャ村の老いた農夫に出会った
農夫は若い頃のバエルを知っていた
バエルが出世したことも知らずに
農夫は呼びかけた、「バエル、どうしているんだね」
「あなたの方はどうですか」とラビが尋ねた
農夫は答えた、「元気にやっているよ」
「お前に教えておこう
努力して得られぬものを、得ることはできないのだ」
それ以来、ラビのバエルは、人生の正しい行ないについて語るとき
いつもこう言い足した

「オレシーニャの老人は言った
『努力して得られぬものを、得ることはできないと』」

意識には二つの次元がある。一つは所有、もう一つは実存だ。だから人間は、二種類にしか分けられない——もっともっと手に入れようと懸命になっている人と、その不毛を理解し生を別の方向、実存の方へ振り向けた人。別の方向へ向かう人たちは、自分を知ろうとする。

所有の世界では、何かを持っていると信じられている。だが、そう信じているだけで、実は何も持っていない。あなたはひとり手ぶらでやって来た、そして手ぶらで帰っていく。その間に起こるすべての出来事は、夢に等しい。現実のように、それがそこにある間は現実のように見える。だが、いったん消えてしまえば、本当は何も起こらなかったことがわかる。夢のせいで、現実は手つかずのままだ。所有の世界は夢の世界でしかない。

宗教的な人とは、その不毛のすべてに気づいた人のこと。自分自身以外に所有できるものはない。あなたが所有しているものは、あなた自身を除いて、すべて偽りのもの、幻想だ。実のところ、あなたが所有しているものは、あなたがそれを所有している以上にあなたを所有する。最後には、所有者が所有される。あなたは多くのもの、富や権力やお金を所有していると思っている。だが、深部では、他ならぬそうしたものにあなたが所有され、籠に入れられ、鎖に繋がれ、閉じ込められているのだ。

　金持ちを見てみるがいい。彼らは富を所有してはいない。この世のどんな貧乏人にも劣らぬほど貧乏だし、どんな乞食にも劣らぬほど乞食のようだ。実際、何であれ金持ちの所有物が彼らを所有している。金持ちは所有物に悩まされている。

　だから、まず理解しなければならないのは、これらは二つの扉に関する事柄、すなわち所有と実存に関する事柄だということ。もし、所有という夢の中で自分を失っているなら、あなたは俗世間にいる。ヒマラヤの洞窟に座っていようが、それでも違いはない。俗世間はそこにある。なぜなら俗世間は、まさに所有しようとする欲望の中にあるからだ。だが、所有したことのある人はいない。

　ただひとつ、すでに自分のものであるもの、あなた自身の自己、意識しか所有できない。けれども、その実存を手にするには一生懸命努力しなければならない。簡単には辿りつけない。まず、自分自身を所有の世界から引き離さなければならない。それは死に等しいものとなるだろう。所有の世界で自分を同一化してきたからだ。あなたは、あなたの車、あなたの銀行預金だ。この夢から醒めだすと、今までしてきたあらゆる同一化が消え始め、あなたが消えていくように感じる。一つの同一化が消える、あなたの一部が消える、後には虚空が残る。

　すべての同一化が消えると、あなただけが残る。生と同等の、死と同等の純粋な空間があるだけで、他には何もない。それがあなたの実存だ。唯一その実存だけが所有し得る。実存はすでにそこにあるからだ。すでにそこにあるものしか手にすることはできない、それ以外のものを手にすることはできない。すべての望みは、不毛なるものへの望み、欲求不満をもたらすに過ぎない。

人々が宗教的になっても、普通は、所有の観点から考え続ける――天国を所有しようとか天国の喜びを所有しようとか。だがやはり、所有の観点だ。彼らの天国は、すべてを手に入れようという欲望の投影でしかない。この世で手に入れられなかったものを、次の生で手に入れたいと願う。しかし、それは同じ望みだ。

本当の意味で宗教的な人とは、欲望の不毛に気づいた人、この世のここであれ、後の別の世であれ、所有などできないと気づいた人のことだ。自分自身しか所有できない。自分の実存の主人にしかなれない。もしあなたが、自分自身を手に入れようとしていないなら……それは大変な仕事だ。近道はない。ティモシー・レーリィはあると言うが、近道はない。そこでは、ＬＳＤや薬物など役に立たない。とても安直で、ずるいやり方だ。薬物によるごまかしだ。あなたは何の努力もせずに、最奥の実存の世界へ入りたがる。汗水を流さず手に入れたがる。誠実ではない。

マハヴィーラのような人は、懸命に努力して自分自身を手に入れようとする。バアル・シェムのような人は、懸命に努力して自分自身を手に入れようとする。己の全存在を捧げる。全存在が、聖なるものへの祈り、帰依、捧げものとなる。その人はそこにいない、自分のすべてを余すところなく差し出す。そうすれば手に入る。あるいは、カビールやツァラトゥストラのような人……皆困難な道を歩む。困難な道こそ唯一の道、近道はない。

しかし人はいつも、近道を発明しようと色んなことを試みる。薬物による幻覚体験は、人間精神の狡猾さが生み出した最新の発明だ。錠剤を飲むか薬を注射するだけで、仏陀になれる、実存を丸ごと掴めるとあなたは考える。だが、実存の主人ではなく薬物の奴隷になるに過ぎない。今度は、薬物へのより大きな渇望が何度も起こってくる。より多くの量が必要になってくる。そのうちあなたは衰弱し、ぼろぼろになるだろう。美しく真実であるもの、聖なるもののすべてに見放されるだろう。だが、誘惑はそこにある。人間精神は、近道を捜せると考える。

あなたたちは皆、ある種の夢に覚えがあるだろう。夢の中で、電車で旅をしているのであれば、多くの駅を飛び越せる。ロンドンにいると思ったら、突然東京にいる。あなたはすべてを飛び越す。無意識は常に近道を望む。夢なら可能だが、現実の生では不可能だ。いかなる旅程も途中の駅も、飛ばすことはできない。どんなに速く行っても、何一つ飛ばせるものはない。速かろうが遅かろうが、結局何の違いもありはしない。すべての道を行かねばならないし、困難な道を行かねばならない。

ＬＳＤや薬物は、常に人間を誘惑してきた。それは新しいことではない。人間自身と同じほどに古い。ヴェーダの時代では、ソーマを使っていた。インドでは、幾世紀にも亘り薬物が使われ続けてきた。チャラス、マリファナ、アヘン、何でもありだ。今や狂気は、世界中に広まった。今や人々は、所有することができる、呑み込むことすらできる、極めて安直で安っぽい近道を探そうとしている。サマーディは呑み込めない。神は化学的な現象ではない。苦労して手に入れなければならない。苦労してはじめて、あなたのものになり得る。

さて、他にも方法がある。近道は薬物だけではない、他のものもある。極めて少ない努力、事実上何の努力も要せずにゴールに到達できると、ある人々は口を揃えて保証する。例えば、毎日数分マントラを唱えるだけという方法だ。マントラを唱えてできるのは、マインドを鈍くすることだけだ。あらゆる繰り返しは、マインドを鈍く、人を鈍感、無感覚にする。ひたすらマントラを唱え続けていれば、感覚が麻痺し、退屈になり、意識がまどろむ。より無意識的になり、眠りに落ちだす。母親は、子供が落ち着かず眠れずにいるときには、子守唄を歌わねばならないことを常に心得ている。子守唄はマントラだ。母親が何度も何度も同じことを繰り返すと、子供は退屈する。絶え間なく繰り返されると、場は単調になる。子供には逃げ場がない――母親がベッドの脇に腰を下ろし子守唄を繰り返し歌っている。子供は逃げられない、「黙れ」とも言えず聞かなければならない。眠る以外、逃げ道はない。そこで子供は、子守唄と母親から逃れるため眠ろうとする。

マントラは同じように作用する。ある言葉を繰り返し、自分で単調な状況を作りだす。単調であることは常に、無感覚であるということだ。単調であれば必ず人は鈍くなり、鋭さが破壊される。

そのことは様々な方法で試みられてきた。世界中の古い僧院、キリスト教徒、ヒンドゥー教徒、仏教徒のあらゆる僧院で、同じ詐術が大規模な形で試みられてきた。僧院の生活はお決まりで、完全に固定されている。毎朝三時とか五時に起き、それから同じ日課が始まる。同じ行為を一日中、一生し続けなければならない。決まりきった生活をして、マントラを生全体に余すところなく押し広げる。

同じ事を何度もしていると、やがて人は夢遊病者のようになる。起きていようが寝ていようが違いはない。虚しいしぐさや動作を続けるしかできず、寝ているときと起きているときの区別が、全くなくなる。

古い僧院に行けば、僧侶たちの寝ながらに歩いている様が見られる。僧侶たちはロボットになっている。朝起きるときと眠りにつくときの区別がなく、その領域は重なり合っている。就寝と起床が、毎日全く同じなのだ。実を言えば *monotonous*（単調な）と *monastery*（僧院）は語源が同じで、二つとも同じものを意味している。

知性の要らない、そうした単調な生を造りだすこともできる。知性が要らないと人は鈍くなる。鈍くなれば当然、ある種の平穏と沈黙を感じだす。だが本物ではない、偽物だ。本当の沈黙は、とても生き生きとし脈打っている。本当の沈黙は、活動的でエネルギーがある。知的で、覚めている。生や沸き立つ喜びに溢れている。そこには情熱がある。

偽りの沈黙、見せかけの沈黙は、ただ鈍感であるに過ぎない。観察することも可能だ。愚かな人間、白痴や魯鈍がそこに座っていれば、ある種の沈黙が周囲に感じられる。墓場の近くで感じるのと同じ沈黙だ。愚かな人間の周りには、非常に沈滞した空間がある。世間には全く関心がなく、世間との関わりも持たず、切り離されているように見える。土くれみたいにそこに座っている。周りには、いかなる生の振動も、いかなるエネルギーの振動もない。流れているものもない。これは本当の沈黙ではない。単に愚かなだけだ。

仏陀に近寄れば仏陀も静かだが、それは知性があるから、気づきがあるからだ。静かなのは、沈黙を強いているからではなく、いかなる意味でもかき乱されるのは無意味であると悟ったから、悩んだり緊張したりするのは無意味であると悟ったからだ。その沈黙は理解に、溢れるほどの理解に基づいている。仏陀に近づけば全く異なる香り、意識の香りがするだろう。

あなたは、仏陀を包むみずみずしさやそよ風だけでなく、自分がより生き生きとし燃え上がるのを感じるだろう。彼に近づくだけで、あなたの実存に火がつく、内にあるランプが燃えだす。好意や親近感さえ抱いて近づけば、不意に、さほど憂鬱でなくなっている自分を感じるだろう。仏陀の臨在は、徹底して自分を築きあげてきた泥からあなたを引き上げる。その臨在自体が、上方へ牽引する力なのだ。あなたは生を、愛を、情熱を、美を、真実を感じるだろう。

マントラを唱え、決まりきった単調な生活をし続ける人は死んでいる。必要にかられて動作やしぐさをしているだけだ。また、同じ事を何度も何度もしているので、その行為に注意を向ける必要もない。寝ながらにしてやれる。非常に熟練しているが、それは単に機械的になっただけ——だからこそ静かなのだ。超越瞑想を実践している人々に出会えば、こういう沈黙に触れるだろう。彼らは、特定のマントラを繰り返し自分を鎮める、マインドを静かにさせる。けれども、これは値打ちがない。こんな安直な方法で本物は掴めない。

全身全霊を傾けなければ、本物は手に入らない。

だが、覚えておきなさい。努力すれば本物が手に入ると言っているのではない。そこには逆説がある。あなたは一生懸命、精一杯、情熱的にやらねばならない。しかしそれだけでは、事は起こらない。恩寵によって事は起こる。それがハシディズムのメッセージだ。

あなたは一生懸命努力する。そうしなければ事が起こらないのは確かだ。起こるのは、一生懸命努力したときに限られる。だが、それは起こる条件を整えるに過ぎぬものであって、原因と結果のようなものではない。水を百度まで温めれば必然的に蒸発する、というようなものではない。自然の法則ではない。引力の法則の世界とは関わりがない。それは第二の法則、自然の法則とは全く異なる恩寵の法則だ。あなたは努力し百度に達する、それからそこで待つ。心踊らせ、期待し、はつらつと、幸せに、祝い、歌い、ダンスをしながら。あなたはそこで、百度になって待つ。それは必要条件だ。あなたは百度に達しなければならない。だが今度は、愛を抱いて、辛抱強く待たねばならない。然るべき時がやって来れば、あなたの努力や待ちの作業も完結し、恩寵が降りて来る——あるいは、恩寵が昇って来ると言ってもいい。どちらも同じことを言い表している。というのも、恩寵は最奥の実存の核からやって来るからだ。降りて来るように見えるのは、あなたが自分の最奥の核を知らなかったからだ。あたかも、どこか上の方から降りて来るように思える。だが実際は、あなたの内部からやって来る。内部は超越でもある。

恩寵を得るには懸命の努力が必要だ。しかし、結局のところ、本物を出現させるのは恩寵以外の何ものでもない。これが逆説だ。理解するのは難しい。この逆説のため、何百万もの人々が道に迷った。努力さえすればそれがやって来るのなら、恩寵や神のことなど気にかける必要があろうか、と言う人々が少しばかりいる。非常に論理的で、その論理には非の打ち所がない――もし努力だけで起こるのなら、よろしい、精一杯努力しよう、起こしてみせよう。それで、彼らは恩寵や神のことを語らない。だが、しくじる。努力だけでは、決して本物は現れないからだ。

それから、努力しても絶対に起こらない、恩寵の力でしか起こらないというのであれば悩むことはない、待てばいい、神が望めば必ず起こるのだから、と言う人々もいる。

ともにしくじる。一方は「私の努力だけで充分、私一人で充分だ」というエゴイズムのために、他方は怠慢、無気力のために。ともにしくじる。

家に帰る者は、逆説の道を歩まねばならない。これがその逆説だ、「私は懸命に努力しなくてはならない。懸命に努力するだけでなく、自分のすべてを賭けなくてはならない――そうしてはじめて恩寵が受けられる。だがそれは、恩寵によって起こる。自分にできることはすべてやり終え、

『こちらではもうできることはありません、今度はそちらからしてもらわねばなりません。あなたにも何かしていただきたいのです』と祈るとき、ある瞬間がやって来る」

できることをすべてやり終えない限り、神はあなたに働きかけることができない。まだやり残しや、自分を賭け残しているところがあったりすれば、神は助けに来られない。神は自ら助くる者のみを助く。

これがハシディズムの逆説だ。ハシディズムの人は懸命に努力する。だがそれでも、究極の開花は恩寵、神の恩寵によってしか起らないと信じる。

それはすばらしいことだ。私たちはとても小さい。私たちの努力など、大したものは生みだせない。私たちの炎はとても小さい。それだけでは、存在全体を燃え立たせることはできない。私たちは水滴に過ぎない。こうした水滴から大海は創り得ない。だが、水滴が深い祈りの中に落ちていければ、大海が手に入る。水滴がくつろぐとき、それ自身の中に大海を含み持つことが可能となる。うわべだけ見れば水滴は小さいが、中心を見ればとてつもなく大きい。

人間は両方であり、一つの逆説だ。意識の最小のもの、原子ではあるが、極小でありながら巨大なものを含み持つ。人間は空全体を含み持つ。

だから、まずこれら二つの言語を理解しなければならない。所有の言語と実存の言語だ。そしてあなたのギアを、所有の言語から実存の言語へと変えなければならない。

ちょっとした話を二つ三つ。

日本の高官が、自分の娘に面と向かってこう言った、「お前が、外人とデートするって聞いている。そのうえ、アメリカの軍人で、おまけにユダヤ人だっていうじゃないか」。娘はやり返した、「どこのおたんこなすよ、そんなこと言ったの」

「おたんこなす」という言葉が、すべてを語っている。もうこれ以上何も言う必要はない。所有の言語しか知らない者は、その人の実存とは全く違った特質を有している。その歩き方、座り方、話し方、使う言葉、使わないようにしている言葉、付き合う人と付き合いを避けている人、行くところと行かないようにしているところ、すべてが何かを物語る。たった一つの日常語でさえ、何かを物語る。たとえ師のところへ来るとしても、どのようにしてやって来たのか、どのような願いを抱いてやって来たのか、それによって、もっともっと手にいれようとしている人は、見分けがつく。明け渡すとしても、まさにその明け渡しの中に、その人の言語を見出すことができる。

ある男が私に会いに来た。どのようにしてやって来たかを見て、私に全く無関心なのがわかった。そのことは明々白々だった。彼は私の方に流れていなかったし、実存の流れもなかった。動かないエネルギーの溜まり場だった。

私は驚いた。なぜ会いに来たのか不思議だった。それから神のことを語りだしたのだが、その男が神という言葉を口にするのは誠に不遜で、何の意味もなかった。使い方も知らない言葉を話していたのだ。この神という言葉の裏に、何か別のものがあるに違いない、私は待っていた。男は言った、「私は神を知りたいのです。そして自分を知りたいのです」。その言い方、話し振りから、神とかそういうもののために来たのでないことは、完全に明らかだった。おそらく、単に私に敬意を表するためか、話を切り出すためにそうした小道具を使ったのだろう。

それから程なく、男は言った、「いつかまた来て、サニヤシンにもなるつもりです」

そこで私は言った、「いやしくもここへ来たのなら、求道者で神を知りたいというのなら、どうして時間を無駄にするんだね。実際、もう充分無駄にしているというのに」。六十五に届きそうな年齢だった。男は言った、「その通りです。しかし、今私は選挙で闘っているのです」。補欠選挙が行なわれていた。「ですから、あなたの祝福を受けに来たのです」。私は言った、「だったら、なぜ、神や魂や瞑想の話をして多くの時間を無駄にしたんだね」

インド人は、そういうことについてはお手のものだ。インド人がこうした言葉を学ぶのも、伝統があるからに他ならない。こうした言葉は空中にあり、人々はそれらを捕えてきた。しかし、実存には少しも根づいておらず、頭の中を漂っているだけだ。これらの言葉には、根もなければ自分たちとの関わりもない。頭の中にあるだけだ。

私は言った、「なぜ、神や魂の話をして多くの時間を無駄にしたんだね。最初に本当のことを言うべきだったろう」。男は少し動揺していた。私は続けた、「私は最初から、どうして会いに来たのか不思議に思っていた。私のところへ来ようとしていながら、来てはいなかったからだ。あなたの言葉がどういうものか、それは明白だった。ここに座っていながら、座ってはいなかった。だから、ここにいるのは偽りで、肉体を置いているに過ぎないことがわかった。あなたの中には政治家が見えた。事実、神の話を持ち出したが、それは政治的道具、駆け引きだった」

「誠実であることは最良の政策である」と言う人たちがいる。そうしたものまで政策にしてしまう。政策とは政治のことであり、「誠実であれば報酬がある」と彼らは言う。つまり誠実さも、さらなるお金、名声、尊敬を得るための有用な道具になってしまうのだ。しかし、どうしてそれが政策になり得るのだろうか。「誠実であることは最良の政策だ」などと言うこと自体、罰当たりだ。それは、神は最良の政策であるとか、瞑想は最良の政策であるとか、愛は最良の政策であると言っているに等しい。

あなたの言語が所有の言語なら、神や瞑想や物事を利用できる。だがそれは、単なる装い、仮面であって、その裏には別のものが隠れている。

「悪い知らせで言いにくいのですが、奥さんはあと数時間しか持たないでしょう。わかって下さい、もう手の施しようがないのです。どうか、お気を落とさずに」、と医者が口うるさい妻を持つ夫に言った。

「構いませんよ、先生。何年も悩まされてきたんです。あと数時間くらい平気です」

人々は違った言語を所有し、同じ言葉でも同じ意味では使わない。言葉ではなく意味を聞き取りなさい。言葉を聞いていたのでは、人を理解することは絶対にないだろう。意味は全く別のもの、意味を聞き取りなさい。

ライオンの女性調教師は、猛獣たちを完全に手なずけていた。調教師が「来い」と合図を送ると、最も獰猛なライオンがおとなしく近づいていき、彼女の口から角砂糖を取った。観客は皆驚いた――ひとり、ムラ・ナスルデインを除いて。

「そんなこと、誰にだってできるさ」と、客席の中からムラが叫んだ。

「やってみますか？」と、団長が馬鹿にするように言い返した。

「もちろんですとも。ライオンのやった通りにね」、とムラは答えた。

聞いているときは、いつも意味の方に耳を傾けるように。人の言うことを聞いているときは、その人の全人格に耳を傾けるように。そうすればたちどころに、その人が所有の次元に住んでいるのか、実存の次元に住んでいるのかわかるだろう。

またそのことは、内面的成長とギアの変換にとても役立つ。ただ人を観ていなさい。最初のうちは、その方が自分を観るよりも易しい。観察しやすいし、あなたとの間に少し距離があるからだ。自分が関係していないだけに、人に対してはより客観的になれる。ただ観ること、それが大切だ。

仏陀は弟子たちに言っていた、「通りを行き来するすべての人を観るがいい。人々を観、何が起こっているのか正確に理解するのだ。人々は誠に狡滑で騙すのがうまくなっている、言葉を聞いてはならない。何か言ったら、その人の顔、目、存在、しぐさから聞き取りなさい。そうすれば、言葉にのみ生きてきたこれまでの自分に、たいそう驚くことだろう。『愛している』とある者が言う、だが、目がその言葉をあっさり否定しているかもしれない。ある者が口元に微笑みを浮かべる、だが、目があなたを蔑んでいるかもしれない、拒んでいるかもしれない。ある者が『こんにちは』と言いあなたの手を握る、だがその人の全存在が、あなたを非難しているかもしれない」

身体の言語、身振りの言語――言語の裏にある言語を聞きなさい。その意味を聞き取りなさい。まず、他人の身体の言語に対して注意深くなること。あなたに近づいて来る人を、すべて意識の実験材料にする、そうすれば、やがて自分も観察できるようになるだろう。それから、生の流れ全体を自分に向け、自分に対しても同じことをする。あなたが誰かに「愛しています」と言ったら、言葉ではなく本当に言っていることを聞き取るようにする。言葉はほとんど常に偽物だ。

言葉は非常に厄介だ。物事をとても美しく装うことができるため、入れ物だけが際立ち、中身が見えなくなる。人々は、うわべだけに限れば非常に洗練されてきた。だが、内奥の中核は相変わらず野蛮だと言っていい。周辺ではなく、中心に耳を向けなさい。一つ一つの言葉の中に入っていきなさい。

まず、他人の観察。それから自分自身の観察だ。そうすれば、やがて実存の次元に入っていく瞬間が、多少とはいえあなたにもあることがわかるだろう。これが美の瞬間、幸福の瞬間だ。実を言えば、とても幸せに感じている自分を見ているときは、常に実存の次元に触れているのだ。なぜなら、それ以外の幸福などあり得ないからだ。

しかし、正しく観察しないと誤解してしまうかもしれない。あなたは愛する女性、愛する男性、友人と座っている。そして突然、何の理由もはっきりした原因もなく、強い幸福感、強い喜びが込み上げて来る。あなたはまさに輝いている。それから、あなたは外部に原因を探しだす。多分、隣に女性が座っていて強く愛してくれるからだと考える。あるいは何年も会っていなかった友人に会ったから、満月がとても美しいからだ、と。あなたは原因を探しだす。

しかし、自分の心、本当の意味に注意して耳を傾けるようになった人は、外部に原因を探すようなことはしない。そういう人は内側を見る。彼らは己の実存に出会った。おそらく、あなたの愛する女性は心的刺激、ジャンプ台として働き、その結果あなたがあなた自身の中に飛び込んだのだ。

外部に反目し合うものがあるときは、自分の中に飛び込んでいくことが難しい。その場合、外にいなければならない。誰かに愛されているときは、あらゆる防衛手段が捨てられる、あらゆる策略、政治的やり取り、駆け引きが捨てられる。誰かに愛されているときは、無防備でいられる。あなたは確信できる——あなたを愛する男性や女性に利用されることはないと、虐待されたり殺されたりしないから、無防備でいられると。友人に害されることはない、友人がいると気持ちが和む、無防備でいられると。無防備でいられる、策略や鎧を捨てられる状況のあるところ、必ずや実存との突然の触れ合いがある。あなたは、所有の次元から実存の次元に移動した。それが起こるたび、幸福、喜び、歓喜が生まれる。たとえそれが一秒の何分の一でも、忽然として天国の扉が開く。だが、そのことに気づかないため、あなたは何度も見逃してしまう。それは偶然にしか起こらない。覚えておきなさい、宗教的な人とはこの偶然の出来事を理解した人、その最奥にある鍵について理解した人のことだ。もうその人は、偶然だけに頼って実存の次元に入っていくことはない。鍵を持っている、いきたいときにはいつでも扉を開ける。扉を開けて入っていく。

これが唯一の違いだ。普通の幸福と宗教的な人のそれとの唯一の違いは、宗教的な人はいつでもどこでも、己の実存の中に入っていけるということ、これだけだ。今や、直通の道を知った。ゆえに、外部のものを縁《よすが》とはしない。

あなたは外部のものに頼り過ぎている。ときには、すばらしい家の中にいることもあろう。居心地がいい。すばらしい車に乗って旅行していることもあろう。車はぶんぶん唸っている、すべてが順調だ。気持ちがいい。そんなふうに感じているとき、あなたは実存に近づき始める。ところが、あなたは誤解する。この車のおかげだ、これを手に入れなければ、と思ってしまう。車は心的刺激を与えただろうが、原因ではない。すばらしい家も心的刺激を与えただろうが、原因ではない。

もし原因と考えるなら、あなたは所有の世界に入っていく。そうなったら、最もいい車を所有しなければならない。最高の車を手に入れなければならない。それから、最高の家、最高の庭、最高の女性や男性だ。あなたは集めに集め続け、ある日突然、自分の全人生が浪費であったと悟る。浪費であったと認める。たくさん集めたが、幸福の源泉をすっかり失った。物を集めて道に迷った。その基本的論理は、気分よく幸せに感じるものは集めなくてはならない、というものだった。

いいかね、物を所有する必要はないのだ。ただ自分の内部で起こっていることを観察する、そうすれば、外部の力を一切借りずにその出来事を手にできるようになる。それがサニヤシンのすることだ。すべてを所有する、すべてを得るというのではなく、この世には所有できるものなど何もないと、いつも心していなければならないということだ。何であれ、あなたが持っているものは、心的刺激として働き得るが、原因ではない。原因は内にある。だから、外部のものに頼らなくとも、いつでもどこでも扉は開けられる。中に入って喜びを味わえる。

あなたはもう執着していない。物は使える、物は役に立つ、私は物に反対しない――覚えておくこと。ハシディズムの人もそうだ――覚えておくこと。物は使いなさい、だが、それが幸福の元になると信じてはいけない。使いなさい、役に立つのだから。だが、物をゴールだと信じてはいけない。それは目的ではなく手段に過ぎない。ゴールはあなたの内部にある。外部のものに頼ることなく直接そこに行ける、ゴールとはそういうものだ。ひとたびゴールを知れば、あなたは自分の実存の主人となる。

私が何を言おうとも、あなたはそれを体験しなければならない。私が語り、それを聞き、頭で理解するだけでは大して役に立たない。

ムラ・ナスルディンは、三つの理由からカウボーイが勧める酒を断った。「理由《わけ》を言ってみろ!」と町の強面《こわもて》が怒鳴った。

ムラは言った、「一つ目は、私の宗教では酒が禁じられているからだ。二つ目は、祖母が亡くなるときに、そのいまいましいものは扱わない、触らない、飲まないと約束したからだ」

「三つ目は何だ」、と幾分和らいだ口調で暴れ者が催促した。

「飲んできたばかりなんだ」、とムラは言った。

私の言うことを聞くだけなら、知的に理解するだけで内なる意識の実験室で実験しないなら、私が何を言ってもただ頭の中に残るに過ぎず、決して生きた体験にはならない。生きた体験にならなければ、それは無意味な知識、ガラクタだ。あなたは再び知識を集めだし、またもや同じ道、所有の次元を歩む。知識は、手に入る限り幾らでも集め続けられる。それほど多くの知識を得られるようになったのは、現代人の抱える不幸の一つだ。昔はそうではなかった。

現代人にとっての最大の災いは、入手が可能となった莫大な知識であることは明白だ。以前は手に入らなかった。ヒンドゥー教徒はヒンドゥー経典とともに、イスラム教徒はイスラム教典とともに、キリスト教徒は聖書とともに生きるのが常だった。人々は隔離され、他の世界の知識に触れる者などいなかった。物事ははっきりしていて、重なり合うことはなかった。

今日では、あらゆるものが重なり合い、莫大な知識が手に入るようになった。私たちは、「知識爆発」の時代に生きている。この爆発の中でなら、情報を集め、いとも簡単に、いとも手軽に大学者になれる。けれども、あなたには何の変容ももたらさない。

もう一度頭に入れておきなさい、知識は所有の次元に、智は実存の次元に属す。似ているようで似ていない。以ていないどころか正反対だ。知識を集め続ける者は、ずっと知らずにいる。知るには、鏡のような、純粋で清らかなマインドが必要だ。知識は無用と言っているのではない。明快で、鏡のような、生き生きとした認識ができれば、とてつもなく有効に知識が使える。知識は有用になる。だが、まず智がそこになくてはならない。

知識は極めて易く、智は極めて難い。智に至るには、多くの火の中を潜り抜けなくてはならない。知識を得るには何の若労も要らない。今まで同様、知識はどんどん付け加えられる。

ある陽気な男、魅力はあっても金のない都会の遊び人が、極めて醜い女性——金があるのが唯一の取り柄という女性と突然結婚して、友人たちをびっくりさせた。驚きを倍増させたのは、どこへ行くにも、執拗にその奥さんを連れて行くということだった。

「君が、お金のためにひどいブスと結婚するのはわかるけどねぇ。でも、どうして出かけるたびに彼女を連れていくんだい?」と友人の一人が率直に尋ねた。

「単純なことさ。さよならを言ってキスをするよりいいだろう」


知識を得る方が易しい、とても安上がりで費用がかからない。智に達するのは極めて難しく骨が折れる。瞑想する人が非常に少なく稀なのは、祈る人、真理を知ろうと努力する人が非常に稀なのはそのためだ。何であれ、自分で知ったものでなければ意味はない。確信はできない、疑いは絶対に消えない。疑いは虫のように裏に潜み、あなたの知識を蝕む。神を信じると声高に叫ぶことはできるが、その叫びは何ものも証明しない。それが証明するものはただ一つ、疑いがあるということだ。疑いだけが声を大きくする。狂信者にはなれるが、その狂信性が示すものはただ一つ、疑いがあるということだ。

自分の中に疑いをもつ者しか、狂信的にはなれない。狂信的ヒンドゥー教徒とは、ヒンドゥー教が正しいと心から信頼できない人のこと。狂信的なキリスト教徒とは、ただ単にキリスト教に疑いを持つ人のこと。狂信的、攻撃的になるのは、他人に何か証明するためではなく、自分自身に対して自分の信仰が本物であると証明するためだ。狂信者は、そのことを証明しなければならない。

本当に知ると、人は少しも狂信的でなくなる。知った人、いや神や己の実存を垣間見ただけの人でさえとても柔らかく、とても敏感で繊細になる。狂信的ではなく女性的に、攻撃的ではなく情の深い人間になる。また、知ったがゆえに、他人のことも極めてよくわかるようになる。正反対の考えを持つ人のことでさえ理解し得る。


あるハシディズムのラビの話を聞いたことがある。彼は、「生は川のようなものだ」と言った。一人の弟子が、「なぜですか」と尋ねた。

ラビは、「わかるはずがなかろう。哲学者でもあるまいし」と言った。

別の日にも、「生は川のようなものだ」と言った。

「なぜですか」と他の弟子が尋ねた。

「お前の言う通りだ。川であるべき理由などない」とラビは言った。


これは途方もない理解だ。狂信性はない。知る者にはユーモアのセンスが生まれる。このことはいつも頭に置いておきなさい。ユーモアのセンスのない人に会ったら、その人は全然知らないのだと、よく心得ておきなさい。深刻な人に出会ったら、知っている振りをしているのだと確信していい。知れば誠実にはなるが、深刻さはすっかり消える。知れば遊び心が、ユーモアのセンスが生まれる。ユーモアのセンスは必要不可欠だ。

聖者を見つけてもユーモアのセンスがなかったら、その人は聖者でも何でもない。聖者ではあり得ない。まさにその深刻さが、達していないことを物語っている。ひとたび、自分自身の内的な体験をしたら、とてもいたずらっぽくなる。とても純粋で、子供のようになる。

知識の人はとてもまじめだ。知識の人は常に深刻な、陰鬱な空気をまとっている。深刻な空気をまとっているだけではなく、近づく人を皆深刻にする。それを押しつける。実のところ、知識の人は、心の奥底で自分が何も知らないことを気に病んでいる。くつろぐことができない。その深刻さが緊張なのだ。苦しんでいる。事柄につけられた名称しか知らないこと、自分の知識はすべて偽物であることがわかっている。だから、笑い飛ばせない。

さあ、聞きなさい。

「生は川のようなものだ」とラビは言った。
すると弟子が、「なぜですか」と尋ねた。
「わかるはずがなかろう。哲学者でもあるまいし」
別の日にも、「生は川のようなものだ」と言った。

他の弟子が、「なぜですか」と尋ねた。
「お前の言う通りだ。川であるべき理由などない」とラビは言った。

深刻でないのがわかるかね？　途方もないユーモアのセンスがわかるかね？　ハシディズムは、世にも偉大な聖人を生み出した。私が彼らをとても尊敬しているのは、深刻な人々ではないからだ。ハシディズムの人々は、ジョークを言い笑うことができる。他人を笑うだけでなく、自分自身をも笑える。そこがすばらしいところだ。知識を集め続ければものすごい量になるだろうが、いざというとき役に立たない。知識を投げ散らかし、人に見せつけたりひけらかしたりはできるが、いざというとき、家が火事になったとき、突然、知っていることを全部忘れてしまっていることに気づくだろう。知識は記憶の中にあったに過ぎず、そもそも知ってはいなかったからだ。それは記憶に過ぎなかった。

緊急事態の発生するところでは……例えば人が死に直面しているとき、人は知っていることをすべて忘れる。そのときには、魂が不死であることを覚えていない――他人には不死であると教えたのだが。そのときには、神の元へ帰っていくのであり、楽しく踊りながら行くべきだということを覚えていない。そのとき人は、生にしがみつきだす。知識は全部なくなってしまう。

私は、非常に学識があり、非常に知的で国中に名を知られている人と面識があった。学識があるだけでなく、クリシュナムルティの支持者でもあった。時折私に会いに来ては、瞑想など必要ないと言うのだった――クリシュナムルティがそう言うからだ。

私は、話を聞いて笑った。「なぜ、私がそういうことを言うたびに笑うのですか」とその人は尋ねた。私は何度もこう言った、「私はあなたの言うことではなく、あなたを聞いているのだ。あなたの実存は、全く違ったことを伝えている。本当に瞑想が必要ないなら、経典も、技法も、祈りでさえも必要ないだろう。あなたはそのことを理解している。だったら、その理解によってあなたが全面的に変容していてもいいはずだ」。彼はまじめに答えた、「おっしゃる通りです。知的には理解しています。しかし、いつか、知的にではない理解にも達するでしょう。私は第一段階を踏み越えました。第二段階もやって来るでしょう」

それからある日、その人の息子が私のところにやって来て、「父がひどい病気になりました。どうも心臓発作のようです。父はあなたのことを思い出しています」と言った。それで私は、父親のところへ駆けつけた。彼はベッドに横たわりながら、「ラム、ラム、ラム」と繰り返していた。私は彼の頭を揺すり、こう言った、「何をしているのです? 生涯、瞑想はしないと言っていたのに、ラム、ラム、ラムと繰り返して何をしているのですか」。彼は言った、「こんなときに邪魔をしないでください。死がドアのところにいます。私は死ぬのです。わかるはずもないことですが、おそらく神はいるでしょう。そしておそらく、神の名を忘れずにいれば神は許してくださる、といつも言っていた人々は正しいでしょう。議論や口論をしている暇はありません。唱えさせてください」

四十年間、ひとことのマントラも唱えなかったのに、突然今、四十年の知識が捨てられた。死を目の前にするという危うい状況のもとでは、知識など役に立たない。その人はクリシュナムルティのことを完全に忘れ、普通のヒンドゥー教徒に戻ってしまった。普通の村人であるヒンドゥー教徒が、ラム、ラムと繰り返すのは構わない、許される。だがこの人はどうだろうか。マントラや瞑想や経典が捨てられるようにと本を書き、国中で講義をし、多くの人々の力になってきたのだ。ところが、今になって突然マントラを繰り返している。

心臓発作にも関わらず生き長らえ、二、三ヶ月後私に会いに来た。再び、自分の知識に戻っていた。私は言った。「もう、愚かさから抜け出しなさい。死はまたやって来る、あなたはラム、ラム、ラムと繰り返すだろう。そうならないために、大切なことは何だろう?」

あるとても金持ちの老人が、独身を守っていた。もうすぐ七十五歳になるところだった。すると、にわかに結婚している友人が、「この楽しみを逃がしてはいけない」と言って、老人に結婚することを承知させた。

そこで老人は結婚することにした。大金持ちなので、すぐに美しい女性が見つかった。そして、新婚旅行に出かけた。

老人は、結婚している友人とその妻を、この新しい探険の案内人として同行させた。翌朝、彼らはモーテルで会い食事をともにした。友人は、老人にセックスについての事細かな知識、愛し方、して良いことと悪いことを教えていた。

「昨夜は、格別でしたよ。二人でベッドに行ったのですが、妻も私も強く求めて、すてきな愛の夜を過ごせました。あなたの方はどうでしたか」と結婚している男が言った。

金持ちの老人は言った、

「ひどいもんだ！　教えてもらったことをきれいさっぱり忘れちまったよ！」

生涯独身を通してきたそのあとで、人に導かれ、知識を与えられ記憶したとしても、その知識は実存に触れない。頭の上を漂っているだけで、あなたには触れない。

老人は言った、「ひどいもんだ！　教えてもらったことをすっかり忘れちまったよ！」。七十五年の孤独な眠りからは、機械的な習慣しか生まれない。

知識を蓄え続ければ習慣が生まれる。得られるのは習慣、もっと蓄えようとする非常に危険な習慣だけで、本当の知識は何一つ得られない。仏陀やイエスに会ったとしても、あなたは取り逃がす。そのときにも蓄えようとするからだ。心の中でメモを取っているだろう――「そうだ、これは正しい。覚えておく価値がある」。蓄えはどんどん大きくなるが、あなたは命のない博物館、死物を集めた博物館に過ぎないものになるだろう。

この「知識の所有」に関われば関わるほど、その場にあるはずの本当の知識を得る可能性が小さくなる。実存によって、実存を知ることによって生まれる知識を手にし損ねる。

覚えておきなさい、マインドというのは、あなたがこれまで集めてきたものに他ならない。それはあなたが実存の内部に所有しているものの総体だ。マインドを超えたもの、所有を超えたものが真の実存だ。あなたは外に物を、内に思考を集めてきた。だが、両方とも所有の次元に属している。もはや物に執着しなくなったとき、思考に執着しなくなったとき、突然、開けた空が、実存の開けた空が現れる。そして、それこそが持つ価値のある、本当に持ち得る唯一のものだ。

さあ、物語だ。

ラビのヴィサカール・バエルが
オレシーニャ村の老いた農夫に出会った
農夫は若い頃のバエルを知っていた
バエルが出世したことも知らずに
農夫は呼びかけた、「バエル、どうしているんだね」
「あなたの方はどうですか」とラビが尋ねた

農夫は答えた、「元気にやっているよ」
「お前に教えておこう
努力して得られぬものを、得ることはできないのだ」

それ以来、ラビのバエルは、人生の正しい行ないについて語るとき
いつもこう言い足した
「オレシーニャの老人は言った
『努力して得られぬものを、得ることはできない』と」

途方もなく意味深い言葉だ。おそらく農夫はそういう深い意味で言ったのではなく、ラビがそのように解釈したのだろう。それは宝の石だ。凡庸な農夫から……農夫はラビが理解したような意味で言ったのではないだろう。人は、自分なりに解釈することしかできない。

それ以来、ラビのバエルは、人生の正しい行ないについて語るとき
いつもこう言い足した

「オレシーニャの老人は言った
『努力して得られぬものを、得ることはできない』と」

きっと、老人は普通の意味で言ったのだろう――この世の中、努力しなければ何物も手に入らないと。他に方法はない、何か得るには一生懸命働かなければならない。

それは凡庸な農夫の経験だ。農夫は王ではなかった。王であれば、自分で働かなくとも多くの物が持てる。

ある大富豪が、貧乏人に「金持ちになるにはどうするのが一番ですか」と聞かれたことがあった。富豪は答えた、「しっかり親を選ぶことだよ」


しっかり親を選べるほどに賢ければ、働かなくてもたくさんの物を手にし得る。そういう賢い人は極めて少ない。人々はひたすら、目の前にある子宮に突進していく。

奪ったり、騙したり、搾取したり……幾多の方法がある。だがその農夫、小百姓は、自分の稼ぎだけで生きていた。王でも、政治家でも、金持ちでもなかった。働いた分だけ、それが手に入るもののすべてだった。

農夫は、極ありきたりのことを言ったに違いない。だが、その素晴らしさを見て取るがいい。人は、何を聞くにしても自分の次元で聴くしかない。ラビは全く違ったふうに聞いた。それは、ラビの実存の中で光り輝く言葉になった。単純でありきたりの言葉だったが、ラビは深い瞑想の中にあり、別の次元、実存の次元にいた。

実存の次元にいるとき、些細なものが、ありふれた小石が宝石になる。ありふれたものが強い色彩を帯び、豊かな色合いになる。ありふれた出来事が幻想的色彩を帯びる。それはあなた次第、あなたのビジョン次第だ。

それ以来、ラビのバエルは、人生の正しい行ないについて語るときいつもこう言い足した

「オレシーニャの老人は言った

『努力して得られぬものを、得ることはできない』と」

これは本当だ。外の世界ではあまり正しくないかもしれないが、内奥の世界では絶対的に正しい。外の世界には、不正直、騙し、略奪、盗み、搾取が山ほどある。実際、外の世界では、持っているのは詐欺師だけで労働者は多くを持たない。抜け目のない人がたくさん持っている。働く者は多くを持たず、働かない者が多くを持つ。だが内側の世界では、その言葉は絶対的に正しい。実存の中には、努力しなければ何ものも持ち得ない。それは懸命の努力によって得られるのであって、近道は存在しない。だから、神をペテンにかけようとしてはならない。

物の所有に惑わされている人は、実存に達する機会をすべて失う。


こんな話を聞いた。

ある娘婿が義母をピストルで撃った。それで、義母は娘婿を訴えた。

裁判官は言った、「あなたは酒を飲んでいましたね。そこで、言っておくべきことがあります。あなたが興奮したのは酒のせいでした。義理の母親を憎んだのも、彼女を撃つピストルを買ったのも、彼女の家に行ったのも、狙いを定め引き金を引いたのも酒のせいでした。そして、いいですか、しくじったのも酒のせいだったのです！」


所有することもその話と同じだ、酒と同じだ。生涯あなたは、所有することを望む。それは酒のような働きをする。だから、注意しなさい、気をつけなさい。それはこの世の唯一の幻想だ。

いつの日か、あなたは死に赴く、そのときあなたは悟るだろう。しかし、それでは遅すぎる。


ある男の話を聞いたことがある。

男は妻とともにフロリダに行き、八頭の馬が馬場を走り回る光景に魅せられた。男も妻も大きく賭けて、二、三日後には二ドルしかなくなってしまった。しかし男は楽天家だったので、ひとりで競馬場に行かせてくれれば、すべてがうまくいくと言って妻を説き伏せた。

友人が車で連れていってくれた。最初のレースに賭け率四十対一というのがあったが、それに賭けることにした。その馬が来た。

全レースでオッズの高い馬に賭け、全レースで勝利し、レースが終わるまでには一万ドル以上になっていた。男は、余勢を駆ってさらに勝負しようと心に決めた。ホテルに帰る途中、小さなカジノに立ち寄り、ルーレットで掛け金を四万ドルにまで増やした。あと一回やって帰ろう、そう決意して四万ドル全部を黒の上に置いた。

盤が回転する。「十四番、赤」、とクルピエは告げる。

男は歩いてホテルに戻った。妻がベランダから声をかけた。

「どうだったの?」と妻がしきりに尋ねた。

夫は肩をすくめて「二ドル負けたよ」

結局、死のときが来ると、あわせて何千回、何千ドルにも及ぶゲーム、あれを達成した、これを達成した、これになった、あれになった、権力、名声、お金、尊敬などは何でもなくなる。最後にあなたは、「私は実存を失った」と言う以外ない。

所有の次元に突進していけば、起こるのはただ一つ、実存を失うということだ。生は大きな機会、大いなる機会だ。実際、生には自分自身へ達する、自分が何者かを知る極めて多くの機会がある。だがそれは、困難な道となる。あなたは努力しなければならない。

借りようとしてはならない。内側の世界では何ものも借りられない。それから、単に知識を得ようとしてはならない。思考のないマインドの明晰さ、ヴィジョンに達しなさい。それはこの世で最も困難なことだ。思考を落とすのはこの世で最も困難なことであり、最大の挑戦だ。それ以外はみな、甚だ小さなものでしかない。それはあなたにできる最大の冒険だが、勇気のある人はその挑戦を受け、冒険へと進んでいく。

最大の挑戦は、いかにマインドを落とすかだ。なぜなら、マインドが止まってはじめて神は現れ得るからだ。知る者が消え失せて、はじめて見知らぬものは現れ得るからだ。マインドがないとき、あなたがいないとき、あなたが跡形もなくなったときにのみ、ずっと、ずっと捜し求めてきたものが忽然と姿を現す。あなたがいないときに神はいる。これは最も困難なことだ。

最後の話だ。

ラビのグロスマンとオ・マレー神父が晩餐会で席を並べた。

「ハムはどうですか」と神父が勧めた。

「あいにくですが」とラビは答えた。

「さあ、食べて。本当においしいですから」と神父が促した。

「どうも。しかし、宗教上の理由でその種の肉は食べないことにしているのです」

「実にうまい！」「試してごらんなさい。お気に召すと思いますよ」、五分後にオ・マレー神父が言った。

「いいえ、結構です」、ラビのグロスマンは答えた。

夕食が済み、二人は握手をした。「お伺いしますけど、あなたは奥さんとセックスを楽しんでいますか」とユダヤ人のラビが言った。

「おやおや、私に結婚が許されていないことはご存知じゃないのですか。セックスはできないのです」と神父は答えた。

「試してみるべきですよ」「ハムよりいいですから」とラビは言った。


私に言えるのはそれしかない。ノーマインド、実存というものを試してみるべきだ。それは全世界を合わせたものよりも良い。

実存の世界は、唯一本物の、真実の世界だ。だから、それと出会わない限り、あなたは異国の地をさ迷い続ける。決して家には辿りつけない。家に辿りつくのは、あなたが実存の最奥の核に入ったときに限られる。それは可能だ。難しいが不可能ではない。骨は折れるが不可能ではない。確かに難しい、だがそれは起こった。私に起こった、だからあなたにも起こり得る。

だが、安易な方策にしがみついてはならない。薬物などでごまかそうとしてはならない。知識を借りようとしてはならない。集め続けてはならない。

実存はすでにそこにある。集めるのはそれを隠すことでしかない。いったん集めるのをやめれば、内部に集めてきたすべてのガラクタ——それがガラクタのあなたのマインドだ——を捨てることになる。そのガラクタを捨てれば、突然実存が、完全なる清浄、完全なる美、完全なる祝福として姿を現す。

尽きることがないとも思える知恵の蔵から知恵を取り出し、弟子たちに教えるひとりの賢者、当代切っての賢者がいた。

彼はすべての知識を一巻の分厚い本にまとめ、自分の部屋の祭壇に置いていた。賢者は誰にもその本を開けさせなかった。

賢者が死んだとき、彼の許にいた人々は自分たちを相続人とみなし、本を開け、書かれていることを会得しようと本のところへ駆けていった。

一ページしか書き込みがないと知ったとき、彼らは驚きと混乱と落胆を覚えた。目に触れた一節の意味を掴もうとしたときには、さらに一層当惑し、頭を抱えた。

その一節とは「入れ物と中身の違いを悟るとき、お前たちは智を得るだろう」というものだった。繰り返そう、「入れ物と中身の違いを悟るとき、お前たちは智を得るだろう」

入れ物とはあなたの意識、中身とはあなたのマインドだ。入れ物とはあなたの実存、中身とはあなたが蓄積したもののすべてだ。入れ物と中身、マインドと実存の違いを悟るとき、あなたは智を得る。自分が中身ではなく入れ物であることを想起し理解すると、一瞬のうちにあなたは変容する、革命が起こる。そしてそれは、存在し得る唯一の革命だ。

今日はこれくらいにしよう。

第六章

生のアート

The art of living

最初の質問

愛する和尚、
あなたは今日の講話で、ハシディズムの美点を賞賛しました。でも、それほどに賞賛すべき、それほどに友愛溢れるものでありながら、なぜ彼らは、宗教的活動、とりわけ宗教的な歓喜の踊りから女性を排除するのでしょうか。

プラティマからの質問だ。とても意味のある質問だから、理解しておかなければならない。心得ておくべき、常に心得ておくべき最も重要なことは、過去を現在の基準から判断してはならないということだ。そういうやりかたは慈悲がない。例えば、ハシディズムが生まれようとしていたとき、女性の宗教的な踊りへの参加を認めることは不可能だっただろう。ハシディズムの神秘家たちにそういう意識がなかったのでも、女性の参加を好まなかったのでもない。神秘家たちは参加してほしいと思っただろう。だが、それは不可能だった。
仏陀でさえ、女性を自分の教団に入れることを恐れた。その恐れとは何だったのか。仏陀は保守的な人間だったのか。違う、彼より革命的な精神の持ち主など探せやしない。だが、何年も女性を教団に入れてはならないと言っていた。その理由は別のところに求めなくてはならない。

宗教は社会の中に存在せざるを得ない。もし社会が、あることに強く反対しているとしたら、創始者といえどもいくらか妥協しなくてはならない。さもなければ、宗教それ自体、存在できなくなる。社会は完全な状態にはない、あるべき姿にはない、だが宗教はこの社会の中に、この社会が許す枠内に存在せざるを得ない。革命は、その限界より少し遠くまで行こうとした。しかし、革命といえどもさほど遠くへは行けなかった。行き過ぎれば根絶やしにされるだろう。

例を挙げよう。瞑想のときにあなたが裸になっても反対しない。私は反対しない。本当のところ、私は賛成する。なぜなら、衣服というのは抑圧的な文化を構成するものであるからだ。私はそのことを知っている、だがそれでも、瞑想のときは裸になるなと言わねばならない。瞑想すらできなくなるような問題を引き起こすからだ。それはひどすぎる。たかが服装や裸の問題で、瞑想が全くできなくなるのは馬鹿げている。絶対的な自由、衣服からの自由をも認めることができれば良かったのだろうが、それでは社会が私たちの存在を全く認めない。私たちは社会の中に存在せざるを得ない。だから、より小さな悪を選択しなければならない。

薬物の問題も取り挙げよう。私は薬物を支持しない、だが反対もしない。私はティモシー・リアリーを支持しない、薬物でサマーディーに達し得るとは思わないからだ。それについては絶対的確信を持っている。オルダス・ハックスレーとか、他にも薬物の効果を語る人はいるが、それでサマーディーに達した人はいない。安易過ぎるし、化学物質で究極のものに達する可能性はない。けれども、薬物が何かしら役に立つことも承知している。一瞥なら、真実は与えられないが一瞥なら与えられるし、それが突破口になり得ることもある。その一瞥が、あなたを過去から引き抜き、真実の探求へと向かわせることもある。神を見たならば、たとえそれが夢の中であったにしても、あなたの生全体が変わるだろう。もちろん、夢の中の神は夢に過ぎない。だが翌朝、あなたは世界を覗き込むだろう——夢で見たものはどこで見つけられるのだろう、と。

非常に多くの人々が、神、真理、サマーディーへの旅を始める。どこかで、ある種の一瞥を得たからだ。薬物、性的絶頂、音楽を通じて得たのかもしれないし、ときには偶然のこともあるだろう。電車から転落して頭を打ち、一瞥することもあるだろう。それを手法として用いよと言っているのではない！　だが、こういうことが起こるのは知っている。たまたま頭のあるセンターを打つと、人は一瞥、光の爆発を得る。その人は、二度と元の人間には戻らないだろう。今度はそれを探し始めるだろう。こういうことは起こり得る。漠然とした可能性が、もはや漠然としたものではなく、現実的な可能性となったからだ。何らかの暗示、何らかの繋がりを得たのだ、もう休んではいられない。

私は薬物に賛成しないが、反対もしない。だがそれでも、この共同体、私のコミューンでは許されない。というのも、政治家はさほど知的であったためしがなく、彼らに多くを期待すべきではないからだ。実際、愚かな人間しか政治には興味を持たない。知的な人間であれば、政治には一切関わらないだろう。

取るに足らない、些細なことで運動全体が破壊されるわけにはいかない。馬鹿げている。百年後には、私がコミューンで薬物を許さなかったことが反革命的と思われるだろう。当然私は、それが反革命的であると承知している。だから、記録に留めておきなさい。

ハシディズムのマスターたちは、そのことをよく知っていた。歓喜の宗教的儀式、歓喜の踊りに女性を参加させないのは、非人間的であり反革命的だ。だが、社会が強く反対していた。参加を認めれば、運動全体が途絶えてしまっただろう。だから、禁じざるを得なかった。

インドでは、仏教が滅亡した。なぜだかわかるかね？　それは、最終的に仏陀が教団への女性の参加を認めたからだ。仏陀は、自らこう言ったと伝えられている、「私の宗教は、少なくとも五千年存続するはずだった。だが今となっては、五百年以上続くことはないだろう。なぜなら、私が極めて大きな危険をおかしているからだ」。単に女性を教団に入れるということが、「私の宗教の寿命が四千と五百年縮まった。せいぜい五百年しかもたないだろう」と仏陀に言わしめたほど、危険なものだったのだ。そして、全くその通りになった。五百年間仏教は生き長らえたが、隆盛を極めることはなかった、絶頂に達することはなかった。日に日にその命は下降線を辿り、日に日に死に近づいていった。何が起こったのだろう？

社会だ。社会は、長い間男性に支配されてきた。教団への女性の参加を認めるのは、社会の階級秩序、男性優位を破壊することだった。マハヴィーラのような、極めて革命的な人でさえこう言ったと伝えられている——女性は、女性のまま直接モクシャに入ることはできないと。女性はまず男性として生まれ変わり、それから……だから、今までジャイナ教のモクシャ、ニルヴァーナに、女性のまま直接入った人はいない。女性はまず肉体を変え、男性の姿・形を取らなければならない。入れるのはそれからだ。

なぜマハヴィーラはこのようなことを言ったのか。社会や国の政治、僧侶や政治家など、あまりに男性中心主義だったため、少々妥協する必要があったのだ。そうしなければ、僧侶や政治家たちは何ひとつ許さなかっただろう。マハヴィーラは裸で暮らしたが、女性が裸になるのを許さなかった。社会が、マハヴィーラの裸さえ受け入れようとしなかったからだ。人々はしぶしぶ、いやいやながら、徐々に受け入れていった。だが、女性が裸になるという考えは、とても受け入れられるものではなかっただろう。

そして、「すべてを去らなければ、衣服といえども去らなければ、子供のように無垢にならなければ、生まれた最初の日のようにならなければ、私の王国には入れない」と言ったがゆえに、女性は直接入れないとも言わなければならなかった。もし直接入れると言っていたら、勇気ある女性がやって来て、衣服を脱ぎ捨て裸になっただろう。裸の女性を避けるだけのために、非常に嘘っぽい真実でない言葉を口にせざるを得なかった。マハヴィーラはそれが正しくないと知っていた——私はそのことを知っている、なぜなら、私も正しくないことを数多く言うからだ。だが私たちは、社会の中で、異常な、混乱した、神経症的な状態の中にいるしかない。狂人と一緒に生活すれば、いくらか妥協しなくてはならない。狂人と一緒に生活すれば、少なくとも自分も狂人の振りをしなくてはならない。

ナレンドゥラがここにいる。彼の父親は四、五十年前に気が狂った。ナレンドゥラは家から逃げ出したが、二、三ヶ月後にアグラで捕まり、狂人ばかりいる監獄に入れられた。ラホールには、狂人用の特別の監獄があった。ナレンドゥラは、自分も気が狂っていたから九ヶ月間は万事うまくいっていたと言う。九ヶ月が過ぎたとき、たまたま間違ってフェノール（石炭酸）を一瓶丸ごと飲んだ。狂人がフェノールを風呂場で見つけて飲んでしまったのだ。胸がむかむかし、吐き、下痢になった。その下痢のせいで十五日間出し続け、狂気までなくなった。下痢が効いて、カタルシスのような働きをしたわけだ。ところが、狂気が消えたとき本当の問題が持ちあがった。狂人たちのところにいたからだ。さて、はじめてナレンドゥラは自分がどこにいるのか気がついた。彼の足を引っ張る者、頭を叩く者。狂人たちはおしゃべりしながら踊っていた。だが、もう自分は狂っていない。狂っていないときに狂人たちと過ごしたその三ヶ月間が、最も苦しいものだった。ひどい苦痛と不安の三ヶ月だった。寝ることもできなかった。

それでナレンドゥラは、当局者のところへ行き、「私はもう狂ってはいません。出してください」と言うのだった。だが、聞いてはもらえなかった。狂人は皆、自分はもう狂っていないと言う。だからそんなことを言っても証明にはならず、一年の刑を全うしなければならなかった。

彼は私に、あの三ヶ月間は決して忘れられないと語った。悪夢の連続だった。だが、自分も狂っていた九ヶ月間は全く幸福だった。

絶対的に狂っている国や世の中で、仏陀やバアル・シェムのような人になったとき何が起こるのか、あなたたちには想像もつかない。その人はもう狂ってはいない。だが、あなたたちとともに生き、あなたたちの法律に従わなくてはならない。そうしなければあなたたちに殺される。その人は妥協しなければならない。当然、あなたたちに妥協は望めない。あなたたちは考えられるような状況にないが、その人は考えられる。高い者が低い者に、偉大な者が小さな者に、賢い者が愚かな者に妥協するしかない。

だから、女性は受け入れられなかったのだ。女性が歴史の暗闇から抜け出したのは、つい最近、今世紀に入ってからに過ぎない。

こんな話を聞いた。

ゴルダ・メイアがイスラエルの首相をしていたとき、インドの首相であるインディラ・ガンジーがイスラエルに行った。そしてその訪問の際、ゴルダ・メイアの歓迎を受けた。

すべての史跡巡りを終えたあと、ガンジーが「シナゴーグ（ユダヤ教会堂）を訪ねてみたいですね」と言った。

「ぜひどうぞ」とイスラエルの首相は答えた。

二週間後、ガンジーは閣僚たちを前に立っていた。

「イスラエルで学んだことは何ですか」と閣僚のひとりが尋ねた。

「いろいろと学びましたが、一番勉強になったのは、イスラエルのシナゴーグでは、男性が一階のフロアで、首相たちがバルコニーで礼拝をするということです」とインドの首相は答えた。

女性の首相が二人。だがガンジーは、首相たちはバルコニーで、男性はフロアで礼拝するものと考えた。いったん決まったことは、首相といえども変えるのは極めて難しい。首相といえども伝統を変えるのは難しい。

ハシディズムの人は一つの波であったが、運動全体を破壊されるより、社会とその決まりや規制と同調していく方を選択した。少なくとも男性にはメッセージを届けよう。今すぐ女性に届くことはないにしても、あとから届くだろう。メッセージを大地に根づかせるだけでもしておこう。

私はここに、極めてなじみのない奇妙な世界にいる。私はあなたたちに多くのものを与えたいと思っているのだが、あなたたち自身の抵抗に遭って与えることができない。あなたたちの実存にある多くのものを気づかせたいのだが、あなたたちは私に反対するだろう。私はとてもゆっくり、大きく迂回して進まなければならず、直接には事を成し得ない。

わかるかね、私は、プラティマがハシディズムについて問題としていたことを実践したのだ。私はそれをやり終えた。私の共同体では、もう男女は分かれていない。それで、インド人は私のアシュラムに来るのをやめてしまった。インド人は来られない。彼らが来ていたときに抱いた疑問は、多かれ少なかれ、すべてそれに関するものだった——何だね、このアシュラムは。男女が一緒になっている、手をつないで歩いている。瞑想のあとでさえ、抱き合ったりキスをしたりしているではないか。どういうことだ。これは良くない。

彼らは私のところに来てこう言った、「これは良くない、許されてはなりません。和尚、あなたから慎むよう言って聞かせるべきです」。何も間違ってはいないから、私は口出ししたことがない。男女の間にいかなる垣根もこしらえてはならない。男女の間に隔たりはない、高い者も低い者もない。違ってはいるが平等だ。違いは美しい。そこには違いがなければならない。違いは高められるべきだが、平等は保たれなければならない。私にとって、愛は神性へ至る道だ。

私は彼らの言うことを聞かなかった。やがて、インド人はいなくなった。今ではもう、少数のインド人、心を抑圧しない人、フロイト以後の人しかここに入れない。だが、インド全体としてはフロイト以前だ。インドではまだ、フロイトは知られていない。まだ、インド人の魂にフロイトは入って来ていない。

だが私はそのことをやり終えたし、私はハシディズムの人だ。したがって、あなたは昔のハシディズムの人々を許せる。当時、機は熟していなかった。いまでさえ、それは難しい。些細なことにも、ことごとく困難がつきまとう、だから日々困難に出会わざるを得ない。伝統的な行動をとればそうした困難は避けられるだろうが、私にはできない。そんなことをすれば、私がここにいる意味がないからだ。そんなことをすれば、あなたたちにメッセージが伝えられないからだ。そうなったら、あなたたちと私の間に何も起こり得なくなるし、私の革命性を貫けなくなる。

また、私は殉教者になることには全く興味がない。私には、それも一種のマゾヒズムに思える。いつも殉教者になろうとしている人々は、本当には自分のしていることに気づいていない。彼らは自殺を求めているのだ。私は殉教者ではない。私は生を愛する、生を含み持つすべてのものを愛する。ハシディズムの創始者であるマスターたちも、私同様、生をこよなく愛した。だからこそ、私は彼らの話をすることにしたのだ。ある道について選んで話すのも、それがとても強く私に訴えかけてくるからに他ならない。

ハシディズムの人々は、政治的革命を起こしたいと思うような人々ではなかった。改革主義者ではなかった。社会を改革しようとしてはいなかった。ハシディズムの人々は、個々の魂に変革をもたらそうとしていた。だが、社会の中にいなければならなかった――常にそのことを頭に置いておきなさい。

しかし、伝統化すると必ず起こるのは何だろう？　今日、ハシディズムは伝統化し、正統的宗派になってしまった。今、機は熟している。もしあの共同体がニューヨークにあれば、女性は受け入れられる。ハシディズムの共同体はニューヨークにあるのだが、今では正統的宗派になってしまった。独自の伝統を持っていて、バアル・シェムに反することができない。だから、現在のハシディズムの人々は本当のマスターではない。従者の従者、そのまた従者であるに過ぎない。

あなたはここに、私とともにいる。本来のものと顔を向き合わせている。あなたがそれを人に話すとき、それは本来のものでなくなる。私から話を聞き人に伝える、するとその多くが失われる。それから、聞いた人が別の人のところへ行き、私の言ったことを伝える。また多くのことが失われる。二、三年も経たないうちに、何回も伝わらないうちに、真理はすっかり破壊される。残るのは嘘だけだ。そして、革命的な運動が保守的な伝統となる。

第二の質問

愛する和尚、
あなたにできませんか。私の頭を切り落とせませんか。私にはできないのです。私にできないことは知っています、やってみたからです。

私にはできる。だが、多くの問題が生じるだろう。あなたに、ちょっとした話をしよう。

聖ペテロは、門の外で今か今かと待ちわびている新参者のところへ戻った。「あなたの名前が見つかりません。名前の綴りを書いていただけませんか」とペテロが言った。男が綴りを書くと、ペテロはもう一度予約者名簿を調べに行った。すぐに戻って来て、「ああ、あなたは、あと十年入れませんね。あなたの医者は誰ですか」と言った。

もし私があなたの頭を切り落としたら、聖ペテロが、「あと何生も入れませんね。あなたのグルは誰ですか」と尋ねるだろう。

他人にはできない、外部からできるようなものではない。実を言えば、あなたにだってできない。頭が落ちるよう、成長しなければならない。あなたにできるものでも、無理強いできるものでもない。より深い理解によって、それはやって来る。

頭を落とすのは、最大級の難事だ。なぜなら、あなたは頭に同一化しているからだ。あなたは頭だ！　思考、イデオロギー、宗教、政治、聖典、知識——あなたが同一化しているものだ。すべては頭の中にある。どうやったら落とせるというのだね？　頭を落とすとはどういうことか、考えてみるがいい。落としたら、あなたは誰なんだね？　頭がなければ、あなたは誰でもない。

理解できるよう成長しなくてはならない。この頭の上に、新しい頭を成長させることができてはじめて、この頭は落とせる。努力して瞑想するのはすべてそのため——新しい頭、思考の要らない、イデオロギーの要らない頭、純粋な気づきであり、それ自体で充足する頭、外的刺激を必要とせず、自身の内奥の中核でもって生きる頭が育つようにするためだ。新しい頭が育ったら、古い頭はいとも簡単に落ちる。ひとりでに落ちる。

もし私が何かを押しつければ、あなたは抵抗するだろう。恐れ、おびえるだろう。誰も死にたいとは思わない。頭を落とすことは、学ぶべき偉大なアートだ。

こんな話を聞いた。

絞首刑が執行される日のことだった。ムラ・ナスルディンは、絞首台の階段の下まで連れていかれたとき突然立ち止まり、登るのを拒んだ。

「どうしたんだ」「さあ、行こう」と看守が急《せ》かした。

「何だか、その階段、ひどくぐらつきそうだ。無事に登れそうな気がしない」とナスルディンは言った。

吊るされようとしているところなのに、ムラは、階段がひどくぐらつきそうで無事には登れないと言う。人は死の瞬間でさえ、最後の最後までしがみつく。誰も死にたいとは思わない。だが死を学ばなければ、決して生きることはできない、決して生は知り得ない。生と死は同じコインの両面、ゆえに死ぬことのできる人が、生きることのできる人なのだ。両方を取るか、両方を落とすかだ。その二つはひとかたまりになってやって来る。別々のものではない。

いったん死を恐れれば、生も恐れざるを得ない。私が、こうしたハシディズムの手法・姿勢について語っているのはそのためだ。その全体が「いかにして死ぬか」、その手法、道、手段から成り立っている。死のアートは生のアートでもある。自我の死は自我に非《あら》ざるものの誕生であり、部分の死は全体の誕生であり、人間の死は神の誕生へと向かう根本的な一歩なのだ。

だが、死ぬのは難しい、極めて難しい。観察したことがあるだろうか。人間を除いて、自殺のできる動物はいない。自殺を考えることさえ動物には不可能だ。考えたことがあるだろうか。木が自殺したとか、動物が自殺したとか聞いたことがあるだろうか。いや、人間にしかできない。人間の知性が自殺を可能にする。

といっても、通常の自殺のことを話しているのではない。それは、肉体を交換するだけであって本当の自殺ではないからだ。私は究極の自殺のことを話している。一度私が教えているような死に方をすれば、あなたは二度と生を受けない。宇宙の中に消え、いかなる形も取らない――あなたは無形のものとなる。

こんな話を聞いた。

農夫の土地に侵入し、鶉《うずら》を撃ったとして男が訴えられた。被告の弁護士は、農夫を混乱させようとした。

「さて、あなたは、この男が鶉を撃ったと断言できますか」と弁護士が尋ねた。

「その男が鶉を撃ったと言ったのではありません。その疑いがあると言ったのです」と農夫は答えた。

「ええ、まさにそこのところです。なぜあなたは、この男を疑ったのですか」

「そうですね。第一に、銃を持っているその男を私の土地で捕まえたこと。第二に、銃声が聞こえたあとで数羽の鶉が落ちてきたこと。第三に、その男のポケットから四羽の鶉が見つかったこと、そしてそれは、鶉たちがポケットに飛び込んでいって自殺したものとは考えられないからです」と農夫は答えた。

人間にしか自殺はできない。それは人間の栄光だ。人間だけが生は生きるに値しないと、この生は全く不毛だと考え得る。普通、人々が自殺するのは生の不毛を理解したからではなく、今生の不毛を理解したからに過ぎない。彼らは別の生で、他のどこかで、事がうまくいくことを望んでいる。

霊的な意味での自殺とは、今生だけでなく、生それ自体が不毛であるという理解に至ることだ。理解すると、どうしたら何度も生まれずに済むか、どうしたら肉体というトンネルに入らず、籠に閉じ込められずに済むか考え始める。どうしたらいかなる形も持たず、完全に自由でいられるか考え始める。これが解脱、これが解放だ。あるいは救済と言ってもいい。

肉体の中にいては、決して幸福になれない。なぜなら、肉体はあなたを閉じ込めるものだからだ。四方が壁になっている、あなたは無理やり監獄に入れられている。監獄のように見えないのは、あなたと一緒に歩くからだ。どこへ行っても肉体はあなたについて来る、だから監獄とは思えない。ほんの一瞬であっても、ひとたび肉体のない生を知れば、ひとたび肉体から出られるようになれば、いかに束縛されているのか、幽閉されているのかわかるだろう。

肉体は束縛だ、マインドは束縛だ。しかし、私があなたを自由にできないことは知っておかねばならない。ひとつ覚えておきなさい、外部の力によって束縛するのは可能だが、外部の力によって自由にするのは不可能だ。誰かがあなたを監獄に入れる、それはできる。だが、誰もあなたを監獄から出すことはできない。監獄に留まっていたければ、どこかに別の監獄が見つかるだろう。ひとつの監獄から逃げ出したとしても、別の監獄へ入っていくだろう――フライパンから火の中へ。監獄は容易に変えられるが、変えても何ら違いはない。それこそ、何千年もの間、皆がしてきたことだ。それぞれの生において、あなたはずっと監獄にいた。時には男性、時には女性、黒人、白人、インド人、中国人、アメリカ人として。形から形へと、可能な限り渡り歩いてきた。

人々が私のところにやって来ると、私は彼らを覗き込むのだが、驚くのはいかに多くの形をとってきたか、いかに多くの肉体に住み、姿、名前、宗教、国を変えてきたかということだ。しかも、未だ飽きもせず、古い輪の中を何度も回り続けている。

もうひとつ覚えておきなさい。自殺は無条件に人間的なもので動物は自殺しない、と私は言ったが、飽くことについても同様のことが言える。飽くことも無条件に人間的なものだ。水牛は決して飽きない、ロバは決して飽きない。飽きるのは人間だけ、高度に意識が進化したものだけだ。もし自分の生に飽きなければ、極めて意識の低い段階に生きているということだ。

仏陀のような人は飽きる、イエスのような人は飽きる、マハヴィーラのような人は飽きる、死ぬほど飽き飽きする。どこもかしこも繰り返しばかり、他には何もない。飽きることにより放棄が起こる。世の中に飽きた者はサニヤシンになる。別の世界を探求しようというのではない。それは探求の終焉だ。それは自殺、絶対的、究極的自殺だ。

第三の質問

愛する和尚、

あなたの話を聞いていると、まるで死んでいくような、あなたが私を絶えず遠くへ押しやっているような気がします。あなたは私の頂上、エベレストであり、とても美しく、とても遠いのですが、信じられないほど近くにも感じます。あなたに対して私自身を開くために何かできることがありますか。

私がここにいるのは、すべて、あなたを死へ、知られざるものの深淵へ、ゼロの体験へ押し込むためだ。インドではそれをサマーディーと呼ぶ。それはゼロの体験――そこでは、ある意味であなたは存在するが、ある意味であなたは存在しない。そこでは、あなたは空になり入れ物しか残らない。そこでは、書かれてあることがすべて消え、真っさらな本しか残らない。それが真の聖書、真のヴェーダだ。書かれてあることがすべて消え、本が完全に真っさらになったとき、中身も思考もマインドも感情も欲望もすべて消え、純粋な意識しかなくなったとき、中身が空になったとき、それが私の言う深淵だ。

「あなたは私の項上、エベレスト」とあなたは言う。そう、それは本当だ。だが項上はあとからしかやって来ない。最初は深淵がやって来る。私はあなたの深淵でもある。あなたに、とてもとても素晴らしい話をしよう。よーく聞きなさい。そして、家に帰り、静かに座ってその話に瞑想しなさい。

ある男が馬を買いに牧場に行った。そして一頭を指差し、「あれ、あそこにすばらしいポニーがいる。何ていう種類だ?」と聞いた。

「パロミノだ」と牧童が言った。

「そう、そう、あんたの友達は皆、俺の友達だ。そのポニーを買いたいもんだな」と男は言った。

牧童は答えた、「断っておきますが、それ、牧師さんのだったんですよ。馬を動かしたかったら『主よ』、止めたかったら『アーメン』って言わなくちゃなりません」

「試させてくれ」と買い手は言った。

彼はまたがって「主よ」と言った。馬はすばやく動き出し、やがて山中に駆けあがっていった。「主よ！　主よ！」と叫んでいると、確かに馬は動くのだった。突然、崖の縁が迫って来て、男は動転し「ドードー！　ドードー！」と叫んだ。しかし、駄目だった。思い出して「アーメン」と言うと、まさに崖っ縁のところで馬が止まった。

ほっとして額をぬぐいながら、男は言った、「主よ！」


「あなたに対して私自身を開くために、何かできることはありますか」とあなたは尋ねている。

「主よ！」と言いなさい、そうすれば他のことは皆ひとりでに起こるだろう。

第四の質問

愛する和尚、

あなたのお話をいつも楽しく聞いています。聞いた話の中でも大好きなのは、先日あなたが、私たちにあなたの話が聞こえるかどうか尋ねたところです。

私は、いつの日も、いつでもそう尋ねたいと思っている。私の話が聞こえるかね？と。失礼だから聞かないだけなのだ。マイクが壊れたその日、私は勇気を奮って聞いた。だが、いいかい、あなたたちは嘘をついていたのだよ。「私の話が聞こえるかね」と言ったら、あなたたちは「いいえ」と言った。嘘をついたね。私の質問が聞こえなかったらどうして答えられる？　失礼だから、このときも私は黙っていた。黙っているしかなかった。

若い女性が助言を求めて、ムラ・ナスルディンのところへ行った。彼女はムラに、「私に嘘をつく人と結婚すべきでしょうか」と尋ねた。

「すべきです。永遠に未婚でいたくなければね」とナスルディンは答えた。

弟子を持たないマスターでいようと決心しない限り、私は嘘つきであるあなたたちを弟子として受け入れざるを得ない。他にやりようがないからね。あの時、あなたたちは紛れもなく嘘を言った。聞こえていたのに、「いいえ」とすぐ返事をした。あなたたちが「私の話が聞こえるかね」という私の質問が好きであるように、私もあなたたちの答えが大好きだ。

第五の質問

愛する和尚、
あなたは、ハシディズムを楽しく明るい共同体と呼びました。しかし、ニューヨークにある現代のそれは、堅苦しく、厳格で、独断的で、異教徒や自分たち以外のユダヤ人をとても軽蔑しているようです。どうしてこんなことになってしまったのでしょうか。

それは常に起こる。真理は、地上に長く留まることができない。真理は現れ、消える。機会があれば、あなたを打ち、去っていく。地上に留めてはおけない。地上は偽りに満ち、人々はそれに夢中になっている。だから真理は、ここに長く留まることができない。仏陀のような人が地上を歩くたびに、ほんのしばらくだけ真理は歩く。仏陀がいなくなれば真理も消える。足跡しか残らないが、あなたはそれを崇め続ける。足跡は仏陀ではないし、仏陀が口にした言葉もただの言葉に過ぎない。その言葉を繰り返してみたところで、それは言葉でしかなく意味を持たない。

言葉の背後にある意味は、仏陀その人であった。あなたは全く同じ言葉を繰り返せるが、意味は同じではない。言葉の背後にいる人物がもはや同じではないからだ。

バアル・シェムがそこにいたとき、ハシディズムはこの世で最も素晴らしい共同体の一つだった。ハシディズムは選りすぐりの共同体だった。彼が地上を歩いたとき、ハシディズムは花を咲かせた。マスターが、生きているマスターが必要だ。生きているマスターがいるときにのみ、あなたの最奥の蕾は開花する。

バアル・シェムが死んだあとには、伝統しか残らなかった——バアル・シェムの言葉、行動、彼の伝説は数多く残った。それから人々は、それらを繰り返し、バァル・シェムを模倣し続けている。こうした人々は偽物にならざるを得ない。

しかし、そうなるのは当然であって、彼らに腹を立ててはいけない。私がここにいなくなったら、この共同体はさほど楽しいものではなくなるだろう。楽しいものにはなり得ない。だが、そうなって当然だ。私の言葉がそこに残り、人々はそれを繰り返す、そして信心深く私の言葉に従うだろう。だが、それには努力を伴なう。たった今、努力はない。あなたたちは私とともに流れているだけだ。たった今、それは愛の営みだが、後にはある種の達成すべき義務となるだろう。あなたたちは義務感を覚えるだろう。

あなたたちは私を覚えていて、同じように生きたいと思うだろう。だが、生き生きとした何かが、命が欠けている。マスターがいなくなって残るのは、決まって、死体となったその教えだけだ。

だから、常に生きたマスターを探しなさい。死んだマスターは無用だ。死んだマスターとは死んだ教えに他ならない。常に生きたマスターを探すこと。しかし、人々のマインドはとても鈍重だから、探すのは極めて難しい。誰かをマスターだと悟ったときには、その人はいない。ここが難しいところだ。イエスがマスターであると悟ったときには、もうそこにイエスはいない。そのときには、キリスト教徒、教会、法王と司祭しかいない。そして、彼らがあなたを捕まえる。

そう、ハシディズムは伝統と化し、ハシディズムの人々はいなくなった。彼らは生きた宗教、とても生き生きとした川だった。

こんな話を聞いた。

ある過激な反キリスト教徒であるユダヤ人が死の床についていた。家族の者が全員、周りに集められたとき、老人は「司祭を呼んでくれ」と喘ぎながらに言った。

皆、雷に撃たれたようなショックを覚えた。しかし、彼の妻が長男に「行きなさい、末期の望みなのだから。司祭を呼んできなさい」と言った。そこで長男はカトリックの司祭を呼びに行った。司祭はその老人を教会に受け入れ、最後の儀礼をとり行ない立ち去った。

長男が目に涙を浮かべて父親に囁いた、「父さん、あなたはこれまでずっと、ローマ教会はキリストの敵対者だと信じるように、私たちをしつけてきましたね。最期になって、どうしてローマ教会に入ったりできるのですか。父さんはユダヤ人で、常にユダヤの伝統を信じてきました。最期になって、どうしてそんなことができるのですか」

息を引き取る間際に老人は呟いた、「偽者が、もうひとり死ぬ」

老人は、一人のカトリック教徒がこの世から消えていくよう、カトリックに改宗した――「偽者が、もうひとり死ぬ」

いつだって人々はそのようになる。マインドで生きているからだ。マインドは伝統だ。

こんな話を聞いた。

「あなたのおじいさんって、宗教的な人？」と女子学生がデートの最中に聞いた。

「伝統を重んじる正統派でね、チェスをするとき、ビショップ（「僧正」という駒）を使わずにラビを使うんだ」と男の子は答えた。

自我は極めて型にはまった動きをする。革命的であるには、自我を超えることが必要だ。また、一度できたらそれで終わりというのではなく、何度も何度も、一瞬一瞬、超えなくてはならない。なぜなら、自我はあなたに忍び寄りあなたを刻むからだ。一瞬一瞬の生の出来事、体験、そのすべてが自我となる。それは捨てなくてはならない。一度捨てればそれで終わりというのではなく、事あるごとに捨てなくてはならない。集めたものはすべて捨てなければならず、そうしてはじめて放棄は革命であり続ける。世俗的なものを捨てるだけでなく、ユダヤ教徒だとか、キリスト教徒だとか、ヒンドゥー教徒だとか、イスラム教徒だとか、そうした日常のイデオロギーをも捨てなくてはならない。あるものをそのまま映し出す鏡のようであるためには、思考を捨てなくてはならない。そうすれば、意識は乱されず、思考に色づけされず、ものごとを直接見ることができる。偏見によって乱されたり歪められたりしない。

いったん伝統が出来上がると、いったん宗教が革命でなくなると、あなたは自分流に解釈しだす。すると、仏陀が言わんとすることなど気にもかけず、仏陀の主張の中に自分の考えを読みだす。すると、クリシュナの言うことなど気にもかけず、ギーターの中に好き勝手なものを読み続ける。曲解が起こる。だから私は何度も言う、できるなら生きたマスターを探しなさい、その人と一緒にいなさいと。生きたマスターを稔じ曲げることはできないからだ。やってごらん！　生きているマスターは自分の主張の曲解をやめさせられる。だから、捻じ曲げられない。だが、命のない本、聖典、聖書やコーランやギーターに何ができる？　それらは神聖かもしれないが完全に死んでいる。好きなように扱える。それに、人はとても絞滑でずる賢い。

年老いたフェネシーが気を失い通りで倒れたとき、すぐに人々が群がって来て、老人の意識を戻すにはどうしたらいいか指図し始めた。

マギー・オ・レイリーが「この人にウィスキーをあげて」と言った。

マギーに注意を払う者はなく、群集はあれこれ指図し続けた。とうとうフェネシーが片目を開け、肘《ひじ》を使って体を起こすと弱々しい声で、「あんたたちは黙っていてくれ。マギー・オ・レイリーに話をさせるんだ」と言った。

私たちが聴きたいもの、欲しいもの、何であれそれが私たちの聖典、解釈になる。人々は硬直している。ハシディズムの人だろうが、スーフィーだろうが、禅宗の人だろうが、問題ではない。人々は硬直している、人々のマインドは硬直している。どこに所属していようとも、人々はそこで頑なになる。あなたはヒンドゥー教徒からキリスト教徒に移り変われる。あるいはキリスト教徒からイスラム教徒に移り変われる。だがあなたはあなたのまま、大した違いはない。キリスト教徒になっても同じことをする、イスラム教徒になってもヒンドゥー教徒になっても同じことをする。どんなイデオロギーを信じようが、重要ではない。本当に大事なのはあなた、あなたの意識、どういう意識にあるかだ。

あなたは私とともにここにいる。あなたの子供たち、次の世代は、父母が私を信じたという単純な理由で私を信じるだろう。私とは何一つ直接的な繋がりを持たないのに、ただ単純に信じるだろう。だがそれは信頼ではない。それは心理的、形式的なものに過ぎない。

時折、子供たちがやって来る。母親がサニヤスを取るとき、子供もサニヤスを取りたがる。子供は自分が何をしているのか、どこに行こうとしているのかわかっていない、母親の真似をしているだけだ。母親は自分からやって来たが、子供は影としてついて来たに過ぎない。子供にとって私は何の意味も持っていない、母親にとっては全く違った意味を持っているが。もし母親が別のマスターのところに行っていたなら、子供はそこで加入の儀式を受けていただろう。母親がイスラム教徒かキリスト教徒になっていたなら、子供もイスラム教徒かキリスト教徒になっていただろう。

それは、子供にはどうでも良いこと、意味のないことだ。だが、サニヤシンであることがその子の自我の一部になるかもしれない。後《のち》の人生で、オレンジの服を着てマラを身に着け、型通りのことをするかもしれない。だが、その子は世の至るところに見られるような普通のマインドの持ち主になるだろう。そして、その信念のもとに普通のマインドがいつもやりそうなことをするだろう。頑なに信念を守り、狂信的になるだろう。他でもない、ここにこそ真理があると言い始めるだろう。

自分の信ずるものだけが本物で他は偽物だと言うとき、あなたは真実との繋がりを少しも持たない。自我の主張と繋がっているに過ぎない。「私の国は正しい。私の宗教は正しい。間違っていようが正しかろうが、私の国は正しくなくてはならない。私の宗教は正しくなくてはならない。なぜなら私の宗教だからだ」、これが自我の主張だ。

心の底では、私の「私」こそ正さなくてはならないのだ。

第六の質問

愛する和尚、

昨夜の朝方、二つの夢を続けてみました。一つ目の夢——あなたは完全なる沈黙にあり、部屋に座っていました。私はとてもゆっくりと部屋に入り、だんだんあなたに近づいていき、お辞儀をし、あなたの足に触れました。あなたは私の頭に手を置きました。私はとても幸福で歓喜に満ち、非常に軽やかな気持ちになりました。もう一つの夢——とてもひんやりとした、気持ちの和む、青く塗られた美しい部屋でした。あなたはベッドに横たわっており、ラクシュミ、数人のサニヤシン、そして私がそこに座っていました。そこにいたのは極少数の弟子たちだけです。ラクシュミが、あなたのベッドの近くへ来るよう私に手招きをしました。あなたは、これまでにないようなことをおっしゃいました。あなたの指は非常に異なった動きをしていて、まるで、最後の言葉を述べているようでした。私はとてもはっきり、しっかり聞き取ることができたのです。それは「私を飲みなさい、食べなさい、吸いこみなさい。飲まずに、食べずに、吸い込まずにいてはいけない」というものでした。私たちはみな泣いていました。

あなたは取り違えている。あなたは笑うべきだった。あなたの夢を正しなさい。今度はその過ちを犯さないように。

第七の質問

愛する和尚、

別れの日は集いの日なのでしょうか。昨日は、本当に私の夜明けだったと言えるのでしょうか。私の心は、たわわに実った木、実を集めて人にあげられるような木になるのでしょうか。私は神の手が奏でるハープなのでしょうか、それとも神が吹くフルートなのでしょうか。私は沈黙の探求者なのでしょうか、そして信念の要らない沈黙に、どんな宝物を見つけたのでしょうか。

そうだ、百万回、百万回イエスだ。それをあなたの導き手としなさい。聖なるものにただ任せれば、それがあなたというフルートを通じて歌い始めるだろう。聖なるものの邪魔をしないことだ。必要なのはただひとつ、神の邪魔をしないこと。

神がフルートを奏でるかどうかの問題ではない。あなたが彼に任せるかどうかの問題でしかない。

神に任せればこの瞬間に歌が始まる。任せずに、「私のフルートを吹いてください」と祈り続けるなら、歌は絶対に始まらない。

人は、強い信頼と愛をもって明け渡す以外、何もすべきことはない。行為者になってはいけない、ただ明け渡しなさい。レット・ゴーだ。あなたが何を尋ねるにしても、私はイエスと言う、百万回、百万回イエスだ。

第八の質問

愛する和尚、

私は悲しい子供で、恐るべき青春時代を過ごしました。また、怒りっぽい青年でした。しかし心の奥では、生まれてこの方ずっと、すべてはおかしく、愚かしく、馬鹿げていると感じていました。数年前、神学校にいたとき、友人が私たちの神聖なものに対する受容力は極めて限られているから、もし神がジョークを言ったら私たちは笑い死にしてしまうだろうと言いました。その友人の話を思い出したのは、プーナに来て以来、腹を抱えるようなものすごい笑いが私の内側から沸き上がって来るのを感じたからです。私には、神がジョークを言っているように思えます。「落ち」も徐々にわかるようになりました。少々気がかりなのは、十二月にプーナを離れるのですが、それまでに「落ち」が完全にわかるようにはならないだろうということです。完全にわかるようになったときには、私は遥かテキサスから、あなたに聞こえるほどの大声で激しく笑うでしょう。どうか教えてください、私はこのジョークに耐え、生き延びることができるのでしょうか。

このジョークに耐え生き延びることはできない。私が教えている笑いは、あなたを完全に破壊してしまうようなもの。私が教えている笑いは、きわめて破壊的なもの。それは磔《はりつけ》だ。だが、この破壊のあとにしか創造はない。混沌からしか星は生まれない。この磔のあとにしか復活はない。

いや、この笑いには耐えられない。もし、本当に笑いを許すなら、あなたはそれに溺れるだろう、あなたは消え、笑いだけが残るだろう。もしあなたが笑うのであれば、その笑いは全面的ではない。笑いしかないとき、あなたはいない。そのとき、笑いは全面的なものとなる。そしてそのときにのみ、あなたは神の語るジョークを聞く。

そう、この宇宙全体がジョークなのだ。ヒンドゥー教徒はそれをリーラと言う。それはジョーク、遊びだ。理解したとき、あなたは笑い出す。その笑いは止まることなくずっと続く。それは宇宙全体に広がる。

笑いは祈りだ。笑えれば、祈り方を知ったことになる。深刻になってはいけない。深刻な人は決して宗教的になれない。笑える人だけが、他人だけでなく自分をも笑える人だけが、宗教的になれる。徹底的に笑える人、ばかばかしさを、生というゲームを理解し尽くした人だけが笑いの中で光明を得る。
ノーだ。あなたは「このジョークに耐え、生き延びることができるでしょうか」と尋ねている。いいや、このジョークを聞いたら生き延びることはできない。だが、聞かないのはとても不運なことだ。生き延びてしまうのだから。

最後の、そして最も重要な質問

愛する和尚、
なぜユダヤ人の鼻は高いのでしょうか

さあ、怖がることはない。私は長い話、九十分の話をするつもりはない。いや、しない。答えを知っているからだ。答えを知らないときは長い答えを与えなければならない。わかるね、だから私はとても長い話をしているのだ。答えを知らないときは、長く話さなければならない。私が話しているうちにあなたは質問を忘れる。だが答えを知っているときは、その必要はない。私は答えを知っている、たまたま知ったのだが。

どのようにしてその答えを知ったのか——あなたに話しておかねばならないだろう。

ある日、ほんの二、三日前だが、朝早くヴィヴェクが私にこの質問をした。「なぜ、ユダヤ人の鼻は高いの？」。私はいつものように椅子に腰を下ろした。気持ちの良いタオルを用意し、時計を眺め、ユダヤ人の鼻についての哲学的、心理学的、長大な講話を始めようとするところだった。だがそのとき、ヴィヴェクがそれを察し、心配しだした。当然だ、いったん私が飛び立ったら再び地上に降りて来るまで最低九十分はかかるからだ。それで彼女は言った、「やめて！　やめて！　答えがわかったの、教えてもらう必要はないわ！」

もう飛び立っていたので、私はとても驚いた。「空気がただだからよ！」とヴィヴェクは口早に言った。

その答えは美しい、私はとても気に入った。それはすべてを説明する。ユダヤ人の鼻が高いのは空気がただだからだ！

今日はこれくらいにしよう。

第七章

宝もの

The treasure

ラビのブナムは、自分のところに初めて来た若者たちに
ラビのエイシク――クラクフのラビ、イエケルの息子の話をするのだった

長年に亘るひどい困窮も
エイシクの神に対する信頼を揺るがすことはなかった
彼は夢を見た
何者かが、プラハの王宮に通じる橋の下にある宝物を探せと命ずる夢だ
三度その夢を見たとき、エイシクはプラハに出かけた
しかし、橋は昼夜見張られていたので、掘り始めようとはしなかった
それでも毎朝橋に行き、夕方まで辺りをうろうろしていた
とうとう、その様子を見ていた守衛の頭《かしら》が
エイシクに、何か探し物をしているのか
それとも誰か人を待っているのかと優しく尋ねた
ラビのエイシクは、遠路はるばる、ここまで来ることになった夢の話をした
頭は笑った、「では、その夢を叶えるため

靴をすり減らしてここまでやって来たというのですか！　お気の毒に
夢を信じるにしても
もし私がその夢を見たのであれば、クラクフに行って
イエケルの息子であるユダヤ人、エイシクの部屋の
ストーブの下にある宝物を掘っただろう
それが、その夢のお告げだ
しかし、それがどんなものか考えてみたまえ
クラクフでは、ユダヤ人の半分がエイシクという名で、あとの半分がイエケルだ」
と言って再び笑った
ラビのエイシクはお辞儀をし、家に向かった
そして、自分の家の、ストーブの下から宝物を掘りだし
エイシクのシュルという名の、祈りの家を建てた

ラビのブナムはこう言い足すのだった
「この話を心に刻み、我がものとしなさい
この世のどこでも、ツァディック（マスター）のところでも探せないものがある
だがそれでも、探せるところがあるのだ」

生は探求だ。絶え間のない、闇雲で、見込みのない探求、求めているものもわからない探求だ。人間には探し求めようとする強い衝動がある、だが何を求めているのかわからない。

また、マインドには何を手に入れようと、少しも満足しないという性質がある。欲求不満が人間の宿命らしい。というのは、何を手に入れても手に入れた瞬間、意味がなくなるからだ。あなたは再び探し求める。

手に入れようが入れまいが探求は続く。持っている、いないは関係ないようだ。とにかく探求は続く。貧乏人は求める、金持ちは求める、病人は求める、健康な人は求める、強者は求める、弱者は求める、愚者は求める、賢者は求める。だが、何を求めているのか正確に知る者はいない。

まさにこの探求こそ、理解されなければならない——それは何であるのか、なぜ求めるのか。人間には隙間が、人間のマインドには隙間があるらしい。人間の意識構造そのものに穴が、ブラックホールがあるらしい。あなたはそこにものを投げ続け、ものは消え続ける。それを満たすもの、満たすに役立つものなどないように思える。それは高い熱にうかされた探求だ。あなたはそれをこの世に求める、あの世に求める。ときにはお金、権力、名声に、ときには神、至福、愛、瞑想、祈りに求める。だが探求は続く。人間は探求という病に冒されているようだ。

求めれば、今ここにいられなくなる。なぜなら、求めればどこか他のところへ連れて行かれるからだ。探求は企《くわだ》て、欲望であり、別の場所が必要とされる。求めるものは存在するが、あなたのいるここにはなく、どこか他のところにある。存在するが、今このときにはない。それは他のどこかにある。存在するのは「そのときそこ」にであって、断じて「今ここ」にではない。それは絶えずあなたを悩ませ、引っ張り、押しつけ、さらなる狂気へと投げ込む。あなたを狂わせるが、決して成就することがない。

非常に偉大なスーフィーの女性神秘家、ラビア・アル・アダビヤの話を聞いたことがある。

ある晩のこと、人々はラビアが道にしゃがんで捜し物をしているのを見かけた。年を取り目が弱っているので、捜すのは大変だ。それで隣人たちは、ラビアを助けようと彼女に近づき、「何を捜しているのですか」と尋ねた。

「的外れな質問だね、私は捜し物をしているんだよ。手伝えるなら手伝っておくれ」とラビアは答えた。

隣人たちは笑い、「ラビア、気でも狂ったのですか。的外れな質問だなんて。何を捜しているがわからなかったら、手伝いようがないじゃないですか」と言った。

「いいでしょう、あなたたちの気がすむのなら。針を捜しているんだよ。針を失くしてしまったのでね」とラビアは言った。

隣人たちは手伝い始めたが、すぐに、道は極めて広く、針は極めて小さいことに気がついた。そこで、「どこで失くしたのか、失くした場所を正確に教えて下さい。そうでないと捜すのは大変です。道は広いから、いつまでも捜し続けることになりかねませんよ。どこで失くしたのですか」とラビアに聞いた。

ラビアは言った、「また的外れな質問をしたね。それと捜し物と、どんな関係があるというのかね」

彼らは捜すのをやめ、「本当に狂ってしまった！」と言った。

ラビアは言った、「いいでしょう、あなたたちの気がすむのなら。針は家の中で失くしたのです」

彼らは笑い、「それじゃ、どうしてここで捜しているのです？」と尋ねた。

ラビアは、「ここには明かりがあるが、家の中にはないからね」と答えたと伝えられている。

日は沈もうとしていたが、道はまだ少し明るかった。

この逸話は非常に意義深い。あなたは、何を探しているのか自分に問うたことがあるだろうか。それを知ることを主眼に置いて、深く瞑想したことがあるだろうか。いやない。ぼうっとしているとき、夢を見ているときでも、何を探しているのかうすうす感じてはいる。だが、決して明確ではない、正確ではない。あなたはまだはっきりさせたことがない。はっきりさせようとすれば、そしてはっきりすればするほど、探す必要がないと感じるようになるだろう。ぼうっとしているとき、夢を見ているときにしか、探求は続けられない。事が明らかでないと、内部からの衝動に引っ張られ、内部からの刺激に突き動かされ、探し続けるしかなくなる。あなたが本当に知っているのはひとつだけ、探す必要があるということだ。これは内から来る要請だが、あなたは何を探しているのかわからない。

だが、探し求めているものも知らずに見つけられるだろうか。あなたは、お金、権力、名声、尊敬の中にそれがあると考える。しかし、それからあなたは、尊敬を受けている人々、権力を持っている人々を見る。彼らもまた探している。あなたは、途方もなく豊かな人々を見る。彼らもまた探している。人生の最後の最後まで探し求めている。だから、豊かさは用をなさない、権力は用をなさない。何を持っているにしても、探求は続く。

何か別のものを探さねばならない。お金、権力、名声――こうしたうわべの、見せ掛けのものは、マインドを満足させるに過ぎない。何か探しているのだと、実感し易くしてくれるに過ぎない。その何かはいまだはっきりせず、極めて漠としている。

本当の探求者、少し注意深く意識的になった探求者にとって最も重要なのは、その探求を明確にすること、それがどういうものか明確な考えを持つこと、夢見る意識から探求を抜き出し、極めて俊敏な意識のもとでそれと出会うこと、直接覗き込み、それと直面することだ。たちまち変化が生じる。その探求を明確にしだせば、あなたは興味を失い始める。明確になればなるほど、興味は薄れる。

ひとたびそれが明らかになると、突然探求はやむ。探求するのは注意深くないときに限られる。繰り返そう、探求するのはあなたが眠っているとき、覚めていないとき、無意識のときだけだ。無意識が探求に向かわせる。

そう、ラビアは正しい、内側に光はない。内側には光も意識もない。だから、あなたは当然のごとく外を探し続ける。外の方がよく見えるように思えるからだ。

私たちの感覚器官は、すべて外を向いている。目は外に開かれ、手は外に向かって広げられる、足は外に運ばれ、耳は外の騒音や音を聞く。あなたに備わっているものは、すべて外に向けられている。五感は皆、外に向かっている。あなたは、見たり、感じたり、触れたりする場所で探しだす――感覚の光は外を照らす。だが、探求者は内にいる。

この二分は理解されなければならない。探求者は内にいる。だが、光が外にあるため、探求者は野心の道を歩み、成就すべき外部のものを探そうとする。

探しものは決して見つからない、見つかったことがない。事の性質上、それはあり得ない。なぜなら、最初に探求者を探さなければ、あなたの探求はすべて無意味になるからだ。自分が何者か知るようにならない限り、何を探しても無駄だ――探求している者を知らないのだから。探求者を知らずに正しい次元、正しい方向に向かえるはずがあろうか。不可能だ。最も重要なものこそ、最初に考慮されなければならない。

そこで、これら二つのことが極めて重要となる。まず、自分が何を求めているのか、完全にはっきりさせること。ただ暗闇で躓き続けていてはならない。目標とするもの、本当に探しているものに注意を向けなさい。あるものを求めているのに別のものを探し続け、たとえうまくいっても満足しない場合があるからだ。成功した人たちを見たことがあるかね？　これ以上に失敗した人たちを、他に見つけられるだろうか。『事なれば万事成る（成功すれば成功が続く）』ということわざを聞いたことがあるだろう。これは完全に間違っている。私はこう言いたい、『成功ほどの失敗はない』と。このことわざは、愚かな人々が作ったに違いない。成功ほどに失敗であるものはないのだ。

アレクサンダー大王が世界の征服者になったときの話だが、彼は部屋のドアを閉めて泣きだしたと言われている。本当にあったことかどうかはわからない。しかし、アレクサンダーが少しでも知性ある人間だったなら、泣きだしたに違いない。

将軍たちは非常に当惑した。何が起こったのだろう？　将軍たちは、アレクサンダーが泣いているところなど見たことがなかった。アレクサンダーはそういう人間ではない。偉大な戦士だ。彼が大きな困難に陥り、まさに生命の危機、死に瀕しているところを見たことはあった。だが、目から一粒の涙さえ流れはしなかった。やけっぱちに、絶望的になっているのを見たことはなかった。さて、何が起こったのだろう？　成功を収め、世界の征服者となった今このときに？

将軍たちはドアを叩いて中に入ると、「どうしたのですか。なぜ子供のように泣いているのですか」と尋ねた。

アレクサンダーは言った、「今こうして成功してみると、それは失敗だったことがわかる。今私は、この馬鹿げた世界征服を始めたときと全く同じ場所にいる。今や、そのことがはっきりしてきた。もう征服すべき世界がないからだ。そうでなければ、旅を続け別の世界の征服に着手できただろう。もう征服すべき世界はない、もう何もすることがない。それで突然、自分自身に引き戻されたのだ」

結局のところ、成功者は必ず自分自身に引き戻される。そして、全人生を無駄にしたがゆえに、地獄の苦しみにさいなまれる。探しに探し、持っているものすべてを賭け、成功を収めた。だが、心は空っぽで魂も空《うつ》ろ、香りも喜びもない。

だから、まず探しているものを正確に知ること。私はそれを強調する。あなたの目を、探しているものに集中させればさせるほど、それが消え始めるからだ。目が完全に固定されると、突然探すものがなくなる。すぐに目は自分自身へと向かい出す。探すべき対象がないとき、あらゆる対象が消えたとき、虚空がある。その虚空の中で内側への転換が起こる。突然、あなたは自分を見始める。もはや探し求めるものはない。そして、この探求者は誰なのか、それを知ろうという新たな欲求が生まれる。

探し求めるものがあれば、あなたは世俗的な人間だ。それがなく、「この探求者は誰か」という問いが重要になれば、あなたは宗教的な人間だ。これが私の世俗的、宗教的に対する定義の仕方だ。

別の生、彼岸、天国、楽園、解脱に求めるとしても同じこと、いまだ何かを探し求めているなら、あなたは依然として世俗的な人間だ。すべての探求がやみ、知るべきことはただひとつ、「私の中にいるこの探求者は誰なのか。この探求を欲するエネルギーは何なのか、私は誰か」ということだと不意に気づいたら、変容が起こる。価値観のすべてが急転する。あなたは内側へ向かい出す。

ラビアはもう、魂にある暗闇のどこかでなくした針を捜して道路に座ってはいない。ひとたび内に向かえば……最初はとても暗い、ラビアは正しい。そこは極めて暗い。というのは、あなたは何生も内側にいたことがなかったし、目の焦点をずっと外界に合わせていたからだ。

見たことが、観察したことがあるだろうか。暑くてとても日差しの強い、明るい道路から、急に家の中や部屋に入ると、とても暗いことがある。目が外の大量の光に調節されていたからだ。大量の光があると瞳孔が縮む。暗闇だと緩まなくてはならない。暗闇では大きな瞳孔が必要だが、明るいところでは小さくていい。それがカメラの働き、目の働きだ。カメラは人間の目に倣って発明された。

だから、急に外から入って来ると、家の中は暗く見える。だが少し座っていれば、やがて暗闇は消える。より多くの光が入って来る。目が慣れていく。

何生もの間、あなたはずっと熱い太陽の下に、外界にいた。それで、中に入ろうにも入り方や目の調節の仕方をすっかり忘れてしまった。瞑想は、あなたの視力、見る能力を再調整するものに他ならない。インドで『第三の目』と呼ばれているものだ。それはどこかにある目ではなく、視力の再調整、根本的な調整をするものだ。やがて闇は闇でなくなり、微妙な、満ちた光を感じ始める。

内側を見続けていれば、時間はかかるが、だんだんと、ゆっくりと極めて美しい内部の光を感じだす。それはぎらぎらした光、太陽の光のようなものではなく、月の光により近い。まばゆくはない。とても冷ややかで熱くはない。とても慈悲深い、痛みを和らげる香油だ。

しばらくして、内部の光に順応すると、あなたがまさに、その源泉であることがわかるだろう。探求者こそ探求されるべきもの。すると、宝は自分の内部にあるのだと、すべての間違いはそれを外部に求めていたことだとわかるだろう。あなたは宝を外部に求めていたが、それは常にあなたの内部に、ここにあった。あなたは違う方向を探していた。それだけのことだ。

仏陀やバァル・シェムやモーゼやマホメッドのみならず、誰にでもそうであるように、あなたにもあらゆるものが手に入る。あなたにはあらゆるものが手に入る。誤った方向を向いているだけなのだ。宝物に関する限り、あなたが仏陀やマホメッドより貧しいことはない。そう、神は貧しい人間を絶対に造らない、造り得ない。神はあなたを自分の豊かさから造るからだ。どうやって造るというのだろう？　あなたは神から溢れ出たもの、その存在の一部だ。それなのに、貧しいなんてことがあるだろうか。あなたは豊かだ――限りなく、神自身と同じくらいに。

だが、あなたは誤った方向を向いている。方向が違っているために取り逃がし続ける。だがそれは、人生で成功しないということではない、成功はし得る。だが、それでも失敗者となるだろう。

あなたを満足させるものはない。なぜなら外の世界では、内なる宝物、内なる光、内なる平安、内なる喜びに比するほどのものは、何一つ達成できないからだ。

さあ、この物語だ。これはとてつもなく意義深い。

ラビのブナムは、自分のところに来た若者たちに
ラビのエイシク——クラクフのラビ、イエケルの息子の話をするのだった

長年に亘るひどい困窮も
エイシクの神に対する信頼を揺るがすことはなかった
彼は夢を見た
何者かが、プラハの王宮に通じる橋の下にある宝物を探せと命ずる夢だ
三度その夢を見たとき、エイシクはプラハに出かけた
しかし、橋は昼夜見張られていたので、掘り始めようとはしなかった
それでも毎朝橋に行き、夕方まで辺りをうろうろしていた
とうとう、その様子を見ていた守衛の頭《かしら》が
エイシクに、何か探し物をしているのか

それとも誰か人を待っているのかと優しく尋ねた
ラビのエイシクは、遠路はるばるここまで来ることになった夢の話をした
頭は笑った、「では、その夢を叶えるため
靴をすり減らしてここまでやって来たというのですか！　お気の毒に
夢を信じるにしても
もし私がその夢を見たのであれば、クラクフに行って
イエケルの息子であるユダヤ人、エイシクの部屋の
ストーブの下にある宝物を掘っただろう
それが、その夢のお告げだ
だが、それがどんなものか考えてみたまえ
クラクフでは、ユダヤ人の半分がエイシクという名で、あとの半分がイエケルだ」
と言って再び笑った
ラビのエイシクはお辞儀をし、家に向かった
そして、自分の家の、ストーブの下から宝物を掘りだし
エイシクのシュルという名の、祈りの家を建てた

ラビのブナムはこう言い足すのだった

「この話を心に刻み、我がものとしなさい
この世のどこでも、ツァディックのところでも探せないものがある
だがそれでも、探せる場所があるのだ」

この話で最初に理解しておかねばならないのは、エイシクが夢を見ているということだ。あらゆる欲望は夢であり、あらゆる夢はあなたを、あなたのいる場所から連れ去る——それがまさに夢の本性だ。

プーナで眠っていて、フィラデルフィアの夢を見ることもあるだろう。朝、あなたが目を覚ますのはフィラデルフィアではない。あなたはプーナで目覚める。夢の中ではどこにでも行ける。夢は現実ではないから、途方もなく自由だ。夢の中ではどこにでも行ける、月の上にでも、火星の上にでも。どんな惑星でも選べる。それはあなたのゲームだ。夢の中ではどこにでも行けるが、ひとつだけ行けない場所がある。あなたのいるところだ。これが、夢見る意識について最初に理解しなければならないことだ。もしあなたが、あなたのいるところにいるなら夢は存在できない。そのときには、夢の存在理由、夢の意味がなくなる。あなたがまさにあなたのいるところにいて、まさにあなたであるなら、どうして夢が存在できるだろう？　夢は自分から離れていくときにのみ存在し得る。貧しいあなたは、皇帝になる夢を見るかもしれない。凡庸なあなたは、特別な人間になる夢を見るかもしれない。地上を歩くあなたは、空飛ぶ夢を見る。夢は現実の曲解、現実以外の何ものかである他はない。

現実の中に夢はない。したがって、真実を知りたい者は夢見をやめなくてはならない。

インドでは、人間の意識を四つの段階に分ける。その第一の段階を、通常の覚めた意識という。今現在、あなたは通常の覚めた意識の状態にある。通常の覚めた意識とはどういうものだろうか。あなたは覚めているように見える。だが、そうではない。少しだけ覚めてはいるが、覚めている部分が少なすぎて眠っているのと大して変わらない。

あなたは歩いて家に帰れる、自分の妻や夫の見分けがつく、車の運転ができる、こうしたことには、少し覚めているだけで充分だ。覚めているわずかな部分によってある事柄に熟練する、ということでしかない。だがそれは、極めて小さな意識であり、いともたやすく使い果たされ、いともたやすく失われる。誰かがあなたを侮辱すれば、それはなくなる、使い果たされる。誰かがあなたを侮辱すれば、腹を立て意識的でなくなる。それで、多くの人は腹を立てたあと、「なぜそんなことをしたのだろう？　どうやって？　どうしてそんなことができたのだろう？　思わずやってしまった」と言う。そう、その人たちは正しい。意識を失ったため、思わずやってしまったのだ。怒って、激情に駆られて、人々は自分を失う。少し覚めていれば、決してやらないことをやってしまう。殺人だって、破壊だってする、自分をだめにすることもある。

通常の覚めた意識は、言葉の上で覚めたと言われているだけで、奥底では夢が続いている。氷山の一角が覚めているに過ぎず、全体が下に、闇の中にある。時々観察してみればいい。どこでもいいから目を閉じて内側を覗く。夢が雲のようにあなたを包んでいるのがわかるだろう。日中好きなときに椅子に座り、目を閉じ、くつろぐ。すると、突然、夢が始まったのがわかるだろう。実を言うと、夢は始まったのではない。夢は続いていたのだ。日中、星が空から消えるように、夢も消えたように見える。実際のところ、星は消えない。星はそこにあるのだが、日光のせいで見えなくなる。深い井戸、非常に深く暗い井戸に入り、そこから空を眺めれば、たとえ真昼であっても、いくつか星が確認できるだろう。星はそこにある。夜が来て再び現れるのではない。星は、二十四時間ずっとそこにある。どこにも行かない、日光が星を隠すのだ。

夢見についても、全く同様のことが言える。夢は表面直下にあり、真下で続いている。一番上のところは覚めた意識の薄い層で、その下には千と一つの夢がある。いつでもいい、目を閉じてみなさい。自分が夢を見ているのがわかるだろう。

それで、人々は瞑想を始めるとき大きな困難に陥る。人々は私のところにやって来て、「何だかおかしい、変ですね。こんなに多くの思考があるなんて、考えてもみませんでした」と言う。彼らは目を閉じたことがなかった、くつろいだ姿勢で座ったことがなかった、そこで何が起こるか見ようとしたことがなかった。外の世界と関わり過ぎていたから、それに没頭し過ぎていたからだ。没頭していて、内側で絶え間なく起こっていることに気づかなかったのだ。

インドでは、通常の覚めた意識を第一の状態という。第二の状態は夢見だ。目を閉じているときは、常にその状態にある。夜はずっと、ほとんどずっとその状態にある。朝に夢を覚えているかどうかは、さほど重要ではない。あなたは夢を見続ける。少なくとも八回の夢を見る周期がある。一つの周期が十五分か二十分続き、空白、それから別の周期、空白、そしてまた別の周期。一晩中あなたは、夢また夢と夢を見続ける。これが意識の第二の状態だ。

この話は、意識の第二の状態に関わっている。一般に、あらゆる夢は第二の状態、夢見の状態の中にある。欲望は夢だ。ゆえに、夢のために努力しても、初めから失敗が運命づけられている。夢は絶対に実現しない。たとえ、ほぼ実現したように思えても決してそうではない。本来、夢は空虚だ。中身は何もない。

第三の状態は眠り、深い眠り、スシュプティだ。その状態では、夢はすべて消える。だが、意識の方もすっかりなくなる。起きている間は少し、極めて少しではあるが覚めている。夢を見ているときは、その僅かな覚醒さえなくなる。だがそれでも、極僅かに意識がある。だから朝に夢を、これこれの夢を見たことを思いだせるわけだ。けれども、深い眠りの中ではそれすらなくなる。あたかもあなたが完全に消えてしまったように。何も残らない。無があなたを包む。

これらは、三つの普通に見られる状態だ。第四の状態はトゥリヤと言われる。それは単に「四番目」とも言われる。トゥリヤは四番目という意味だ。第四の状態は仏陀の状態で、ひとつだけ違ったところのある深い眠りのようなものと言っていい。だが、その違いは極めて大きい。それは深い眠りと同様、安らかで夢もない。しかし、完全に油断なく覚めている。

クリシュナはギーターの中で、真のヨギは決して眠らないと言っている。それは、ヨギが部屋で一晩中起きて座っているということではない。そのようにしている愚かな人もいるが、真のヨギは眠らないというのは、寝ている間も油断なく覚めているという意味だ。

アーナンダは、四十年間仏陀とともに暮らした。ある日、彼は仏陀に尋ねた、「ひとつ、とてもびっくりすることがあって、私は興味をそそられています。ぜひ答えてもらわなければなりません。好奇心からに過ぎませんが、もう心の内に置いてはおけないのです。夜、あなたが眠っているところを、何時間も見続けていたことが何度もあります。あなたはまるで、起きているかのように眠っています。とても優雅に眠っています――顔、体、すべてが優雅です。他にも、多くの人が眠っているところを見てきました。でも、寝言を言いだし、顔は歪み、体は優雅でも美しくもなくなってしまう」

美というのはすべて、管理し統制し訓練しなければならない。深い眠りのとき、美はすべて消え去る。

「それからもうひとつ、あなたは決して姿勢を変えず、同じ姿勢でいます。最初に手を置いたら一晩中そのまま、変えることがありません。奥底に、完全に覚めた意識を保っているようです」とアーナンダは言った。

「そのとおり。瞑想が完全なときに、そうなる」と仏陀は言った。

そのとき、実存の奥深くまで覚醒し、四つのすべての状態で意識的になる。四つのすべての状態が覚醒すると、夢は完全になくなる。注意深いマインドには、夢が存在できないからだ。そして、普通に覚めた状態は、グルジェフが『自己想起』と呼んだところの、特別に覚めた状態となる。人は一瞬一瞬、自分を完全に思い起こす。間隙はない、想起は連続する。人は光り輝く存在になる。

そこには深い眠りがある。だが、その質は全く変化している。体は眠っている。だが、精神《ソウル》は油断なく覚め、見つめている。体全体は深い闇の中にあるが、内なる意識のランプはこうこうと燃えている。

この物語にはこう書かれている。

長年に亘るひどい困窮も
エイシクの神に対する信頼を揺るがすことはなかった
彼は夢を見た
何者かが、プラハの王宮に通じる橋の下にある宝物を探せと命ずる夢だ

何年にも亘るひどい困窮のあとでは、宝物の夢を見始めて当然だ。私たちは、常に持っていないものを夢見る。一日断食すれば、夜、食べ物の夢を見る。禁欲を強いれば夢は性的なものに、性的色彩を帯びるようになる。

そこで、精神分析は夢の分析が極めて重要だと言う。夢は抑圧しているものを示すからだ。夢はマインドの中に抑圧されているものを象徴的に表す。もし、絶えず食べ物、ご馳走の夢を見るのであれば、単にその人が飢えているということだ。ジャイナ教の僧侶たちは、いつも食べ物の夢を見る――僧侶たちはそう言うかもしれないし、言わないかもしれないが。断食をし過ぎれば、食べ物の夢を見ざるを得ない。そういうわけで、多くの宗教的聖人たちは寝入るのを恐れる。

マハトマ・ガンジーでさえ、眠るのをとても恐れた。彼は寝る時間をできるだけ減らそうとしていた。宗教的な人々は、寝過ぎないようにすることに重きを置く。四時間、多くて五時間。三時間が理想だ。なぜか？　いったん肉体が必要なだけ休息を取り終えると、マインドが夢を紡ぎ出し、抑圧してきたものを浮かび上がらせるからだ。マハトマ・ガンジーは言った、「覚めた意識においては禁欲を続けてきたが、夢の中ではそうではない」と。ある意味でガンジーは、聖人と呼ばれる人たちよりも正直だ。少なくとも、夢の中では禁欲していないことを認めた。

夢は、昼間抑圧していたものをすべて明るみに出す。だから、夢の中で禁欲していなければまだ禁欲者ではない。夢は、抑圧しているものを意識に戻す。夢は無意識の言語であり、「こんなことをしないでくれ。耐えられない。この馬鹿げたことをやめるのだ。君は、私の自然な、本来の姿を破壊している。何であれ、私の中にある可能性が現実化するようにしてほしい」という、無意識からの伝達だ。

何も抑圧しないとき、夢は消える。だから覚者は決して夢を見ない。瞑想が深まれば、夢がどんどん少なくなっていくのがすぐにわかるだろう。夢が完全に消え去り、眠りの中で清澄な状態に達したとき、雲も煙も思考もなく、夢による妨害のない単なる静かな眠りとなったとき、あなたは覚者となる。そのときあなたの瞑想は実を結ぶ。

人間は非常に小賢しいから、夢を見ているときは欺くことができない、と精神分析は主張する。起きている限り、人間は欺くことができる。だが、夢を見ているときは欺くことができない。夢はより正直だ。その皮肉に目を向けるがいい。いわゆる覚めた意識より、夢の方が、あなたについての真実を語るというのだ。人間はとても嘘つきで、騙すのがうまくなっているから、起きている意識は信用できなくなった。あなたは意識を堕落させ過ぎた。精神分析家は直ちにあなたの夢に入っていき、あなたの夢を知りたがる。あなたの宗教、人生の哲学、あなたがヒンドゥー教徒かキリスト教徒か、インド人かアメリカ人か、そんなことは知りたがらない。どれも皆、馬鹿馬鹿しいことだ。精神分析家は、あなたの夢がどんなものかを知りたがる。その皮肉に目を向けるがいい。夢の真実味がとても高まり、現実が夢よりも真実味がなくなるというのだ。あなたは、それほどまでに偽りの、不実で嘘っぱちの生を生きている。だから、精神分析家は幾ばくかの真実を垣間見るため、夢に向かわねばならない。いまだあなたの統制を超えているのは、夢しかない。

夢をも操作しようとする人がいる。東洋では、夢を操作する手法が発明された。それは、無意識があなたにメッセージを伝えるのを、許そうとさえしないということだ。それもまた可能だし、一生懸命やれば夢は開発し得る。夢を創作し始めることができる。自分の無意識に話の筋を与え、夢の中で展開させることができる。始終、毎日そうしていれば、やがて無意識を台無しにできるだろう。

例をあげよう。かつてクリシュナの帰依者が私のところにいた。その人は、「私はいつもクリシュナの夢を見ます」と言った。

私は尋ねた、「どうやっているんだね？　夢は操作できないものなのだが。どんな手法を用いているのかね？」

彼は言った、「私の師に教えてもらった単純な方法で、毎晩眠るときにクリシュナのことを強く思い、心に描き続けるのです。眠りに落ちるとき、いつも心に描くようにしてから三年経ったある日、その夢を見るようになりました。心に描いていたものすべてが夢の中に続けて出現し、それが私の夢となったのです。それ以来、非常に宗教的な夢を見続けています」

私は言った、「その夢の事細かなところを問題にしなくてはならない。あなたは夢の物語を操作しているかもしれないが、無意識が物語それ自身を通じて、メッセージを送っているだろうからね。無意識は、物語を使って自分のメッセージが送れるのだよ」

彼は言った、「どういうことですか」

私は言った、「あなたの夢の中身、その詳細を教えてくれればいい」

するとその人は語り始めた。それは完全に性的なものだった。クリシュナが彼の恋人、彼はクリシュナのボーイフレンド——男性のゴピ（牛飼い）になっていた。内容は同性愛的なもので、一緒に踊ったり、キスをしたり、抱き合ったり、互いに愛し合うというものだった。

私は言った、「相手が変わっただけで、内容は依然として変わっていない。私の理解するところでは、あなたは同性愛者だ」

彼はとても困惑し動揺した。「どういう意味ですか。どうしてわかったのですか」と言った。

「あなたの夢がはっきり教えてくれる」と私は言った。

彼は涙を流して泣き出し、「私は子供のころから女性に惹かれることがなく、いつも男性に惹かれました。しかし私は、それを良いことと思っていました。なぜなら、女性は私を自分の道から逸《そ》らすだろうからです」と言った。

同性愛的な内容が、宗教的物語の中に入り込んでいた。クリシュナは同性愛の相手に過ぎなかった。彼はとてもかき乱され、まさにその晩、宗教的な夢が消え、純粋に同性愛的な夢が現れた。

「私に何をしたのですか」

「何もしていない。私は、あなたの夢のメッセージをはっきりさせただけだ。あなたは物語を作れる。だが、そんなことは重要じゃない。中身が同じままなのだから」と私は言った。

見に行ってごらん。宗教的でない人のところへ行ってごらん。インド人の家、独身者の家には、女性のヌード写真があるだろう。こういう人たちは、宗教的ではない。宗教的な人のところへ行けば、神や女神の美しい写真があるかもしれない。だが、その中身、詳細を見なくてはならない。女優の写真だろうが女神の写真だろうが、違いはない。その乳房を見るのだ！　中身が全く同じであることを示している。ある人は女神の写真、ある人はエリザベス・テーラーやソフィア・ローレンなどの写真を壁にかけている、話は異なる。しかし、何の違いもない。その女性を女神と呼ぼうが女優と呼ぼうが、違いはない。詳しく見れば、その人のあこがれているものがわかるだろう。

夢は操作できるし、無意識のメッセージの純粋さも破壊できる。だがそれでも、無意識はメッセージを与え続ける。与え続けざるを得ないし、悲鳴をあげざるを得ない。あなたが自分の本性、自然さを破壊しているのだから。

こんな夢を見た。

長年に亘るひどい困窮も
エイシクの神に対する信頼を揺るがすことはなかった
彼は夢を見た
何者かが、プラハの王宮に通じる橋の下にある宝物を探せと命ずる夢だ

貧しい人は常に、王宮や王の宝物などを夢見る。とても豊かになった夢を見るとすれば、それは単に貧しい人間であることを示すものでしかない。とても豊かな人、仏陀やマハヴィーラのような人しか、サニヤシンになる夢は見ない。王宮に住みながら、彼らはサニヤシンになる夢を見た。成功というものに飽き飽きしたからだ。彼らにとって成功は意味を失った、もはや惹きつけられることも、魅惑されることも、心躍らされることもなくなった。いまや、貧しい人の生が本当の生であると考えるようになり、自分のいる場所とは異なる別の場所を探し求めた。

しかし、常に夢は別の場所に行く。金持ちは貧乏人が本当の生を送っていると考え、貧乏人は金持ちが本当の生を送っていると考える。だが、同じ間違いをしている。両者はともに、「真の生は自分のいるところではなく、別のところにある。どういうわけか、私はいつも本当の生から排除されている。他の人がそれを楽しんでいる。生はいつも、どこか別のところで起こっている。どこへ行っても、生は消え失せる。どこで生に辿り着いても、いつも空っぽだ」と考える。生はいつも、どこか別のところで起こっている。それは、常に前方にある地平線のようなもの。生は蜃気楼だ。

三度その夢を見たとき、エイシクはプラハに出かけた

覚えておきなさい。夢でも、あまりに何度も繰り返されると真実とさえ思えてくる。繰り返しは物事を真実化する。

アドルフ・ヒットラーは、自伝『我が闘争』の中で、嘘を繰り返せば真実になると書いた。繰り返しが鍵だ。ヒットラーは、そのことを知っていて実践した。理論的なことを主張しただけではなく、生涯に亘って実践した。ヒットラーは嘘を、全く馬鹿げた嘘をついた。だが一つのこと、繰り返し続けることに力点を置いた。何度も何度も嘘を繰り返し続けると、真実になっていく。反復によって、マインドが催眠術にかかりだす。

反復が催眠の方法だ。何かを繰り返せば、それが実存の中に彫り込まれる。そうやって私たちは、生において欺かれる。もし、「この女性は美しい、この女性は美しい」と繰り返し続けると、その人の中に、美を見出し始めるだろう。美はそこにあるかもしれないし、ないかもしれないが、そんなことはどうでもいい。長い間繰り返していれば真実になる。お金が人生の目的だと繰り返し続ければ、それが人生の目的になる。

広告は皆、そうした働きを持っている。広告はただの繰り返しに過ぎない。広告の製作者は、反復の科学的な力を信じている。製作者は、この銘柄の煙草が最高だと、ひたすら繰り返し続ける。初めてそれを読んだときは、信じられないかもしれない。だが次のとき、何度も繰り返されたとき――どれくらい信ぜずにいられるだろうか。やがて信じるようになる。だが、信じるようになったことを意識すらせずに、信じるようになるのだ。それは閾下《いき》(サブリミナル)、意識の直下で起こる。ある日、あなたが店に行き、店主にどの煙草にするか尋ねられたとき、突然あなたはある銘柄を口にする。反復が功を奏した、反復があなたを催眠術にかけたのだ。

　そのようにして、世間では宗教が力を発揮している。また、政治も反復に基づいている。宣伝、繰り返しを続けること、大衆が信じようが信じまいが気にしてはならない、信じる信じないが要点ではない。ヒットラーは、真実と嘘の違いはひとつしかないと言っている。真実というのは、しょっちゅう繰り返される嘘のことだ。人はどんな嘘でも信じる。人は限りなく騙されやすい。天国だって、天使だって、悪魔だって信じる。人は何でも信じる。繰り返すだけでいい。

　議論する必要はない。広告には議論がない。そのことを観察したことがあるだろうか。議論の必要はない。広告は説得するだけで議論をしない。議論する人は、あなたを信じさせることはできないだろう。だが説得しようとする人は、直接議論するのではなく、そっと暗示を投げかけ続ける。議論すれば、あなたが防御の態勢に入りかねないからだ。しかし、直接にではなく、思い込ませるように暗示し続けるだけなら、信じさせ易くなるだろう。

　そのように夢は機能する。夢はセールスマンだ。夢はひたすら夢を繰り返し続ける。決して議論しない、しきりに繰り返すだけだ。そして、しばしば繰り返されると人は信じ始める。

　三度その夢を見たとき――。

エイシクはプラハに出かけた
しかし、橋は昼夜見張られていたので、掘り始めようとはしなかった

世の中には多くの競争がある。どこもかしこも見張られているから、目的のものを得るには闘わなければならない。それは容易なことではない。世にも不思議な話だ。意味あるものは何もないのに、何を得るにも闘わなければならないとは。重要なものなど何一つないように思えるのだが、多くの競争や闘いがある。あらゆる人が殺到する、それが問題を引き起こす。その中に何かがあるというのではない、何もない。けれども、あらゆる人がそれを求めて殺到する。誰もが自分の居場所以外のところを熱望し、世界はとても混雑している。

実際には、見かけほど混雑してはいない。見てごらん、私たちはここに座っている。皆が自分の場所に座っている。この場所は、少しも混雑していない。だが、もし突然あなたたちの心が狂乱し、皆が他人の場所に行こうとしだせば、ここは混雑するだろう。今現在、あなたたちは恭《うやうや》しく座っている。狂乱した状態では、相手を出し抜こうと互いに突進し合うだろう。今現在、あなたたちは自分の場所に満足しており、誰の場所も望んでいない——少なくとも荘子《チャンツー》オーディトリアムでは。だが、他の人のところへ押し入ろうとすれば、他の人たちは守ろうとして、あなたを撥ねつけるだろう。その結果、闘いや戦争が起こる。

なぜ、この世にはこれほど多くの戦争があるのだろうか。それは、皆が他人の領分を手に入れようとするからだ。また、相手も同じことをしようとするだろう。その人もあなたを見ているだろう。

しかし、橋は昼夜見張られていたので、掘り始めようとはしなかった
それでも毎朝橋に行き、夕方まで辺りをうろうろしていた

それこそ、多くの人々がやっていることだ。成功する人はほとんどいない、多くはうろうろしているだけだ。人々はうろうろし続ける。たとえ成功できなくとも、あなたの欲望、希望は絶えずそこにある。その場所に、そのそばに行けるということまでは確かだが、歩き回るしかない。朝から晩まで、一日中彼はうろうろしていた。それこそ多くの人々が、奇跡でも起こるのを期待しながらやっていることだ。いつか見張りがいなくなるかもしれない、いつか休日になるかもしれない、掘るチャンスが生まれるかもしれない……人は待ちに待ち続ける。だがそのときは決してやって来ない。待ち続け、全人生が浪費される。

それでも毎朝橋に行き、夕方まで辺りをうろうろしていた
とうとう、その様子を見ていた守衛の頭が
エイシクに何か探し物をしているのか
それとも誰か人を待っているのかと優しく尋ねた
ラビのエイシクは、遠路はるばるここまで来ることになった夢の話をした
頭は笑った、「では、その夢を叶えるため

靴をすり減らしてここまでやって来たというのですか！　お気の毒に
夢を信じるにしても
もし私がその夢を見たのであれば、クラクフに行って
イエケルの息子であるユダヤ人、エイシクの部屋の
ストーブの下にある宝物を掘っただろう
それが、その夢のお告げだ
しかし、それがどんなものか考えてみたまえ
クラクフでは、ユダヤ人の半分がエイシクという名で、あとの半分がイエケルだ」
と言って再び笑った
ラビのエイシクはお辞儀をして、家に向かった
そして、自分の家の、ストーブの下から宝物を掘りだし
エイシクのシュルという名の、祈りの家を建てた

すばらしい話だ。しかも、まさしく真実だ。それこそ生で起こっていること。あなたは、すでに自分の内側にあるものを、どこか別のところで探している。ラビのエイシクはお辞儀をしてその男に感謝し、家に向かった。

家に帰る、これが宗教の旅だ。生を理解している人は、生が夢から打ち覚ましてくれたがゆえに、絶えず生に対して敬意を払う。その人は生に反しない。自分が生と無縁であったこと、誤った方向を探していたことをわきまえている。

生は常に慈悲深く、「ここでは何も見つけられない。家に帰れ」と何度もあなたに言ってきた。だが、あなたは聞かない。

あなたはお金を稼ぐ。そしていつか、お金が貯まる。すると生は、「何を手に入れたというのか？」と言う。だが、あなたは聞かない。今度は、お金を政治につぎ込み、首相や大統領にならなければならない、なれればすべてがうまくいく、とあなたは考える。ある日あなたは首相になる。生は再び「何を手に入れたというのか？」と言う。あなたは聞かない。あなたは、次から次へと他のことを考える。生は広大だ。それゆえ、多くの生が浪費される。

だが、生に腹を立ててはならない。あなたを苛《いら》立たせているのは生ではない。苛立たせているのは、生に耳を貸さないあなただ。私は生に反するか否かを判断の基準、試金石にしている。生に反している、強く反している聖人を見かけたら、その聖人はまだわかっていないものと、しっかりわきまえなければならない。わかっていたら、深い尊敬や崇敬の念をもって、生にひざまずくだろう。生はいつも、夢から覚ましてくれたのだから。だからこそ、生は極めて衝撃的なのだ。生は苦痛だ。その苦痛は、あなたが不可能なことを望んでいるために生じる。それは、生にではなくあなたの期待に由来する。

人々は、人間が提案し神が処理すると言うが、そうなったことは一度もない。神が人を扱ったことなど一度もない。あなたが自分で提案し、自分で処理してきたのだ。神の提案を聞いて、自分の提案はしまっておきなさい。静かにして、全体が望んでいることを聞きなさい。個人的な目標を持とうとしたり、個人的な欲望を持とうとしたり、個人的に要求したりしてはいけない。全体は進むべき方向に進んでいる。ただその一部になりなさい。闘ってはいけない、一緒になりなさい。全体に明け渡しなさい。生は常に、あなたをあなたの現実へ引き戻す。だからこそ、生は衝撃的なのだ。生はあなたに衝撃を与える。夢を叶えないからだ。だが、生があなたの夢を叶えないのは良いことだ。ある意味で、生はいつも事を処理している。生は、期待するのは良くないと、夢は不毛であると、欲望は決して満たされないと理解できるよう、あなたを欲求不満にし、千と一つのチャンスを与える。すると、あなたは欲望を落とす、夢を落とす、提案をやめる。不意にあなたは家に帰る、宝物はそこにある。

ラビのエイシクはお辞儀をして家に向かった
そして、自分の家の、ストーブの下から宝物を掘りだし
エイシクのシュルという名の、祈りの家を建てた

宝物はずっとエイシクのストーブの下にあり、掘り出されるのを待っていた。その同じ部屋でエイシクは、宝物はプラハの王宮の近くにあるという夢を見た。だが、宝物はまさしく自分のところにあった！　自分の部屋に、自分の家に。そこで、掘られるのを待っていた。

この話は、極めて示唆に富んでいる。宝物はあなたの実存の中にある。他の場所を探してはならない。王宮も王宮への橋も、すべて無意味だ。あなたの実存の内部に橋をかけなければならない。王宮はそこにある、宝物はそこにある。

神は誰一人として、宝物なしにこの世に送ることはしない。神は、あらゆる状況に備えてあなたを送り出す。それより他にあり得るだろうか。父親が息子を長旅に出すときは、準備を万端に整えてやる。予期せぬ状況にさえも。父親はあらゆる準備を整えてやる。

あなたは、必要なものをすべて携えている。探求者の中に入っていくだけでいい。外を探してはならない。探求者を探求しなさい、探求者を探求すべきものとしなさい。


こうしたことがあって、ラビのエイシクは祈りの家を建てた。それはとてつもない発見、とてつもない体験だった――「神は、私がいつも住んでいたところに宝物を置いてくれていた。私が貧しかったのは、神がそのように望んだからではなく、自分のせいだった。神について言うならば、神は私を王として送ってくれた。私はずっと王だった」。このように理解し、エイシクは宝物で祈りの家、寺院を建てた。上手に宝物を使った。

内奥の宝物に達したときには、必ず祈りが起こる。それがこの物語の意味だ。彼は、エイシクのシュルという名の祈りの家を建てた。神の恵み、慈悲、愛を理解したら、他にすることがあるだろうか。感謝の大きな祈りが実存の中に生まれる、あなたは神の愛に圧倒され、打ち負かされる。他に何ができる？　あなたは頭《こうべ》をたれ、祈るしかない。

覚えておきなさい、何かを願って祈るなら、それは祈りではない。何かに対して、神に感謝するときだけが祈りだ。祈りは常に感謝だ。何かを願うとすれば、祈りはいまだに欲望で汚れている。それはまだ祈りではない。依然として夢で毒されている。自分の実存に達し、頼まずともすでに神によって与えられているものを知ったとき、そのときにのみ本当の祈りが生まれる。何があなたに与えられたのか、どんな無限の源泉を与えられたのか理解したとき、祈りは生まれる。あなたは神に、「ありがとうございます」と言いたくなる。そこには、純粋な感謝の気持ち以外の何ものもない。

単なる感謝になったとき、それが祈りだ。祈りに願いを込めないこと。「こうしてくれ、ああしてくれ、これをしないで、あれをしないで」などと、決して言わないこと。神に注文しないこと。それはあなたの反宗教性、信頼の欠如を表している。神に感謝しなさい。あなたの生が、すでに祝福であり天恵なのだ。一瞬一瞬が、そうした純粋な喜びなのだ。私はそのことを知っている。だが、あなたは知り損ねている。祈りが生まれないのはそのためであって、そうでなければ、あなたは祈りの家を建てるだろう。生全体が祈りの家となり、あなたはその寺院、神の社《やしろ》となるだろう。あなたの実存から神の歌が突然現れ、神があなたの中に花を咲かせ、その香りは風に乗って広がるだろう。

それが起こらないのは、あなたが何かを取り逃しているからだ。しかし、それは神のせいではなくあなた自身のせいだ。欲望を抱き、宝物は他のどこかにあると考えるなら、未来へ動いていくことになる。欲するがために未来が必要となる。未来は欲望の副産物だ。欲望を現在に描きだせるはずがあろうか。現在はすでにここにある、いかなる欲望も描けはしない。現在は欲望を許さない。もし欲望を抱くなら、現在はもうなくなっている。欲望は未来にしか、明日にしか抱けない。

このことは、理解しておかねばならない。欲望は常に未来にある。だが未来は、決してそこにはない。未来とは存在しないものであり、欲望とは未来にしかないものだ。また、欲望は過去から、またしても存在しないものから生まれる。過去は過ぎ去ってしまったし、未来はまだやって来ていない。欲望は過去から生まれる。あなたが欲するのは、かつて知っていたものに違いないからだ。全く新しいものを望むことなど、できるだろうか。新しいものは望み得ない。繰り返しを求めるしかない。あなたにはお金があった、あなたはさらに求めるだろう――お金のことを知っているからだ。あなたには権力があった、あなたはさらに求めるだろう――権力のことを知っているからだ。未知のものは望み得ない。欲望は既知のものの繰り返しでしかない。考えてみなさい。あなたはそれを知っている。しかし、満たされてはいない。だから、再びそれを求める。満たされると思うかね？　望めるのは、せいぜい量の増加だ。だが、もし一ルピーに満足できないならば、一万ルピーに満足できるだろうか。一ルピーが不満なら、一万ルピーはもっと不満な一万ルピーであるだろう。それは単純な論理だ。一人の女性に満足できないならば、一万人の女性にも満足しないだろう。一人の女性が大変な地獄を生み出すとしたら、一万人の女性は……考えてごらん！　単純な算術だから解けるだろう。

望みは過去から生まれる以外になく、かつ未来に託す以外にない。だが、両者とも実在しない。実在するのは現在だ。この瞬間こそ、唯一存在するもの。この瞬間に対して望みは抱けない。この瞬間にいて、それを楽しむことしかできない。

私は、今現在不幸であるという人に、出会ったことがない。あなたは驚くだろう。人々は何度も私のところに来て、とても不幸だ、ああだ、こうだと言う。私は彼らに、「目を閉じて、たった今、あなたが不幸かどうか確かめてみなさい」と言う。彼らは目を閉じ、それから目を開けて、「今現在、不幸ではありません」と言う。

今現在において不幸な人は、一人もいない。それはあり得ない。元来、不幸にはなれないようにできているのだ。まさにこの瞬間、あなたは不幸だろうか。まさにこの瞬間に？　少し前は不幸だった。そう、その通り。あるいは少し後に不幸になるかもしれない。それもまた、あり得る。だがこの瞬間、二つの存在しない時間の間で、あなたは不幸だろうか。誰も不幸であったためしはない。

この瞬間は、常に祝祭そのものだ。この瞬間は常に喜び、途方もない歓喜だ。この瞬間は神の時間だ。過去はあなたのもの、未来はあなたのもの、現在は神のものだ。私たちは時間を、過去、現在、未来の三つの時制に分ける。その分け方は正しくない。そんなふうに分けるべきではない。その区分は正しくない。時間は過去と未来とに分けられる。だが、現在は時間の一部ではない。それは永遠の一部だ。覚えておきなさい――神に過去はない、「神がいた」とは言い得ない。神に未来はない、「神が現れるだろう」とは言い得ない。神には一つの時制、現在しかない。神はいる、常にいる。実のところ、神は存在の「存在性」の別名に他ならない。その瞬間、この「存在性」の中にいるたびに、あなたは幸福になり祝福される。祈りが生まれる。あなたは聖堂となる。あなたはエイシクのシュルとなるべきだ。祈りの家となるべきだ。

ラビのブナムはこう言い足すのだった
「この話を心に刻み、我がものとしなさい
この世のどこでも、ツァディックのところでも探せないものがある
だがそれでも、探せるところがあるのだ」

「ツァディック」はマスターを表す。ツァディックという言葉は、純粋、最も純粋なもの、純粋そのものを意味するヘブライ語に由来する。ツァディックは、「現在」に達した、もはや過去にも未来にもおらず、まさに「今ここ」「現在」にいるマスター、現存そのものと化したマスターという意味だ。マスターとともにあることは、現在という現存の中にいることに他ならない。また、マスターとともにあることは、あなたが現在にいるための助けとなる。マスターの存在が影響を及ぼせるようになるからだ。
だがラビのブナムは言う、「この世のどこでも、ツァディックのところでも探せないものがある」。ブナムは、どこでも、マスターとともにいても探せないものがあると言う。しかし、希望を失ってはいけない――「だがそれでも、探せるところがある」

その場所とはあなた、その時間とは今だ。実のところ、ツァディック、マスターは、あなたを現在の中に投げ込もうと努力しているに過ぎない、あなたに神が手に入るよう、神にあなたが手に入るよう努力しているに過ぎない。

この「現在」は教えられないが、サットサングの真価によって、ツァディック、マスター、グルとともにあることの真価によって掴み得る。何もせず、ただそこにいる。事実、マスターは何もしない。ただそこにいるだけだ。マスターとは祈り、絶え間のない感謝だ。息をするたびに、マスターは神に感謝する。言葉で言うのではなく、その息自体が感謝なのだ。心臓の鼓動のたびに、ありがとうを言い続ける。そのありがとうは言語的なものではなく、実存的なものだ。そういう人といることは、あなたが祈りの何がしかを味わううえでの助けとなるだろう。その味わいは、あなたを生の新たな旅、内なる旅に向かわせるだろう。

あなたは何世紀も、何百年も探し続けている。しかし、まだ見つけていない。さあ、探求者を探求しよう。あなたはあまりに長い間外界を旅し、とても疲れ消耗している。

イエスは言う、「疲れたる者、重い荷を運びたる者は私のところに来るがいい。休息を与えよう」。どういう意味だろう？　単に「私のところに来なさい。私は安らいでいる。私の近くに来なさい。安らぎを味わいなさい」という意味だ。まさにその味わいが潮の流れを変え、あなたは内に向かい出すだろう。

あなたはここに、私とともにいる。私の存在を味わいなさい。私の言葉を聞くのではなく、私というものを聞き、味わいなさい。そうすれば、突然あなたは今ここにいるようになるだろう。内に向かい、何も求めず、何も欲せず、未来に動いていくことも、過去にしがみつくこともなくなるだろう。

この瞬間が解放であり、光明なのだ。

今日はこれくらいにしよう。

第八章

残るのは知るものだけ

Only the knower
is left

最初の質問

愛する和尚、
あなたは何者なのですか。あなたは、私たちと何の遊びをしているのですか。また、どれくらいの間するつもりですか。説明してください。

率直に言えば、いつだって私は何者でもない。私には自分が誰だかわからない。私のいるこの場所では、知識というものが成りたたないからだ。知る者だけが残り、知られる者は消えてしまった。器だけが残っていて、中身はもうない。

知識が成立するには、実在が大きく二つに分割されなくてはならない。すなわち、知るものと知られるものとに。その二つの間に知識は生まれる。知識が生まれるには、知られるものが不可欠となる。

私のいる空間は、全く分割されていないし、分割することもできない。したがって、厳密に言えば、知らないということになる。

あなたにもこの汚れのない無知、知に非《あら》ざる段階に達してほしい。知に非ざることは、知の最高の段階だからだ。いいかね、「知識の」ではなく「知の」だ。そして、この知には中身がない、何かを知っているというのではなく、知るものがないのだ。確かにあなたはいる。私はいる、だが私には誰だかわからない。すべての同一化が消え、途方もない虚空だけがあとに残っている。

私は、それを虚空と呼ぶ。というのも、あなたが同一化しているもので溢れているからだ。同一化がなければ、それは虚空でも不在でもなく、絶対的な現存、元より神秘的で、知識には引き下げられない現存する何かだ。

私には自分が誰だかわからない。だが、私はこの「知に非ざること」に途方もなく満足している。この「知に非ざること」の扉に来た者は皆、あらゆる知識や知識の名の下に行なわれている愚行を笑ってきた。知識なんてつまらないものだ。非知の状態にいることは、知的であり気づきがあるということだ。それには蓄積がない。出来事は、起こるたびに消えていく、後ろに跡は残らない、何の跡もつかない。人は非知の状態から、再び純粋になって、再び無垢になって、再び子供のようになって出て来る。

だから私は、海岸で貝殻やきれいな色の石を集めていたころの子供になった。だが、途方もなく満たされている。私はいない、だから私には自分が誰だかわからない。「私はいない」と私は言うが、それはもはや「私」という表現が適切ではないということだ。私はその言葉を使う。使わねばならないのは明らかだし、「私」という言葉に反対する理由もない。だが、私の内的世界にとって相応しくない言葉になってしまった。私が一人でいるとき、私はいないからだ——あなたといるときにはまだ役に立つが。あなたといるときには、伝達の便宜的手段としてこの「私」という言葉を使わなければならない。だが一人のとき、私はいない。単独性がそこにある、存在性がそこにある、しかし「私」はいない。それなのに、誰が、誰を知るというのだろう?

最初に中身がなくなったと言ったが、今度は器もなくなったと言っておこう。というのは、あなたに受け入れる用意が整えば整うほど、多くを語れるからだ。器は、中身があってはじめて意味を持つ。中身がなくて、器にどんな意味があるだろうか。そこには器も中身もない。にも拘わらず、そこには何かが在る、とてつもなく在る、絶対的に在る。だが、それにつけるべき名はない。あなたは愛を込めて、この空間をバグワンと呼ぶ。私も深い崇敬の念を込めてバグワンと呼ぶ。

つい先日の晩、私は『カレント *Current*』に掲載されている手紙を読んでいた。手紙の主は、誰が私をバグワンに任命したのか私に質問していた。ところで、バグワンは任命されるようなものであるはずがない。もし誰かが誰かをバグワンに任命したならば、任命される者ではなく、任命する者こそバグワンだろう。それは承認、認知だ。バグワンとは、世俗的と言われるもののすべてが消失しているということ、それ以外の意味はない。所有したい、されたいという欲望、貯めこもうとする欲望、執着、生存願望、リビドー、生への欲動が消失している。こうした欲望がなくなっているのに、欲望の煙が消え純粋な炎が残っているだけなのに、誰が任命するというのだろう? 任命する誰がそこにいるというのだろう？　バグワンは任命ではない。もし、任命という言葉がとてもお気に入りなら、「バグワンは自任である」と言っておこう。しかし、それもあまり意味がない。バグワンは宣言だ。

手紙の主は、私に誰が任命したか言わせたがっている。私が誰かは、誰にも決められない。これは私の宣言だ。私の中で何が起こったかは、私しか知らない。他には誰も知り得ない。あなたもその聖なる状態に達しない限り……その状態はあなたの背後に隠れている。あなたにそこに入るだけの勇気があるなら、いつだって入れる。入ってはじめて、私のことがわかるだろう。それ以前にはわからない。

私も、途方もない崇敬の念を込めてこの空間を「バグワン」と呼ぶ。「バグワン」という言葉はとても美しい。英語の「ゴッド」はさほどでもない。「バグワン」とは祝福された者のこと、それ以外の意味はない。祝福された者——私は自分を、祝福された者と宣言する。そうするのは、あなたも心《ハート》を得て祝福された者になろうとするように、私の存在があなたの中で夢となるように、私の存在があなたを内なる旅へと導くように、私の存在が、あなたの内部に火を起こすようにするためでしかない。火はあなたを焼く。あなたは焼かれて、真なるものに生まれ変わる。火はあなたを破壊する、あなたは跡形もなくなる。だが、そこからあなたは、同一化も名前も形もない、全く新しいものとなって出て来る。

自分がバグワンであると宣言したのは、あなたにもそう言えるようになってほしいからだ。あなたはその言葉を忘れてしまった。あなたの前には、観念でも経典の中の人でもない、現実の人がいなくてはならない。クリシュナはギータの中に、キリストは聖書の中にいる。彼らはいたかもしれないし、いなかったかもしれない。それは誰にもわからない。

ちょうどここに、あなたの目の前に私はいる。私に対して開く勇気があれば、突然あなたの種から芽が吹き出すだろう。あなたは未知の次元で成長し始めるだろう。その次元にあなたの手が届くよう、私は自分がバグワンであると宣言する。これは他人の知ったことではない。

だが、自分をバクワンだとはっきり言うのは、私が存在しないからに他ならない。ひとり存在しない者だけが、己を祝福された者と呼ぶことができる。

あなたがいれば、あなたは不幸なままだ。あなたの存在自体が不幸なのだ。地獄はどこかにあるのではない。地獄とは閉ざされた状態、「私」とともに生きる不幸な状態のことだ。自我とともに生きるのは地獄に生きることだ。

「あなたは私たちと何の遊びをしているのですか」と尋ねている。確かにそれは遊びだ。私は、深刻ではない。もしもあなたが深刻なら、あなたとの出会いはないだろう。深刻さと私の道とは交わらない。私は断じて深刻ではない。これは遊びだ。私はこの遊びを「狂気のゲーム（*mad game*）」と呼びたい。

その*mad*というのは私の造語だが、*m*はマスター（*master*）、*d*は弟子（*disciple*）を表す。マスターと弟子のゲームだ！　狂気のゲームだ！　私はマスターであることにかけては達人だ。あなたの方も、弟子になる用意ができているなら、さあ始めよう！

また、それは他人が関知することではない。私とあなたのゲームだ。私はマスターになろうと決めている、あなたが弟子になろうと決心すれば、ゲームは始められる。弟子になる決心をした人たちは、ゲームを途方もなく楽しんでいる。

いったん弟子になろうと決めてしまえば、あなたは別世界に入っていく——心の、愛の、信頼の世界に、全くの別世界に。そのとき、それはゲームとなる。あなたは深刻ではないが、とても誠実だ。深刻を誠実と取り違えてはならない。誠実はとても遊び好きで、決して深刻ではない。真正、誠実ではあるが、深刻ではない。誠実に浮かぬ顔はない、誠実は喜びではじけている、内なる喜びを放っている。

私はここにいる、それを楽しみなさい。弟子になる決心をすれば、そして決心したときにのみ、私がここでやっていることが理解できるだろう。そのときにのみ、この狂気のゲームが、この気違いじみた狂気のゲームが理解できるだろう。それは遊び、実のところ、生における究極のゲームだ。あなたは他のゲームをたくさんしてきた。だが、これは最後のゲームだ。恋人、友人、父親、夫、妻、母親、兄弟、金持ち、貧乏人、指導者、従者を演じ、あらゆるゲームをしてきた。あらゆるゲームをしてきた人しか、このゲームはできない。その人たちなら、このゲームをするほどに充分成熟するだろう。

これは最後のゲームだ。このあとゲームは終わる、ゲーム遊びが終わる。正しくこのゲーム、師と弟子のゲームをすれば、やがてすべてのゲームが終わる地点に到達する。あなただけが残る、そこには師も弟子もいない。これは方便に過ぎない。

ゲームのルールが正しく守られれば、師と弟子の間に深い愛が生まれる。それは芳香であり、師と弟子という堤の間を流れる川だ。部外者に理解しがたい理由はそこにある。しかし、部外者に理解してもらうことに関しては全く興味がない。それは非常に秘教的なゲーム、内部の人たちの、狂人たちだけのゲームだ。部外者は理解しないだろうから、彼らの質問に答えることにすら興味はない。理解できるような存在の高みに達していないのだ。

ちょっと考えてごらん。チェスをしている二人がいる、だがあなたはチェスを知らない、としよう。あなたがチェスの質問をしだしたら、彼らは「静かにしてくれ。まずチェスを勉強して来なさい。チェスは複雑なゲームなんだ」と言うだけだろう。

だが、この狂気のゲームを始めたら、チェスなど何でもなくなる。生の全体——情緒、感性、知性、肉体、精神、魂のすべてが巻き込まれ、すべてが危うくなるのだから。それは最後のギャンブルだ。

内部の者にしか理解はできない。部外者はいつも、私たちのゲームを不愉快に思っている。彼らは理解するための言語を持たない。
私は、聖職者を演ずるためにここにいるのではない、預言者を演ずるためにここにいるのではない。本当のところ、預言者というのは変装した政治家に他ならない。預言者の言葉は政治家の言葉だ。もちろん宗教の名を借りてはいるが。預言者は革命的だ。世界を、全世界を望み通りに変えたがる。私に、世界を変える計画はない。世界はあるがままで全く構わないし、あるがままであるだろう。預言者たちは皆失敗した。そのゲームは失敗を運命づけられている。
私は、いかなる宗教にも属さない。だから聖職者ではない。私は宗教それ自体に属しているだけだ。私はユダヤ人でも、ヒンドゥー教徒でも、イスラム教徒でも、ジャイナ教徒でもない。私はいかなる宗教にも属さない。だから聖職者ではない、伝道師ではない。私はただ、純粋な宗教を愛する。

小話を一つ。

ゴールドバーグ夫妻は、長男を大学に通わせるため、生活を切り詰め貯金をした。ついにお金がたまり、東部の優秀な寄宿学校に息子を送ることにした。夫妻は電車に乗る息子を見送り、涙ながらに別れの挨拶をした。
二、三ヶ月後、彼はクリスマスの休みで家に戻った。両親は息子のサミーが戻って来て、とても喜んだ。母親は「サメラー、会えて嬉しいわ」と言って出迎えた。

「お母さん、サメラーって呼ぶのはよしてよ。もう僕は大人なんだから。サムエルって呼んでほしいな」と息子は答えた。

母親は謝った。そして、「向こうにいたときは、コウシャー（ユダヤ教の神聖な食べ物）だけ食べていたのかい」と尋ねた。

「お母さん、僕たち、現代的なところに住んでいるんだよ。古いしきたりにしがみつくのは馬鹿げている。コウシャーもそれ以外のものも何でも食べてるさ。お母さんも、そうしたら。嘘は言わない、その方がいい」と言った。

「ねぇ、言いなさい。たまには感謝の祈りをしにシナゴーグに行ったのかい。せめてそれくらいのことはしてたんだろうね」

息子は答えた、「冗談でしょう？　ユダヤ人以外の人との付き合いが多いのに、それでもシナゴーグに行くのが正しいって、本気で思ってるの？　正直、僕にそうしろというのは間違いだよ、お母さん。」

そのとき、ゴールドバーグ婦人は怒りをこらえて長男を見つめ、「サムエル、言いなさい。おまえ、いまでも割礼されるのかい？」と言った。

あなたが割礼をされていようがいまいが、興味はない。あなたがユダヤ教徒だろうが、ヒンドゥー教徒だろうが、キリスト教徒だろうが、イスラム教徒だろうが、興味はない。私にとっては、全くばかばかしいものばかりだ。私はいかなる宗教も教えていない。私がここで努力し役を演じているのは、すべて、あなたにあるがままの現実を気づかせるため、幻想を与えるのではなく事実を気づかせるため、理論を与えるのではなく真理に目覚めさせるためだ。私は理論家ではない、神学者ではない。実際、神学は神を葬ってきたし、非常に多くの宗教が人心に混乱をもたらし、人々を助けるというより、むしろ害し毒してきた。人々が宗教的になるために力を貸すというより、むしろ宗教の名を借りてすさまじい政治を行なってきた。宗教の名において、すさまじい暴力が、戦いが、憎しみが生み出されてきた。

私にとって宗教とは、要するに愛の次元のことだ。私はあなたに生の美しさ、あなたを取り巻く壮麗なものを教えるためにここにいる。まさにその壮麗なものによって、あなたははじめて、神々しさを垣間見るだろう。

私は、あなたを生の愛へ誘惑しようとしてここにいる。あなたがもう少し詩的になるように、あなたの頭がハートの中に埋没するように、ありふれたものや世俗的なものに関心がなくなり、尋常ならぬものがあなたの生の中で爆発するように、その手助けをしようとここにいる。だがこれは、弟子になる決心をしなければできることではない。

サニヤスは、大いなる同意であり誓約だ。サニヤスに導くとき、私はあなたを私の遊びの世界に導いている。私とともに行く用意ができているなら、すばらしい扉があなたに開けられるのを待っているだろう。だがそれらは、モスクや教会やグルドゥワラや寺院の扉ではなく、生自身の扉だ。

生こそ神の唯一の社《やしろ》であり、遊び心こそ唯一の祈りだ。

「あなたは誰なのですか。あなたは私たちと何の遊びをしているのですか。また、どれくらいの間するつもりですか」。時間の問題ではない。あなたが弟子になる決意をすれば、それがずっと続くこともある——肉体の内と外で、マインドがあるときとないとき、生きているときと死んでいるとき、生の内と外で。これは永遠のゲームだ。だから私は、究極のゲームと呼ぶ。キリストと遊ぶと決めた者たちは、いまだに遊んでいる。新たな場面で、これまでにない充実した場面で、ゲームは続けられている。仏陀と遊ぶと決めた者たちは、いまだに遊んでいる。そのゲームはとても素晴らしく、いつまでも続く。終わりにしたがる者など、いるだろうか。


私はここに、肉体にいなくなるかもしれない。だがそれは、私の近くにいない人たち、私と一緒にいる勇気のない人たちにとっていなくなる、ということに過ぎない。私が肉体を離れても、あなたが本当の弟子なら私がいなくなることはない。ゲームは続く。私は手の届くところにいる、あなたも手の届くところにいる。それはハートの、意識の問題だ。意識は時間のない状態を知っている、意識は時間を超えている、意識に時間はない。

部外者からの質問には意味がある。だが、それでも私は答えない。内部の者からの質問には意味がない。意味がないときに限り、私は答えることができる。あなたが内部の者なら、このゲームには始まりがあっても終わりがないのを知らなければならない。あなたは、永遠に続くものの中に入った。

「和尚、説明してください」。ゲームは行なわれるべきもので、説明されるべきものではない。説明したら、魅力はすっかりなくなる。さあ、仲間になりなさい。いっしょにやりさい。

説明できないもの、つまり説明されるとだめになってしまうものがいくつかある。例えば、ジョークがそうだ。そこがジョークの素晴らしいところで、わかるかわからないかのどちらかだ。あなたが「説明してください」と頼んでも、説明はできない。誰かに説明してもらい、完全に理解したとしても笑いは起こらないだろう。なぜなら、笑いが起こるのは、あなたの実存がジョークを瞬時に理解したときだからだ。ジャンプがあるとき、量子的跳躍があるとき、笑いが起こる。あなたはある方向に向かって進んでいた。話もある方向に向かって進んでいた。そのとき突然、予想だにしなかった転換が起こる。まさにその転換、想像もできなかった思いがけない転換が、ジョークを素晴らしいものにする。まさにその転換があなたを打つ、高まっていた緊張を解きほぐす。あなたはどうなるのかと気をもんでいた、「どうなるんだろう?」「何が起こるんだろう?」と。だが、何一つ変わったことはなかった。と、突然、話が急転する。「落ち」はどんでん返しでなければならない。すると、高まった緊張が解かれ、あなたは笑い出す。緊張が解き放たれ、爆発する。しかし、人に説明してもらったのでは、ジョークを論理的に分析し、すべてを説明してもらって理解したのでは、ジョークがジョークでなくなる。ジョークは楽しむべきものであって、理解すべきものではない。

この世全体が、果てしのないジョークなのだ。理解しようとすれば取り逃がす。そうやって哲学者は、いつも取り逃がし続けている。哲学者はそれを解こうと、手掛かりを見つけようとしてきた。手掛かりなどない。世界は神秘そのもの、鍵も錠前もない。世界に身を任せれば、世界は手に入る。だが、理解したがるマインドには、世界は緊張となって手に入らない。

生を理解しようとせず、生を生きる。愛を理解しようとせず、愛の中に入っていく。そうすれば、知るだろう。その智はあなたの体験から生まれる。その智は神秘を壊さない。知れば知るほど、知るべきものが残っていることがわかる。生は問題ではない。問題に見えるとすれば、間違った生き方をしているということだ。生は生きられるべき、愛されるべき、体験されるべき神秘だ。

実を言うと、いつも説明を求めるマインドというのは臆病なマインドなのだ。大きな恐れのために、何でも説明してほしがる。説明されないうちはどこにも行けない。説明してもらうと、その土地になじんだような、そこの地理がわかったような気になる。地図とガイドブックと時間表を持って動けるようになる。そういうマインドは、地図のない、案内のない、図に記されていない見知らぬ土地には決して行こうとしない。だが、生とはそういうもの。生は変化し続けるがゆえに、地図は作れない。一瞬一瞬、新しくなる。太陽の下に古いものはないと言っておく。すべては新しい。それは途方もないダイナミズム、絶対的運動だ。変化だけが普遍のもの、変わることがないものだ。それ以外のものは、すべて変わり続ける。

だから、地図を手にすることはできない。地図が出来あがるころには、古くなってしまう。地図が手に入るころには、役に立たなくなってしまう。生は道を変えてしまった。新しいゲームを始めてしまった。地図にしたがって生を処理することはできない。生は計り知れないからだ。ガイドブックにしたがって生を処理することはできない。ガイドブックは、固定されたものにしか使えないからだ。生は定まっていない。それはダイナミズム、過程だ。地図は手に入らない。生は計り知れない。計り知れない神秘だ。説明を求めてはならない。

だから、私の答えを説明ととってはならない。あなたが質問すれば答えるが、それはこの狂気のゲームの、あなたが尋ねれば私が答えるという約束事だ。私の答えは説明ではない。それは神秘への導入、神秘への序文、神秘への誘惑に過ぎない。本当のところ、答えではない。

私の答えは答えではなく、あなたを疑問から引き出し、あなたが生き始めるよう手助けするものに過ぎない。答えが答えであるのは、疑問について説明するだけのもの、それであなたが必要な情報を得たと満足し、あなたの疑問がそこになくなるようなものだ。疑問が占めていた場所に、今度は答えが居座る。私の答えはそのようなものではない。疑問を落とす手助けにはなるが、疑問には答えない。そして、一度疑問が落ちてしまえば、探してもその場所を占拠している答えは見つからない。答えはない。答えても決して答えない、というのが私の一貫した答え方だ。あなたの気分を害さないために私は答える。あなたの質問は尊重されなければならないし、私は尊重している。だが、生には答えがない。したがって、答えることはできない。

何の疑問もなく生を眺め、恐れずに勇気をもって飛び込んでいく地点に達したとき、私はそれをマインドの成熟と呼ぶ。

第二の質問

愛する和尚、
夢は架空のものです。しかし、マハヴィーラの母親がマハヴィーラを生む前、夢で九頭の白い象を見たという話を聞いたことがありますし、読んだこともあります。それは何を意味するのでしょうか。また、質問者の夢をひも解くことに、どんな効果があるのでしょうか。

夢は架空のものだ。だが、あなたの生もそうだ。夢は架空のもの。だが、それこそあなたの生の何たるかだ。あなたはぐっすり眠っている。あなたの生は夢に過ぎない。自分のいびきが聞こえるだろうか。
あなたはぐっすり眠っている。あなたが自分の生を何と言おうとも、目を開けて見ている夢に過ぎない。あなたは二種類の夢を見る。一つは目を閉じて見る夢、もう一つは目を開いて見る夢。だが、ともに夢だ。

「夢は架空のものです。しかし、マハヴィーラの母親が、マハヴィーラを生む前、夢で九頭の白い象を見たという話を聞いたことがありますし、読んだこともあります」とあなたは言う。あなたが読むのは夢だ。あなたが聞くのは夢だ。あなたがマハヴィーラについて何を聞こうとも、それとマハヴィーラとは何の関わりもない。それはあなたの夢だ。

考えてごらん。マハヴィーラの母親が九頭の白い象の夢を見た。まずもって、それは夢であるということ。それから、白い象についての夢であるということ。夢の中の夢だ！　白い象？　その話は美しい。生はまさに、チャイニーズボックス（箱の中の箱）のごときものだと言っている。あなたは夢を見続ける——ちょうど玉葱の皮を剥くように。皮を剥く、また皮がある。皮を剥く、また皮がある。箱の中の箱だ。


まずマハヴィーラの誕生というのが夢で、次に母親から生まれるというのがもう一つの夢だ。それから母親が夢を見る。しかも白い象の夢だ！　このばかばかしさ、そのすべてを見るがいい。

こうした夢を分析し、騒ぎ立てる愚かな人々がいる。ジャイナ教徒は、ティルタンカラ（救世者）が生まれるときには、必ず、一連の特別な夢が母親に現れると言う。もし現れなければ、その子はティルタンカラではない。いいかね、それで母親たちは、全員夢を見なければならなかったのだ。インドには二十四人のティルタンカラが生まれた。そしてその母親たちは皆、その同じ夢を繰り返し見なければならなかった。それは必要条件、決まりだった。避けては通れない。夢を見なければ、息子はティルタンカラではあり得ないのだから。私の母が夢を見始めたとき、私はこう言った、「やめなさい！　その必要はない。私は定められたこと、型にはまったことをやるつもりはない。白い象の夢を見る必要はない。休みなさい」と。

愚かな人々は、馬鹿げたものを探し続ける。だが、上手に飾りつける。あなたは、それがどういう意味かと尋ねる。それは何の意味もない。あなたが、現実よりも夢の方に興味を持っていることを示すに過ぎない。

人々は、マハヴィーラ自身には興味を持たない。もしマハヴィーラの母親がその夢を見忘れていたら、ジャイナ教徒たちはマハヴィーラを、二十四番目のティルタンカラとして認めなかっただろう。それは、決定を下す最も重要な条件の一つだった。あなたは知らないだろうが、自分をティルタンカラだと主張した人が、他にも数人いたのだ。マハヴィーラの時代、そのように主張した人が八人いた。けれども基準がなかったため、どのようにして判定するかが大問題となっていた。そこで人々は、これほど馬鹿げた基準を発案しなければならなかった。物語では、そうした夢を見たのはマハヴィーラの母親だけだと言われている。ゴシャラクの母親は失敗した。哀れにも、ゴシャラクはそのことで苦しんだ。マハヴィーラの母親は、とても賢かったに違いない。きっと、すべてを計画的に、とても上手に進めたのだろう。少なくとも、マハヴィーラの占星術師はそうしたはずだ。

マハヴィーラを生むと、母親はすぐに死んだ。実のところ、母親が誰かに夢の話をしたようには思えない。すぐに死んでしまったのだから。だが、それも重要な点で、ジャイナ教徒は、ティルタンカラが生まれると母親は直ちに死ぬと言う。事態は、母親にとって極めて厳しいものとなった。マハヴィーラの母の死は、全くの偶然だったに違いない。ゴシャラクの母は生き延びたが、それは許されることではなかった。ゴシャラクは、自分の母親が生きていたがために苦しんだ。マハヴィーラの母親は死んだ。馬鹿げた判断基準だ。ジャイナ教徒は、直接マハヴィーラを見るのではなく、別の指標を探している。

イエスが生きていたとき、ユダヤ人たちはある決まった問いを発した。イエスが、旧約聖書に記されている予言を成就しなければならなかったからだ。予言が成就されるか否か？　イエスは現実にそこにいた、目の前に立っていた。だが、ユダヤ人たちはイエスに関心はなく、旧約聖書の予言に関心を寄せていた。予言が成就されれば、イエスはその人だ。成就されなければ、その人ではない。人は、どこまで愚かになれるのだろう？　イエスはそこにいるというのに——だが、それは何の証明でもない、違う。ところがユダヤ人たちは、すべての基準を満たしてはいないと考え、イエスを否定した。イエスをペテン師、偽者にすぎないと考え、磔にしなければならなかった。イエスは、すべての予言を成就したわけではなかった。

キリスト教徒は、イエスが予言を成就したことを証明し続けている。もはやそれは、論理、議論という単なる言葉の遊びになってしまった。真実は完全に忘れられている。

実物を見ることだ。マハヴィーラがそこにいるなら、母親が白い象の夢を見ようと、黒い象の夢を見ようと、マハヴィーラはそこにいる。夢を見た見ないが、重要なのではない。母親の生死が重要なのではない。すべて無関係なことだ。マハヴィーラがそこにいるなら、直に見ればいい。その存在が充分な証となる。もしそれが充分でなくとも、他の証をあれこれ考える必要はない。他の証が何の役に立つというのだろうか。

「また、質問者の夢をひも解くことに、どんな効果があるのでしょうか」。質問者たちには夢しかない。まだ現実の生を手にしていない。だから私は、質問に答えて彼らを夢の泥沼から引き出そうとしている。質問者たちの夢に興味はないが、夢を見ている意識には興味がある。その意識は夢ではない。夢を見ており、夢の中にあるが、夢ではない。それは現実だ。だから、夢見の状態から引き出さなくてはならない。

必要な方便は、何でも使い続ける。あなたが夢から出て来るのに、夢の分析が役立つだろうと思うことがあればそうする。だが、いつも、いつも心に留めて置きなさい――私は夢に興味はない、私は精神分析家ではないと。しかし分析によって、あなたは夢ではないことを、夢の目撃者だということを気づかせられると思ったら、私は夢を分析する。夢の中に現実はない、夢見る人の中に現実はある。だから、夢見る人を覚まさねばならない。私は目覚し時計のような役割を果たす。

第三の質問

愛する和尚、

起きているときに行なう自分へのごまかしや偽りによって、心がとても曇ってしまった人、その人たちには、目が覚めたときに夢を思い出し、再現し、体験するという方法は、より高い意識や真実にいたる第一歩として有益なのでしょうか。この方法によって、夢見るマインドが落ちるときが来るまで、神への渇望を高めることができるのでしょうか。

そう、ある程度までだが、それは非常に役に立つ。だが忘れてはいけない、ある程度までだ。そのことを忘れてしまうと、まずは夢を見て時間を浪費し、次には起きているときに夢の再現をして時間を浪費し、その次には、精神分析家のところへ行き、長いすに横たわって自分の夢を語り、それを精神分析家に分析してもらって時間を浪費する、といったことになりかねないからだ。夢が重大すぎるものになってしまう。夢をそれほど重視すべきではない。

中身から器へ向きを変えることが、とくに必要とされている。当面、夢は役に立つ。夢の再現は役に立つ。夜、夢を見たら朝それを再現する、そうするのが極めて有効なこともある。夜、あなたは眠っているからだ。夢はそこにあった、メッセージはそこにあった。メッセージは無意識から届けられた、だが意識はぐっすり眠っていた。それはあたかも、酔っているあなたに誰かから電話がかかり、何とか受話器を取って話は聞くものの、酔っているため何の話だったか正確に覚えていない、というようなものだ。メッセージが届けられた、無意識があるメッセージを伝えた——それが夢というものだ。あなたは間違ったことをしている、自然に反している、私に反している、自分自身に反しているという、無意識からの包まれたメッセージだ。もういいやめてくれ、家に帰れ、ありのままに、もっと自然に振舞え、社会のしきたりやモラルのために自分を失うな、自分を偽るな、真実であれ、という無意識からの警告だ。

メッセージは届けられるが、眠っているので、朝には何一つ正確に思い出せない。観察したことがあるだろうか。朝目を覚ますと数秒間、夢の断片が意識の中を漂う。まさに数秒間、三十秒足らず、多くて六十秒、一分だ。それから消えていく。顔を洗いお茶を飲み終えると、夜は終わる。もう覚えていない。朝起きたときでさえ、極めて断片的なものしかそこにはない。しかも、夢の終わりの部分だ。夢を見るとき、あなたは特定の道筋に沿って夢を見る。朝五時に夢を見始める、それから夢の中に入り、六時に目を覚ます。覚えているのは終わりの部分だった。それはあたかも、映画を見ていたが終わりのところでしか起きていなかった、というようなものだ。だから、覚えているのは終わりの部分であって、初めでも中間でもない。あなたは遡行しなければならない。夢を思い出したかったら、道筋を逆にたどらなければならない——本を終わりから読むように。それはとても難しい。

それからもう一つ。目が覚めて再び夢の内容を解釈しだすとき、メッセージのすべてを受け取ろうとはしないということ。あなたは多くを処分する。夢で母親を殺したら、それを処分するだろう。あなたは思い出さない、意識に上るのを許さない。許すにしてもせいぜい、他の誰かを殺すとか、正体を厳重に隠すとかして、そこに登場させるだけだ。また、非暴力を高く評価する社会に住んでいるなら、殺したことは思い出しさえしないだろう。そこのところはすっかり消えてしまう。私たちは聞きたいことしか聞かない。

聞いた話だが——。

死の床につきながら、夫は言った、「サラ、死ぬ前に、お前に知っておいてほしいことがある。仕立て屋のギンズバーグに二百ドル、肉屋のモリスに五十ドル、隣のクレインに三百ドル貸しているんだ」

妻が子供の方を向いて言った、「素晴らしいお父さんだね。死ぬときでさえ、誰に貸しがあるか、頭を使って考えているんだから」

老人は続けた、「それから、サラ、大屋さんに百ドル借りていることも知っておいてほしい」

この言葉を聞いて妻が大声をあげた、「ハッ、ハッ、ハ。まあ、お父さんったら、うわごと言ってるわ」

あなたが聞きたいと思うことは何でも正しい、さもなくば「ハッ、ハッ、ハ」だ。すると、たちまちそのことと無縁になる。

夢のことは覚えているだろう。今度はその仕組みが理解されなければならない。夢は、無意識から意識へのメッセージだ。というのは、意識は無意識が不自然と感じるようなことをしているからだ。また、無意識はあなたの自然な状態だから、常に正しい。そのことは覚えておきなさい。意識は社会によって教化されている。条件づけだ。意識とはあなたの内部にある社会であり、社会の策略だ。意識は、無意識が不自然過ぎると感じるようなことをしている。それで、無意識は警告を発したがる。朝思い出すとき、あなたは再び意識を起点にして思い出そうとするわけだが、またもや意識が邪魔をする。意識は、意識に反するものは何一つ認めない、口当たりの良いものは何でも認める。しかしその部分は、重要ではない。口当たりの悪い部分こそ、本当のメッセージなのだ。

だが、やってみればいい。心理劇で行なわれていることが有効だろう。夢を思い出すより再現する方が効果的だ。それらは別のもので、思い出すときは意識を、再現するときは全体を起点にする。再現には、無意識が再びメッセージを送る可能性がより多くある。

例えば、あなたが一晩中、道を歩く夢を見ていたとしよう。歩いても歩いても、道は終わらない。終わりのない道はとてつもない恐怖を生む。何であれ、終わりのないものはマインドが対処できないからだ。マインドは恐れる。終わりがない？　とても退屈に感じる。あなたは歩きに歩く。だが、道は終わらない。あなたは疲れる、いらいらする、飽き飽きする、あなたは倒れる。だが、道はどこまでも続く。あなたには限界があるが、道にはないようだ。

もしそんな夢を見たなら……多くの人がその夢を見る。それには重大なメッセージがあるからだ。ロシアの著名な作家、マキシム・ゴーリキーは何度もその夢を見た。彼は、その夢をそれまで見た中で、最も重要なものに属すると言った。ほとんど毎月のように、その夢は続けて繰り返された。きっと重大なメッセージがあったのだろう。そうでなければ繰り返されなかったはずだ。繰り返された――それは、単にゴーリキーが理解しなかったということだ。一度夢を理解したら、メッセージが届いたら、夢は止む。夢が絶えず繰り返されるとすれば、理解していないことを示しているに過ぎない。そこで、無意識はあなたのドアを叩き続ける。無意識は、あなたに理解してもらいたがっている。

夢を思い出すことと再現することは、別ものだ。目を閉じて夢を思い出すのは映画を見ているようなものだが、夢の再現は全く異なる。状況全体を造りだし、視覚化する。それは、スクリーンに映し出された夢ではない。あなたは夢を再現する。あなたは再び道路にいる。目を閉じて道路が浮かんだら、辺りを見渡しなさい。どんな道路なのか、木があるのか砂漠なのか、どんな木なのか。空に太陽があるのか夜なのか。視覚化しなさい、道路に立って、できるだけ色鮮やかに視覚化しなさい。というのは、無意識はとても色彩豊かだからだ。意識は白黒だが、無意識は極彩色だ。

だから、色鮮やかに視覚化しなさい。木の華やかさ、花の色、星の輝きを見る。道を感じ、足の下の感触を確かめる。道にはそれぞれ独自のものがある——ごつごつしているのか滑らかなのか、息づいているのか死んでいるのか。匂いをかぐ。そこに立って匂いをかぎなさい——どんな匂いなのか、雨が降ったばかりで大地からほのかな香りが漂ってくるのか、花が開いて香りがするのか。そよ風を感じなさい。冷やかなのか暖かいのか。それから、動きだす——あたかも実際に動いているように。それは、記憶の映像ではない。再現しているのだ。味わい、感触、空気、手触り、冷たさ、温かさ、青葉、色彩、こうした感覚によって、それは再び現実化する。無意識がまたメッセージを送り出すだろう。そのメッセージが、途方もなく有用なこともある。

このように理解しておきなさい。だが、それには限界がある。夜に夢を見ようと昼に再現しようと、それが夢であることをいつも覚えておくように。また、無意識下、あるいは無意識を超えたところには、もう一つの開けられるべき実存の扉がある。

フロイトとフロイト派の学者は、人間は意識と無意識で終わりと考えた。人間は、意識と無意識だけではない。超意識の部分もある。そちらの方がより真実に近い。

だから、意識がマインドに限られると考えてはいけない。フロイト以前は、意識がマインドに限られると考えていた。フロイトが無意識の概念を初めて導入したとき、嘲笑され、笑い者にされた。人々は言った、「ばかばかしい！　マインドが無意識であるはずがない。マインドとは意識のことだ。それが無意識ならマインドではないし、マインドならそれは意識だ」と。論理的には正しかった。もちろん、文法も言葉も正しかった。だが、実存的には間違っていた。フロイトはやがて勝利した。真理は常に勝利する。

今や、もう一つの層が心理学の世界に導入されなければならない。超意識だ。心理学者たちはまたそれに反対するだろう。「ばかなことを言うものだ。あなたは心理学に宗教を持ち込もうとしている。われわれが何とか宗教を取り除いたというのに、今あなたは、裏口から再び宗教を持ち込んでいるのですよ！」と言うだろう。だが、宗教は取り除けない。遇有的なものではなく、極めて本質的なものだからだ。宗教は認められなければならないし、その主張も認められなければならない。

人間は意識であり、無意識であり、超意識だ。人間とはその三つが一体になったものであり、それがキリスト教やユダヤ教の古典的観念、三位一体の意味だ。東洋にはトゥリムルティ――神の三つの顔、実在の三つの顔――という観念がある。人間は三つだ。第三のものを忘れてはならない。

質問者は尋ねている、「起きているときに行なう自分に対するごまかしや偽りによって、心がとても曇ってしまった人、その人たちには、目が覚めたときに夢を思い出し、再現し、体験するという方法は、有益なのでしょうか」。そう、有益な方法だ。ただし限界がある。また、思い出す方より、再現の方が重要だ。

「より高い意識や真実にいたる第一歩となり得るのでしょうか」。もちろんなり得る。だが、第一歩に過ぎない。第一歩で終わってはいけない。第一歩で終わってしまい、次の段階に行かない人が大勢いる。その場合、第一歩は無意味になる。二番目が始まらなければ、最初のものも意味はない。第二があって、はじめて第一が意味を持つ。第三があって、はじめて第二が意味を持つ。目的地に達したときにのみ、あなたの旅は意味を持つ。達しなければ、旅は無意味であり続ける。意味あるものは超越的だ。

だから、まず夢を再現してみることだ。それは役に立つだろう、あなたをもっと注意深くするだろう。それから、夢の中でも、再現している間でも、起きているときでも、普通の覚めた状態で道を歩いているときでも、登場人物としてではなく、目撃者、観察者として自分を見るようにすることだ。観察者、見張り人、見物人、目撃者でいることは、あなたを現実へ導く真の階段だ。それは夢を超えている。

夢のマインドに対する束縛を緩めるうえで、それらは役に立つ。だが、真の階段となるのは、あなたが観察を始めたときに限られる。一日中やってみなさい。何をしているときでも、自分が観察者だということを覚えていなさい。歩いているときには、体が歩いているのだと。あなたは観察者だ。食べているときには、体が食べているのだと。あなたは目撃者だ。一日中それができるようになったら、ある日突然、夢の中でも、観察者が小さな可能性を持つものであるとわかるだろう。夢の中でも、「私は観察者だ」と覚えていられるとき、夢は消える。それから、夢の消滅とともに、新たな意識が生まれる。その意識を、私は超意識と呼ぶ。そしてその意識こそ、覚者の心理学のゴールなのだ。

第四の質問

愛する和尚、
どうしたら、近くに行けますか。何をすれば良いのですか。

一つ、小話をあなたに。

「助けてください。私には女房と十二人の子供がいるのですが、養いきれません。そのうえ、女房のやつが毎年子供を産むのです。何をすれば(do)良いのですか」、と男がラビに救いを求めた。

「する(do)？ですって――」「まだし足りないのですか」とラビは叫んだ。

「あなたに近づくには、何をすれば良いですか」とあなたは尋ねる。行為は用をなさない。なぜなら、行為によってあなたはより一層の行為者となり、行為者は自我を肥え太らせ、自我はあなたと私の障壁になるからだ。「する」ではなく「しない」によって、あなたは私に近づく。意思の力ではなく、明け渡しによって近づくことができる。何もできないことを悟り、どうしようもなくなってくつろぐとき、そのときはじめて、不意に、私の近くに来ていることに気づくだろう。明け渡すとき、あなたは私に近づく。

マインドは、「どうすれば良いのか」と聞き続ける。何かをすれば、その行為のせいで、自我から離れられなくなる。

小話をもう一つ。

老ギンズバーグは自分の家族に愛想がつき、家族を残して日本に行くことを告げた。息子たちが、「パパ、どうやって日本に行くの？」と聞いた。ギンズバーグは、「心配しなくていい。漕いで行くよ」と言った。

彼らは船着場まで歩いてついていき、父親が見ていないときに、とても長いロープをボートに結びつけた。彼は息子たち全員に別れを告げ、地平線に向かって漕いでいった。息子たちは、父親を一晩中ボートにほったらかしておいたのだが、日が昇り始めると、父親の安否が気がかりになった。霧がとても濃く、老人とボートは見えなかった。老人は、夜の間ずっと漕ぎ続けていた。突然、遠くの方で「エイブ・ギンズバーグ、大丈夫？」と叫ぶ声が聞こえた。

彼は声の方に向きを変え、「日本に、私の名前を知ってる人なんているのかい？」と叫んだ。

さて、ギンズバーグは一晩漕ぎ続けただけで、日本に着いたと思っている。けれども、ボートは長いロープで繋がれている。彼はどこにも行っていない。何かをして私に近づきたいのであれば、あなたは短いにしろ長いにしろ、ロープを持っているのだろう。だが、岸に繋がれたままでは遠くには行けない。

何かをして、マスターに近づける者はいない。この世では行為によって事を成し得るが、神の世では何一つ成し得ない。何もしないでいる、途方もなく受容的、受動的でいる――それしかないのだ。そのことは私に委ね、あなたはひたすら、ここにいることを楽しみなさい。踊り、歌い、祝いなさい。近づくどうのこうの、そんな馬鹿げたことは忘れなさい。忘れれば近づくだろう。踊り、歌い、楽しむ、そうやって、あなたは私に近づくだろう。

その質問はプリヤからだ。質問しているのは今日だが、三週間前、彼女には毎日ダンスに行くようことづけておいた。プリヤの質問は今日届いた。だが、私には三週間前に届いていたのだ。プリヤ自身に、彼女の意識に質問が浮かんだのは今日かもしれない。しかし三週間前、突然私は、彼女の無意識に私に近づきたいという強い欲求が起こっているのを感じた。そこで私は、毎日ダンスに行くようことづけておいた。だからプリヤはダンスをしている。私の言うことを信じなさい、プリヤは近づいて来ている。

踊り、笑い、喜びによって、あなたは私の近くに来る。踊りの中でくつろぎ、行為者が消えるからだ。歌っているとき、あなたはいなくなる。あなたがいなくなったときであれば、いつだって私はあなたの実存を射抜くことができる。あなたがそこにいるときに射抜くのは、常に難しい。なぜなら、あなたは閉じているからだ。

第五の質問

愛する和尚、
サニヤシンたちが、あなたといるのは何かの恩恵を受けるためだと言うのを聞いたことがあります。彼らは、光明とかそうしたものを動機としています。しかし私の頭には、光明のことも、あなたといることで得られる恩恵のこともありません。私は、何の動機も持たずに、ただあなたの許にいたいだけです。意見をお聞かせください。

それなら、なぜ質問するんだね？　あなたの質問には動機がある。あなたは、私にこう言わせたがっている、「いい子だ。あなたは完全に正しい。光明を得るのは他の人ではなく、何の動機も持たないあなただ」と。これが質問の動機だ！

だが、いいかね、あなたは私を騙せない。あなたの言葉は私を騙せない。あなたの言葉は動機を隠せない。なぜ、私に論評してほしいんだね？　ここにいるのを楽しんでいるなら、論評などいらない。本当に私を愛しているなら、それだけで充分、他には何もいらない。愛に質問はない。質問がないというのが、愛の特徴だ。

だがあなたは、「これこそ真の道、あなたは正しい道を歩んでいる。すぐにもあなたは光明を得るだろう。動機を持ってここにいる他の人たちは、失敗するだろう」と私に言わせたがっている。

ちょっとした話をしよう。


フロリダで、あるユダヤ人夫婦がホテルの部屋を取れないでいた。残っていたのは、ユダヤ人お断りの営業方針で悪名高いホテルだけだった。

夫が妻の方を向き、「ベッキー、お前の大きな口を閉じているんだ。一言も話しちゃいけない。私に任せなさい。うまく英語を話すから、フロントの男には絶対わからないだろう。部屋は取れる」と言った。

案の定、彼らがフロントまで歩いて行き、デイヴが部屋を頼むと、ホテルの従業員は部屋の鍵を手渡し、二人を案内した。

ベッキーが言った、「デイヴ、暑いわね。私たち、プールに泳ぎに行っても平気じゃないの」

デイヴは言った、「いいだろう。でも忘れるんじゃない、一言も話しちゃだめだぞ」

二人は更衣室まで降りていった。デイヴが係りの少年に合図をすると、少年は椅子とタオルを用意した。

ベッキーはデイヴの方を向き、「もう、プールに入ってもいいかしら」と尋ねた。

「いいよ。でも、いいかい、一言も話しちゃだめだぞ」とデーヴは答えた。

ベッキーはプールの端の方へ行き、片足のつま先を水中に突っ込んだ。水は氷のように冷たく、思わず「*Oy vey!*（オイ、ヴェイ！）」と叫んだ。すると、プールにいた人が全員、彼女の方を振り向いた。瞬きもせず彼女は言った、「どうかなさって？」


あなたは騙せない。いかに押し込もうとしても動機は姿を現す。動機は隠せないものなのだ。隠す方法はない、隠す言葉はない。動機はしっかり姿を現す。

さて、このことは言っておきたい。その動機はあまり意識されていないだろうが、あまり自覚していないだろうが、そこにある。けれども、そこに何か間違いがあると言っているのではない。あなたに罪の意識を感じさせようとしているのではない。一つ、常に心得ておくべきことがある。何事に対しても、罪の意識を持たないということだ。

動機を持ってやって来るのが当然だ。そこには何の間違いもない。動機を持ってやって来るのは、絶対的に自然なことだ。そうでなかったら、他に来ようがないではないか。動機がなくてここに来るのは狂人しかいない。動機もなしに、どうやって来るんだね？　瞑想を学ぼう、もっと静かな生を送ろう、愛を学ぼう、もっと愛のある関係を持とう、この生が一体何なのか、死というもの、あるいは死を超えたものがあるならそれを知ろう、という動機を持たねばならない。動機なしに私のところへ来ることはできない。

だから私は、動機を絶対的に受け入れる、あなたも受け入れなければならない。あなたは動機を持って私のところへ来た。

ここでの私の仕事は、あなたが動機を落とすようにしてあげることだ。あなたは動機を持ってやって来た。それなしに来ることはできない、それはあなたの仕事だ。それから私の仕事が始まる。あなたが動機を落とすようにしてあげること。動機によってあなたは私に近づいた。だが、それからは動機自体が障害になる。動機を持って来ざるを得なかったが、それからは落とすことを学ばねばならない。それを落としたとき、突然あなたは、私に近づくだけでなく私と一つになる。近しさとは、依然として距離があるということだ。近しさにも距離がある。いくら近づこうとも、あなたは離れている。真の近しさは、あらゆる距離が、あらゆる近しさが消えてからでなくては生まれない。あなたは完全に私と一つになり、私はあなたと一つになる。二人に見えるだけであって、そうではない。

この質問をした動機を意識しなさい。そうすることは、動機を落とすのに役立つだろう。意識は、動機を落とすための力となる。何であれ意識すれば、あなたの手から滑り落ちていく。意識してしがみつくことはできない、意識して腹を立てることはできない、意識して貪欲になることはできない、意識して動機づけられることはできない。

意識は変容させる大きな力であり、あなたの実存に多くの光を射し込み、闇をすっかり消し去る。そこで、一つだけ忘れてならないのは、他人の動機を気にしてはならないということだ。それはあなたの知ったことではない。彼らが動機を持てば、そのために苦しむだろうし、自ら地獄を生み出すだろう。一切関わらない、自分自身の動機をただ見続ける、なぜ自分がここにいるのか、深く深く洞察し続けることだ。

動機を発見したとしても、罪悪感を抱いてはいけない。動機が見つかったとしても、それは自然なことだ。しかし、自然だとはいっても、永久にそこにあるべきだと言っているのではない。自然ではあるが、それは失くならなければならない。それが失くなると、超自然的なことが起こりだす。気づかなかったり隠し続けていたりすれば、決して失くならない。

他人の動機をさぐる——これはマインドの策略なのかもしれない。あなたは他人を生贄にしているのかもしれない。自分の中に隠しておきたいと思うものは、すべて他人に投影される、これは人間のマインドに関する偉大な心理学的真理の一つだ。何かを誰かに見始めたら、それはメッセージであることを忘れないように。直ちに自分の中へ入っていきなさい。それはきっとそこにある。他人はスクリーンの役目をする。他人に怒りを覚えたら、自分自身に入っていき掘り起こしなさい。怒りはそこにあるだろう。他人の自我が強すぎると思ったら、中に入りなさい。そこに座っている自我が見つかるだろう。内部は映写機のようなもので、他人はスクリーンだ。実際には自分のテープであるものを、他人に映写して見始める。

最後の質問

愛する和尚、
私は自分を男性だとは思いません。
しかし、鏡には男性の顔が見えるのです。

偉大な洞察があなたに生まれた。偉大な悟りだ。それを深めなさい、いつもそのことに気づいていなさい。
あなたたちに顔はない。すべては偽物だ。かつてあなたたちはライオンの、ロバの、木の、ときには岩の顔をしていた。今は男性の顔、あるいは女性の顔、美しい顔、醜い顔、白い顔、黒い顔をしている。
だが、あなたたちにはどんな顔もない。本当のあなたに顔はない。そして、その顔のない顔こそ、禅の人々が言う本来の顔なのだ。それは決して顔ではない。

あなたが生まれていなかったとき、どんな顔をしていたのか。あなたが死ぬとき、どんな顔を携えていくのか。あなたが鏡で見ている顔は、ここで落ちるだろう。朽ち果てて大地に消えるだろう。顔を持たずに来たように、顔を持たずに死んでいくだろう。

今現在、あなたにはどんな顔もない。顔は信念に過ぎない。あなたは鏡を信じすぎた。この顔のない顔を悟るとき、あなたは神の顔を見る。

今日はこれくらいにしよう。

第九章

超越するものと一体になる

Belong to the transcendental

盲目となっていたラビのブナムが
ある日、ラビのフィシェルを訪ねた
奇跡によって病を治すというので、フィシェルは
国中に名を知られていた

「お任せください、私が治しますから。必ず光を取り戻してあげます」

とフィシェルが言った

「その必要はありません。私には見るべきものが見えるのです」

とブナムは答えた

霊性にとって問題なのは、徳ではない。問題なのはヴィジョンだ。霊性は徳の実践ではない。なぜなら、徳を実践しても徳ではなくなるからだ。積まれた徳は死物、死の重みだ。徳が徳であるのは、意図的にではなく自然に、内発的になされたもの、ヴィジョン、気づき、理解からなされたものに限られる。

一般に、宗教は実践だと考えられている。が、そうではない。それは、宗教に対する最も根本的な誤解の一つだ。非暴力は実践できるが、ヴィジョンの変わっていないあなたは依然として暴力的だ。あなたはまだ古い目を持ち歩いている。貪欲な人が分かち与えることはできるが、貪欲さはそのままだ。分かちでさえ、貪欲さのために穢れてしまう。自分の理解に反して、理解を超えて実践することなどできないからだ。原理原則が自分の体験から出てきたものでなければ、生を従わせることはできない。

宗教的と言われる人々は、徳を積もうとする。しかしそれこそ、この世で最も徳のない人々と言われる所以なのだ。彼らは愛を実践しようとする。だが、この世で最も愛のない人々だ。戦争、憎しみ、怒り、敵意、殺人、ありとあらゆる過ちを犯してきた。彼らは友愛を実践する。だが、この世に友愛の花が咲いたためしはない。彼らは神について語り続ける。だが、神の名を語りつつ、さらなる戦いを引き起こしている。キリスト教徒はイスラム教徒に敵対し、イスラム教徒はヒンドゥー教徒に敵対し、ヒンドゥー教徒はジャイナ教徒に敵対し、ジャイナ教徒は仏教徒に敵対する。やっているのは、そんなことばかりだ。

三百もの宗教があるが、どれも人間のマインドをばらばらにするだけで、統合する力にはなっていない。人間の魂の傷を癒していない。そうした宗教のせいで、人間は病み、狂ってしまった。狂気は、ある一つのことから生まれる。そのことはできるだけ深く理解しなければならない。あなたも誤った方向に進みかねないからだ。それには途方もない魅力がある。なければ、それほど多くの人がその方向に進みはしなかっただろう。その魅力は途方もないものに違いない。誤った道の磁力を理解しなければならない。理解しない限り、避けることはできない。

何でも好きなことを実践してみるのは可能だが、望む自分と反対のものであり続けるだろう。自分にある種の静寂を押しつけることもできる——静かに座る、ヨガのポーズを習い、動きがなくなってしまったかのごとく体を静止する、彫像のようになる。また、マントラを繰り返したり、長時間マインドを抑止したりするだけで、静寂を自分の実存に押しつけることもできる。だがそれは、墓場の静寂だ。脈打っても、息づいても、飛び跳ねてもいない。凍りついている。他人は騙せても自分は騙せないし、神も騙せない。あなたは理解せずしてそれを手にした、自分に押しつけた。それは、訓練による静寂だ。

本当の静寂は、理解から生まれる。「なぜ私は静かでないのか。なぜ自分で緊張ばかりしているのか。なぜ不幸になるようなことをし続けるのか。なぜ地獄を温存するのか」。人は自分が地獄にいる理由を理解しだす。まさにその理解によって、自分では何もしなくとも、やがて、不幸を生む誤った態度をとらないようになる。あなたが落とすのではなく、ひとりでに落ち始めていくのだ。

理解がそこにあるとき、あなたの周りのものが変わりだす。あなたは愛する、だが、もう所有しようとはしない。問題を引き起こすのは、愛ではない。聖人と呼ばれる人に尋ねれば、問題を引き起こすのは愛だと言うだろう。その意見は完全に間違っている。それは、人間の愛の生に対する大きな誤解に基づいている。不幸を生むのは、愛ではない。愛は最大級の恩恵、祝福だ。不幸を生むのは所有欲だ。愛する人を、友人を、子供を所有しようとすれば不幸になる。そしてあなたが不幸なときは、例の宗教的な人々が、曲がり角で待ち構えている。あなたに飛びつき、「前に言った通りでしょう。愛してはいけません。そうでないと、困ったことになりますよ。愛に関わるすべてのことから身を引くのです、世の中から離れるのです」と言う。そうなったのをすでに見ているから、あなたは当然、その言葉に惹きつけられる。彼らが正しいことはすでに「体験済み」だ。しかしそれでも、彼らは正しくないし、あなたも体験してはいない。あなたは起こった出来事を詳しく検討していない。あなたを不幸にしたのは愛ではないのに、そのことを詳しく検討していない。不幸にしたのは所有欲だ。愛ではなく、所有欲を落とさねばならない。

愛を捨てれば当然、不幸もなくなる。というのは、愛を捨てれば、同時に所有欲も捨てることになるからだ。それは自動的に落ちる。不幸ではなくなるが、幸せにはなれない。聖人たちのところへ見にいけばいい。聖人たちが、私の言っていることの正しさを証明するだろう。彼らは決して幸福ではない。

聖人たちが不幸でないのは本当だ。しかし、幸福でもない。では、大事なことは何だろうか。不幸がなくなっても幸福にならないのは、何かが間違っているからだ。間違っていなければ、幸福になるのが当たり前だ。あなたは「蝋燭《ろうそく》をつけたのに、まだ闇がそこにある」と言う。あなたが自分を欺いているか、蝋燭の夢や幻覚を見ているかのどちらかだ。そうでなければ、闇なんてあるはずがない。蝋燭が燃えているのに、まだそこに闇があるだって？　いや、闇があるのは光がまだ入って来ていないという、紛れもない確かな証拠だ。

不幸がなくなれば、たちまち幸福になる。幸福とは何だろうか——不幸がないことだ。健康とは何だろうか——病気がないことだ。不幸でないのに、どうして幸福にならずに済むのだろう？　不幸でないのに、どうして幸福にならずにいられるのだろう？　不可能だ。それは自然に反する。生の算数に反する。不幸でないときには、人の源泉であるもののすべてがにわかに活気づき、踊り、喜びが実存に生まれる。笑いが起こる。その人は爆発する。ハシディズムの人となる、スーフィーとなる、聖なる歓喜の化身となる。その人に目をやれば、神々しさ、放たれる光を垣間見るだろう。その人を訪ねることは、神の社、神聖な場所、ティルタを訪ねることになるだろう。その人といれば、新たな光、新たな実在で満たされるだろう。新たなうねりがあなたの周りに起こり、あなたはその高波に乗って向こう岸に渡れるだろう。

不幸が本当になくなれば、必ず幸福が残る。そうなる他はない。わけもなく、理由もなく、ただ幸福になる。

だが、聖人は幸福ではない。聖人はとても悲しい。聖人は生きていない、死んでいる。何が起こったのか、どんな災難が、どんな呪いが？　踏み違えたのだ。愛は捨てなくてはならない、捨てれば不幸がなくなると考え、愛を捨てた。だが、不幸は愛のせいではなかった。所有欲のせいだった。所有欲を落としなさい。実際に、所有欲に向けられたエネルギーを、愛の方へ振り向けてみなさい。しかし、何かを押しつけてできるものではない。明瞭さが、明瞭なヴィジョンが必要になる。

そこでまず最初に、霊性とは徳の実践ではなく新たなヴィジョンを得ることだ、と言っておきたい。徳はそのヴィジョンについてくる。徳はひとりでに現れる。それは、自然に生じる副産物だ。あなたが理解しだせば、物事も変わり始める。

生には三つのものがある。一つは客体的世界、物の世界だ。それは誰にでも見える。客体は見えて当たり前だが、それは旅の始まりに過ぎない。多数の人がそこで立ち止まり、家に着いたと思っている。もちろん着いてなどいない。だから、彼らは不幸なのだ。

客体を越えたところに、別の世界、主体的世界が開ける。客体は物、対象物の世界であり、科学の、数学、物理学、化学の世界だ。私たちは当然、客体が完璧に見えるように生まれて来る。したがって、客体というのは非常に明瞭だ。

主体は探検されなくてはならない。主体のヴィジョンを携えて生まれる者はいない。主体を探検し、それが何であるのか学ばねばならない。やがて、主体を味わい、それに入っていくべきときが来る。音楽、詩、芸術、創造的なものは皆、主体の世界に属する。内に向かいだした人は、より詩的に、より芸術的になり、違った香り、違ったオーラを漂わせる。

科学者は物に生き、詩人は人に生きる。科学者は、自分が誰だか少しも気づいていない。自分を取り巻いているものしか、気づいていない。月や火星、極めて遠くの星のことは知り得ても、内面は忘却の彼方にある。実際、遠くのものに関われば関わるほど、自分のことは忘れがちになる。自分に対しては、目を閉じているも同然だ。

詩人、画家、舞踏家、音楽家、彼らはもっと家の近くにいる。主体の世界に住み、自分が人であることを知っている。人であると知った途端、他人のことも覗けるようになる。詩人にとっては木でさえ、動物でさえ人だ。科学者にとっては、男性であれ女性であれ、物に過ぎない。科学者は、人もまるで物であるかのように眺める。自分の内面にも気づいていないのに、他人の内面に気づくことなどあり得るだろうか。

私は「人」という言葉を使っているが、言いたいのは、外から観察したり分析したり解剖したりしてもわからない、内部というものがあるということだ。岩がある、しかしそれには内部がない。

壊して、すべてを見ることができる。岩を壊しても問題はない、何も壊れない。ばらばらになったとしても同じ岩だ。だが人を殺せば、とてつもなく価値あるものがたちまちのうちに消えていく。さて、あなたは死体とともにいる。が、死体は人ではない。壊された岩は依然として同じ岩だが、殺された人はもはや同じではない。事実、殺された人は人ではない。外科医の解剖台に乗ったら、あなたは人でなくなる。詩人があなたに触れ、手を握るときだけ、あなたは人になる。

それで、人々は愛を渇望する。愛を渇望する理由はこれ以外にない。あなたは、自分を物としてではなく、人として見てほしい。

あなたは歯医者に行く。歯医者はあなたのことを気にかけない。歯にしか興味がない。私が行ったとしても――歯医者が見える……何という奇跡だ！　彼は私に興味がない、歯しか見ていない。私は歯医者にいて、椅子に座っているのだが、歯医者は私のことなどすっかり忘れている。まさにこの部屋で、偉大な空間を手にすることもできるというのに、私には目もくれない。彼の関心事ではないのだ、歯と自分の技量にしか関心がないのだ、物的知識の世界が、唯一の世界なのだ。

愛だけが、あなたを人にする、内面が姿を現せるようにする。外から見えるあなただけがあなたなのではない、と感じられるようにする。だから、人々は愛を渇望する。あなたは外見以上のもの、外見とは全く異なるものだ。鏡に映るあなたが、あなたのすべてではない。鏡の象は、外面を映すだけであなたの深みは映さない。あなたの深みのことは何も語らない。

科学者や外界にすっかり心を奪われている人のところへ行けば、その人は鏡に映ったあなたが、まさしくあなたであるかのように見るだろう。あなたを見ずに、あなたの周囲を見る。直接には見ないし、親しみも込めない。それであなたは、何かを失ってしまったように感じる。彼が扱い方を間違うのは、あなたを個性ある人間として受け入れていないからだ。まるで物のようにあなたを扱う。何かをしているが、あなたには全く触れていない。彼にとって、あなたは存在しないも同然だ。

愛を込めて触れられなければ、愛を込めて見つめられなければ、あなたの内面は満たされない。内面の存在は認められない。だが、それこそ必要とされるものなのだ。

主体は、詩の、歌の、踊りの、音楽の、芸術の次元、内的な次元だ。科学の次元より深い、だからそれよりはいい。物的次元より家に近い、だからそれよりはいい。だが覚えておきなさい、それは宗教の次元ではない。客体にとりつかれたマインドの人が大勢いる。彼らが神を考えるときは、神も客体になる。神もまた外に存在することになる。キリスト教徒に、神はどこにいるか聞いてごらん。外を、空のどこかを見上げるだろう。神はどこにと尋ねられた人が、自分の内部ではなく別のところに目を向けたら、その人は非宗教的次元にいる。人々は、「神の存在を証明するものは何か」と尋ねる。証明は物にしか要らない。神に証明は要らない。私があなたを愛しているとしたら、何がその証明となるのだろうか。詩に証明はない。化学にはあるが、詩にはない。だが詩は存在する。化学のない世界ならそれほど悪くはないだろうが、詩のない世界は、全く人間の世界ではなくなるだろう。

詩は生に意味を与える。証明されていないものが生に意味を与える。証明されたものは、人を心地良くするくらいのことしかできない。神は客体ではないから証明できない。神は音楽に似ている。神は存在する、確かに存在する。だが、神は掴めない。拳の中に握りしめたり、宝石箱に閉じ込めたりすることはできない。不可能だ。

愛は存在する。だが、愛は所有し得ない。所有しようとするのは、あなたが物的次元に属し、愛を壊しているということだ。だから、所有は破壊的なのだ。もし女性を所有すれば、「彼女は私の妻、私のもの」と言えば、もはや彼女は人でなくなる。あなたは物にまで引き下げた。彼女はあなたを許せないだろう。夫を許せる妻はいなかった。妻を許せる夫はいなかった。ともにお互いを物に貶めてきたからだ。夫は物、妻は物、物になれば醜くなる。あなたは自由を失う、内面を失う、詩を失う、恋愛を失う、意味を失う。物の世界の単なる物となる。役には立つ。しかし、利用されるために生きる者などいるだろうか。利用されたのでは、満足は得られない。あなたは利用されている、それでどうして満足できるだろう？　利用されていると感じれば、必ず怒りを覚える。あなたは怒るべきだ。人を利用したり、人に利用されることを許すのは罪だからだ。それは神に反している。

ところが、神をも利用する人たちがいる。願い事があって祈りに行くとき、あなたは神を利用しようとしている。あなたは祈りを知らない、愛を知らない、詩を知らない、主体の領域のことは全くわかっていない。動機や願いが含まれていれば、祈りは醜い。だが私たちはとても狡猾で、様々な手段を見つけだす。

ちょっとした話をしよう。

牧師と司祭とラビが、それぞれ集めた金のうち、個人に流用する分と教会に渡す分を、どうやって決めたらいいか議論していた。「床に線を引こう。お金を全部放り投げ、右に落ちた方を私の分に、左に落ちた方を主の分にしよう」と牧師が言った。

司祭がうなずき、「私のやり方も、円を使うだけで基本的には同じだ。中に落ちたのが私ので、外に落ちたのが主のだ」

ラビはにやりとし、「私も同じことをしよう。お金を全部放り投げ、神が掴んだ分だけ神のものということにする」と言った。

私たちは、神をもてあそぶことさえし続ける。実のところ、神は私たちの発明、実に小賢しい発明だ。やはりそれもどこかに存在するような神で、あなたはそれに祈ったり、物をねだったり、安心や慰めを見出したりする。安心のために考案されたあの世の銀行預金のようなものだが、客体であることに変わりはない。

神は客体ではない。イスラム教徒、キリスト教徒、ユダヤ教徒が、こぞって神の偶像を作らないようにしてきた理由はそこにある。そのことはとても象徴的で意味がある。偶像を作れば、神は客体になるからだ。偶像のないままにしておきなさい。ところが、偶像がなかったのは神学の領域だけだった。神の偶像を作っても作らなくても違いはない。マインドが客体の次元に動いていっただけで、マインドは神をものとして扱う。イスラム教徒が、祈ろうとしてメッカの方を向くときでさえ、神は偶像となる。石にキスをしにメッカへ行くときでさえ、神は偶像となる。メッカのブラックストーンは、今までで一番キスをされた石だが、実を言うと、石は不潔で、キスをするのは極めて危険なのだ。

神の偶像を作ろうが作るまいが、マインドが客体的であれば、神についての考えも客体的になる。神を思うとき、あなたは高いところ、天空の最上部にある天国のことを考え始める。そこに神はいる、と。真に宗教的な人に、神がどこにいるのか尋ねたら、その人は目を閉じ内へ向かうだろう。神はそこに、内にいる。あなたの実存は神聖だ。神があなたに内在していなければ、あなたの実存に内在していなければ、偶像を持ち運んでいるということだ。石や木の偶像を作る作らないが重要なのではない。思考、想像力、観念で偶像が作れる。それもまた偶像だ。より細微な物質によるものだが、偶像であることに変わりはない。

次元が変わらない限り、人は同じだ。無神論者である人が、「私は神を見ることができない。だから神はいない。神を見せてくれ、そうすれば信じる」と言う。そしていつの日か、彼はある体験をする。ヴィジョンを、神がそこに立っている夢を見る。それから、信じだす。

ギータの中で、クリシュナの弟子アルジュナが何度も疑問をぶつける。「あなたは神のことを語り続けますが、見ない限り私には信じられません」と。さて、アルジュナは何を言っているのだろうか。「神を物質化してください。そうしたら信じましょう」と言っているのだ。クリシュナは彼の要望を受け入れた。私はそこのところが気に入らない。その要望を受け入れるのは、物的次元で神を知り得ることを意味するからだ。その物語では、クリシュナがその実体、その巨大な姿を現したと言われている。彼は神の姿になった。アルジュナは震えおののき、「やめてください！　充分です！　わかりました！」と言った。アルジュナは、クリシュナが広がり宇宙全体になるのを見た。クリシュナの中で星が動いていた、太陽や月や惑星が昇っていた。世界の始まりと終わり、あらゆる生と死がそこにあった。それは度が過ぎていた。アルジュナは耐えられなくなり、「やめてください」と言った。それから彼は信じるようになった。

しかしこの信念では、客体の立場を変えることはできない。物的次元を変えることはできない。見ることができなかったから信じなかった。今彼は見た、だから信じる。だが、神は客体の世界に留まり、ものであり続ける。クリシュナがこんなことをするとは、残念だ。すべきではなかった。愚かな弟子に対する妥協だ。弟子はその次元を変える必要がある。もっと主体的にならなければならない。けれども私たちは、形を変えながら同じものに留まる。

聞いた話だが――。

葬式が終わった。男やもめとなったばかりのゴールドバーグは、すすり泣きながら亡き妻の妹の後について行き、待っていたリムジンに乗り込んだ。その大きな車が斎場の門をくぐるとき、妹はゴールドバーグの手が、自分の太ももをゆっくりだが激しくまさぐっているのでぞっとした。いまだ死別の悲しみに打ちひしがれていたにも関わらず、彼女は悲鳴を上げた。

「ゴールドバーグ、あなたって変態、畜生だわ！　墓場のお姉さん、まだ冷たくなっていないのよ。一体どうしたっていうの！」

悲しみに声を震わせながら、ゴールドバーグは答えた、「悲しくて、何をしているんだかわからないんだ」


人々は悲しいときでも、他の状態のときでも変わりがない。次元を変えない。

だから、理解しておくべき最も重要なことは、客体から主体に変わる必要があるということだ。目を閉じて、あなたの感情や思考をもっと見つめなさい。内面の世界、絶対的に固有なあなただけの世界を深く覗きこみなさい。客体は共通のものだが、主体は個人的なものだ。あなたの夢に人を招待することはできない。不可能だ。「今夜、僕の夢に来てくれないか」とは言えない。夢は絶対的にあなたのものだからだ。あなたの恋人でさえ招待できない、同じベッドで、すぐ隣で、手を取り合って寝ているとしても。あなたはあなたの夢を見る、彼女は彼女の夢を見る。夢は個人的なもの、主体は個人的なもの。客体は共通のもの、俗世界のもの。大勢の人が一つの物体を見るのは可能だが、一つの思考を見るのは不可能だ。一人しか、その思考の持ち主しか見られない。

もっと、意識を個人的なものの方へ寄せなさい。詩人は個人的な生を送る。政治家は公的な生を送る。マハトマ・ガンジーは、個人としての生がないと言っていた。その言葉が意味するのは、非常に貧しい生を送ったに違いないということだ。個人的な生は豊かだ。政治家の生は、テレビや新聞、街や人込みの中で、みんなに見られる生だ。政治家には公の顔しかない。家に帰ったら、政治家は誰でもない――すべての顔を失う。

あなたは、自分の顔を見つけねばならない。公よりも個人に重点を置き、個人的なものの愛し方を学び始めるべきだ。個人は神への扉なのだから。公は科学への扉であって、宗教や神への扉ではない。数学や計算への扉であって、歓喜や愛への扉ではない。個人性の強いもの、音楽、詩、園芸を楽しみなさい。だからこそ禅は、書道、絵画、詩、園芸など、完全に個人的なもの、内に生き、それから外に向かうようなもの、最奥の実存の核にうねりが生じ、外へ広がっていくものを強調する。

公の生は、全く転倒している。外部で事が生じ、あなたの中に消えていく。公の生においては、事の起こり、源が常に外にある。実存の中心が、内にではなく常に外にある。生が外部に依存しているため、政治家はいつも外部を恐れている。人々が票を入れてくれなければ、政治家は何でもない人になる。

ところが、画家や詩人は外部に少しも影響されない。ヴィンセント・ヴァン・ゴッホの絵は誰一人買わなかった。生涯、彼の絵は一枚も売れなかった。だが、それは大したことではなかった。ゴッホは楽しんだ。売れれば売れるで、それも良し。売れなければ売れないで、それも良し。本当の褒賞は、売れるとか認められることにではなく、ゴッホの創作活動の中にあった。まさにその創作において、画家はゴールに達する。創作しているとき、画家は神聖になる。創造しているとき、常にあなたは神になる。

神がこの世を創造したと、何度も聞いたことがあるだろう。もうひとつ付け加えたい。あなたが何かを創造するたびに、あなた自身が小さな神になる、と。神が創造者なら、創造的であることが神のところへ行く唯一の道だ。そのとき、あなたは参加者になる、もう見物人ではない。

認められる、認められないに関わらず、ヴァン・ゴッホは、内なる世界で途方もなく美しい生を生きた。とても色鮮やかな生を。本当の褒賞は、絵が売れ、世界中の批評家から評価されることではない。そんなのは最低の褒賞だ。画家が絵を描いているとき、絵の中に消えゆくとき、踊り手が踊りの中に溶けゆくとき、歌い手が自分を忘れ歌が躍動するとき、そのときが本当の褒賞なのだ。そこにこそ、本物がある、そこにこそ、本物の達成がある。

外界にいれば、他人に依存する。公の生、政治的な生を送れば、他人に依存する。あなたは奴隷だ。個人的な生を送れば、自分の主人になる。

そのことを強調させてほしい、強く言わせてほしい。というのは、私の弟子《サニヤシン》たち全員に、それぞれの分野で創造的になってほしいからだ。私にとって、創造性はとてつもなく重要だ。創造的でない人は、少しも宗教的ではない。皆がヴァン・ゴッホになれと言っているのではない、できない相談だ。皆がレオナルド・ダ・ヴィンチやベートーベンやモーツァルトになれとか、ワーグナーやピカソやラビンドゥラナートになれ、とか言っているのではない。いや、そんなことは言っていない。世界的に有名な画家、詩人になれとか、ノーベル賞を取れとか言っているのではない。なぜなら、そういう考えを持てば、再び政治の中に落ちてしまうからだ。ノーベル賞は外から来る。それは最低の賞であって、本当の賞ではない。本物は内から来る。それに、皆がなれるとも言っていない、全員ピカソになれるわけがない。また、なる必要もない。ピカソがたくさん居過ぎたら、とても単調な世界になるだろう。ピカソが一人しか居ないのは良いことだし、ピカソが繰り返しこの世に生まれないのも良いことだ。そうでないと、退屈な世界になってしまう。

しかし、皆がそれぞれ、独自の道で創造者となるのは可能だ。人に知られるようになるかどうかが重要なのではない。全くどうでもいいことだ。愛から何かをするのでもいい。そのときそれは、創造的なものになる。

私があなたたちに講話をしているとき、アスタは私の浴室と部屋の掃除をしている。私はアスタに、この仕事をやめて講話を聞きに来たくないかと尋ねた。彼女は、「和尚、あなたの浴室を掃除するだけで充分ですよ」と言った。それは創造的な仕事だ。彼女は愛からその仕事を選んだ。そしてもちろん、彼女は何も取り逃がしてはいない。私の話を聞くかどうかが問題ではない。浴室の掃除が大好きなら、私を愛しているなら、それは祈りだ。あなたたちはここにいられる、だが私の話を聞くとは限らない。アスタはここにいない、だが私の話を聞いた、私のことを理解した。今や、その仕事自体が礼拝となっている。そのとき、それは創造的なものになる。

私の弟子《サニヤシン》たち全員に、何度も念を押しておきたい。創造的であれ、と。過去において、宗教的な人々の大多数が、非創造的であることが明らかになった。それは災い、呪いだった。聖人は何もせず座っているだけだった。それは本当の宗教ではない。本当の宗教が人々の生の中で爆発するとき、偉大な創造性も爆発する。

仏陀がここにいたとき、偉大な創造性が爆発した。アジャンタとエローラに、その証拠が見られる。タントラが生きた宗教であったとき、偉大な創造性が爆発した。プーリ、コナラク、カジュラホに行けばわかる。禅のマスターたちが生きていたとき、彼らは些細な事柄を元に、数多くの創造的で全く新しい次元を切り拓いた。

問題は……あなたが創造的でないとすれば、それはあなたが宗教を勤めとし、自分に特定の型を押しつけ、その型にはまり凍りついているからに他ならない。宗教的な人には流れがある、川のように流れている。捜し、探求し、常に未知のものを探し求めている。常に、既知のものを捨て、未知のものに入っていく。常に、既知のものではなく未知のものを選び、未知のもののために既知のものを犠牲にする。そして常に用意ができている。宗教的な人は放浪者、さすらい人だ。最奥の世界をさすらい続ける。あちらからこちらへと動き続ける。実存にあるすべての空間を知りたいと思っている。

もっと創造的になるがいい。人があなたの踊りを気に入るかどうか、気にしてはいけない。そんなことは問題じゃない。踊りに溶け込めれば、あなたはダンサーだ。詩を書くがいい。人に見せる必要はない。楽しめればいいのだ。書いて焼きなさい。フルートやギターやシタールを演奏するがいい。ここでタブラを叩いているボーディーを見たことがあるはずだ。何と瞑想的に叩くことか！それが彼の瞑想だ。彼は成長している、タブラの中に入り、溶け込んでいる。

主体は、あらゆる芸術と創造の王国だ。この二つは、実存の通常の領域だ。

第三の真に宗教的なものは、超越だ。一番目は客体、客体は科学の世界だ。二番目は主体、主体は芸術の世界だ。そして三番目は超越、それはその二つを超えている、客体的でも主体的でも、内でも外でもない。それにはその二つが含まれている、包摂されている。だが、両者よりも高くて大きい。両者を超越している。主体は客体よりも超越に近い。だが、覚えておきなさい。主体的であるだけでは宗教的にならない。あなたは宗教の方へ一歩、極めて重要な一歩を踏み出した。しかし、主体的であるだけでは宗教的にならない。宗教的でない詩人も見受けられる、宗教的でない画家も見受けられる。宗教は、芸術以上の、科学以上のものだ。

この第三のものとは何だろうか。まず、思考を覗き始めなさい。公の世界を捨て個人に向かう。夢、思考、願望、感情、気分、そして変化し続ける内部の状況を絶えず覗いている。これが主体だ。それから最後の、究極の跳躍だ。思考を覗き、しばらくしたら、観察者、目撃者、思考を見ている人物を覗く。

まず物から思考へ、次に思考から思考者へ。物は科学の世界、思考は芸術の世界、そして思考者は宗教の世界だ。ひたすら内へ向かいなさい。第一は、あなたを取り巻いている物、第二は思考。第三は中心、まさにあなたの実存は意識に他ならない。目撃に他ならない。

物を捨て、思考の中に入る。そしていつかは、思考をも捨てなければならない。するとあなたは、あなたそのものの中にひとり残される、完全にひとりきりになる。聖性はその孤独の中にある、その孤独の中に解放が、解脱がある。その孤独の中に涅槃がある、その孤独の中で、はじめてあなたは真に存在する。

主体と客体は分割されている。二元性が、対立、戦い、分割がある。客体的な人は何かを取り逃がす――主体を取り逃がす。また、主体的な人は何かを取り逃がす――客体を取り逃がす。ともに不完全だ。科学者も詩人もともに不完全だ。完全なのは聖なる者だけ、全体なのは聖なる者だけだ。神聖（*holy*）なのは、彼が全体（*whole*）だからだ。

*Holy*といっても、道徳的ということではない。全体であるということだ。何一つ残されているものはない、すべてが取り込まれている。その豊かさは全面的なもので、主体と客体の両方が溶け込んでいる。だが、彼は主体と客体を合わせただけの人ではない。それ以上だ。客体は外、主体は内、宗教的なものは超越だ。超越は内と外を併せ持ち、しかもそれらを超えている。

このヴィジョンを、私は霊性と呼ぶ。超越のヴィジョンだ。

さらにもう少し言おう——客体の世界では、行為が極めて重要だ。物的世界に関わるには行為するしかないから、人は行動的でなくてはならない。何かをしなければ、より多くのものを手にすることはできない。何かをしなければ、客体の世界で自分を変えることはできない。

主体の世界では無為だ。行為は重要でない。重要なのは感性だ。だから詩人は怠惰になる。そして画家も。偉大な画家、偉大な詩人、偉大な歌手でさえ、一仕事終われば再び不精者に逆戻りする。主体の人は、眠たげで、夢を見ているようで、怠惰だ。客体の人は活動的で、行為にとりつかれている。客体の人はいつも何かしていなくてはならない、一人で座ってはいられない、休んではいられない。眠ることはできるが、いったん起きたら何かしないではいられない。主体的な人は非活動的だ。行動に移るのがとても大変だ。彼は空想の世界を楽しむ。行動しなくとも空想はできる。どこへも行かない、目を閉じるだけで、夢の世界が開ける。

宗教的な人の中では、反対のものが出会っている——行為せずに行為する、行為して行為しない。事は為すが、決して行為者になることがない。宗教的な人は神の乗り物、通り道であり続ける。中国人が、行為に非ざる行為——無為と呼んでいるものだ。していてもしていない。その行為は、遊び心が一杯で、緊張や不安や強迫観念がない。行為のないときでも、沈滞してはいない。座っているとき、横になって休んでいるときでさえ、エネルギーに満ちている。無気力ではない。宗教的な人はエネルギーを放っている。対立物が出会い、高い次元で統一され、あたかも無為の境地にいるように行為できるからだ。無為の境地に留まっていられる、だがそれでもあなたはエネルギーを感じる、その実存の周りに活発な波動を感じる。どこへ行こうと、人々に生をもたらす。その人がいるだけで死人は生き返り、触れるだけで死人が息を吹き返す。

イエスのような……ラザロが死んだとき、イエスが呼ばれた。イエスはラザロが眠る墓に行き、「ラザロ、出てきなさい！」と言った。すると死んだラザロが出てきて、「ここにおります。あなたは私を死から呼び戻してくれました。ただいま、戻りました」と言った。

宗教的な人が活発なのは、行為者だからではなく、無限のエネルギーを手にしているからだ。宗教的な人が活発なのは、何かしなければならないからでも、しようと躍起になっているからでも、くつろげないからでもない。溢れざるを得ないほどのエネルギーに満ちているから、エネルギーが多過ぎて、留めておけないからだ。

だから静かに座っているときでも……仏陀が菩提樹の下で静かに座っている、あなたには彼の周りで戯れているエネルギーが、大きなエネルギーのオーラが見えるだろう。

マハヴィーラについて語られた美しい物語がある。彼が行くところはどこでも、広い範囲に渡って生が活気づいたというのだ。だが、彼は活動的な人間ではなかった。何時間も何日も、ただ立っていたり、木の下に座っているだけだった。ところが、広い範囲に渡って、生が新しいリズムを得て脈打ちだすのだった。季節はずれに木が花を咲かせたり、いつもより早く木が成長したり、枯れ木に若芽が吹き出したりしたと言われている。そんなことが起こったのかどうかは、問題ではない。単なる物語なのかもしれない。しかし、極めて示唆に富み、極めて象徴的だ。神話は歴史的なものではない。深い意味を持つ象徴だ。神話は何かを語る。

この神話は何を語っているのだろうか。マハヴィーラは大量のエネルギーを蓄えていた、エネルギーに満ちていた、神が溢れ出ていた。それでマハヴィーラが行くところ、生はより速く動いた、ということに他ならない。彼の周囲にあるものすべてが、動きを早めた。何もしていないのに、そうしたことが起こった。

老子は言った――偉大な宗教的人物は何もしないが、その人を通じて無数のことが起こると。決して行為者ではないのだが、その人を通じて多くのことが起こる。ただ座っているだけなのに、その実存が世の出来事に与える衝撃たるや、すさまじいものがある。誰にも知られずにいるかもしれない。ヒマラヤの洞窟に座っていて、あなたは知らないかもしれない。それでも、あなたの生は影響を受けるだろう。鼓動しているからだ。彼は新たなエネルギー、新たな生の鼓動をもたらす。生に新たな鼓動を分け与える。あなたは彼を知らずにいるだろうが、その恩恵を受けてきたかもしれない。

対立物は、宗教的存在の中で融和する。昼と夜が出会い、和解する。男性と女性が宗教的な人の中で出会い、和解する。宗教的な人はアルダナリシュワール——半分が男性で反分が女性だ。その両方だ。宗教的な人は、どんな男性よりも強く、かつどんな女性よりもか弱い。花のようにか弱く、剣ほどに強い。堅くてかつ柔らかい、その両方だ。その人は奇跡、神秘だ。対立物が出会うと、その人は論理を超え、その実存は逆説的になる。誰よりも生き生きとしているが、死んでもいる。墓場の誰よりも、さらに死んでいる。ある意味では生きていて、ある意味では死んでいる——同時に、その両方だ。宗教的な人は死のアートを知っている、と同時に生のアートも知っている。

普通のマインドを持つ普通の生では、すべてが対立するものに分割されている。そのため、対立物に出会おうとする大きな力が働く。男性は女性を求め、女性は男性を求める。陰と陽の輪だ。宗教的な人間になると、あらゆる探求が止む。男性は女性を見つけてしまった、女性は男性を見つけてしまった。最奥の核において、あらゆるものが溶け一つになるところ、二元的でなくなるところ——アドヴァイタにまでエネルギーが到達した。あらゆる対立物が融和する、あらゆる対立が解消し協力が生まれる。すると、あなたは家に帰る、もうどこに行く必要もない、探すものもない、欲しいものもない。これが神的境地だ。神は境地であって客体ではない。また、神は人でもない。主体でも客体でもないからだ。神は超越だ。

あなたが客体の世界にいるなら、私は、「主体を探しなさい。そこに神がいる」と言う。あなたが主体の世界にいるなら、「さあ、超えなさい。神は主体の世界にいない、神は超越している」と言う。やがて人は、捨て続けねばならなくなる、落とし続けねばならなくなる。主体も客体もないとき、物も思考もないとき、この世もあの世もないとき、神がいる。物も心もないとき、神がいる。神は物でも心でもない。だが、神には物も心もある。神は途方もない逆説であり、絶対的に非論理的であり、論理を超えている。木や石で神の像を作ってはならない、観念や知識で神の像を作ってはならない。あらゆる象を溶かしたとき、内－外、男－女、性－死、あらゆる二元性を溶かしたときに残るのが、聖性だ。

さて、物語だ。

盲目となっていたラビのブナムが
ある日、ラビのフィシェルを訪ねた
奇跡によって病を治すというので、フィシェルは

国中に名を知られていた

「お任せください、私が治しますから。必ず光を取り戻してあげます」

とフィシェルが言った

「その必要はありません。私には見るべきものが見えるのです」

とブナムは答えた

外界しか見ない目は盲目だ。まだ本当の目ではない。非常に原始的で未発達だ。内側を見る目の方が本物だ。ラビは正しかった。彼は、「もう私の目を治す必要はありません。物は見えませんが、今では見たいとも思わないのです。見る必要のある世界は、見えます。目が見えなくなったのはいいことです。物の世界に煩わされることも、気を逸らされることもなくなったのですから」と言った。

そういうことは何度も起こった。ミルトンは目が見えなくなった。だが、彼の偉大な詩が生まれたのは、盲目になってからだ。もちろん、最初、ミルトンは大変な衝撃を受けた。目は視力を失った、治す手立てはなかった。人生が終わったと思った。彼は良い詩人で、すでに名を知られていた。詩人なら当然こう思う、「目が見えなくて、どうやって木を見たらいいのだろう？　どうやって月を、どうやって川や荒々しい海を見たらいいのだろう？　目が見えなくて、どうやって生の色を見たらいいのだろう？　当然、詩は貧しいものになる。色を失う」と。だが、ミルトンは間違っていた。宗教的な人間であったミルトンは、盲目を受け入れた。「いいだろう。それが神の意志なら、しかたのないことだ」。彼は受け入れた。しばらくすると、無限の新しい世界、内なる思考の世界に気づくようになった。主体的になったのだ。もう外を見る必要がなくなり、全エネルギーが使えるようになった。

盲目の人を見たことがあるだろうか。彼らの顔には、いつも一種の優雅さが見られる。普通の盲人でさえ、とても優雅で静かだ。外界から惑わされることがないのだ。

生活のほぼ八十パーセントが目を通して行なわれる、と科学者は言う。生のほぼ八十パーセントが目に関わっている。八十パーセントだ！　他の感官が分担するのは、二十パーセントに過ぎない。生の八割が目を通じて行なわれる。盲目の人を見ると、非常な哀れみを覚える理由はそこにある。聾唖者にはさほど哀れみを感じない、だが、盲目の人には非常な哀れみを感じる。「かわいそうに。生の八割がないなんて」と思う。

目は極めて重要だ。科学的研究のすべてが、目に依存している。盲目の科学者なんて聞いたことがあるだろうか。あり得ない。盲目の人が、物的研究の分野に携わることはできない。それは難しい。だが、盲目の音楽家、歌手ならたくさんいる。実のところ、目の見えない人には、目の見える人にない極めて質の高い耳がある。目で消費されるエネルギーの八十パーセントが、消費されずに耳の方に回るからだ。その耳は極めて受容的で繊細になる。耳で見るようになる。盲人の手を握って見なさい。あなたは驚くだろう。目の見える人にはない、とても生き生きとした感じがするだろう。目の見えない人の手を握れば、暖かさが伝わって来るだろう。その人はあなたが見えない、あなたに触れるしかない。そこで、全エネルギーが、触れようとするその手に流れて来る。

目で触れるのが普通だ。美しい女性が通りすぎれば、あなたは見る。目でその女性に触れる。あなたは彼女の体全体に触れた——彼女を怒らせることも法を犯すこともなく。やがてあなたは、触れることの何たるかを完全に忘れる。

目はひとり占めをしている。多くの源泉からエネルギーを奪っている。例えば、鼻だ。目は極めて鼻の近くにあり、鼻から全エネルギーを奪い取る。人々は匂いをかぐことができない。匂いをかぐ力を失った。人々の鼻は死んでしまった。盲人は匂いをかぐ。その能力はすさまじい。あなたが近づくと、その匂いをかぎ分ける。匂いであなただとわかる。あなたに触れる、その感触であなただとわかる。あなたが出す音を聞く、その音であなただとわかる。目以外の感覚が活発に働くようになる。目は多くの緊張を生む。だから、盲目の人は優雅なのだ。

目が見えなくなったとき、最初ミルトンは愕然とした。しかし、宗教的な人間だった彼は受け入れた。神に祈り、「あなたの御意志のままに」と言った。しばらくしてミルトンは驚いた。それは呪いではなく祝福だったのだ。内側の無限の色彩に気づくようになった。極彩色の世界だった。極めて微妙な色合いの、極めて美しい夢が彼の前に広がりだした。偉大な詩は、すべて目が見えなくなってから作られた。ミルトンは良い詩人ではあったが、偉大ではなかった。だが盲目となったとき、もはや良い詩人ではなく、偉大な詩人になっていた。良い詩というのは、可もなく不可もない中途半端なものだ。欠点は見つけられないかもしれないが、それだけのものでしかない。偉大な詩には、詩を貫いているエネルギーがある。偉大な詩は革命を起こす力だ。全世界を揺るがし、変革するほどの強い影響力がある。

何度もそういうことが起こった。ある人が突然、盲目になる。その人は受け入れる。まさにその受容によって、新しい世界がもたらされる。客体が消え、主体がその扉を開く。主体は超越により近い。だから、瞑想者は皆、目を閉じる。

観察したことがあるだろうか。愛の行為をしているとき、女性は皆、目を閉じるが、男性は決して閉じない。男性は愚かだ。女性を愛撫しているとき、男性は相手の女性を見たがる。男性は見えるように明かりをつけたがる。寝室に鏡を置く馬鹿な連中もたくさんいる。ただ見たいだけでなく、ぐるっと回りに鏡を置き、それに映る姿を見たがる。さらには、数は少ないが、自動的に作動するカメラを部屋に設置している人もいる。今見過ごしても、後で見られるというのだ！

しかし、女性はそれほど愚かではない。ウーマンリブの女性はわからないが。多分彼女たちは、何が何でも男性と張り合わないと気がすまないから、同様のことをするだろう。目を開けて愛の行為をするだろう。だが、何かを取り逃がす。男性は客体の次元で、女性は主体の次元で行為をする。内側が素晴らしいので、女性はすぐに目を閉じる。外に見るものなどあるのだろうか。愛のエネルギーに移り、溶けて流れているとき、そしてオーガズムに達しようとしているとき、見なければならない真実はそこにある。男性は全く愚かだ。体を見ているだけなのだから。女性の方が良くわかっていて、精神的なものを見ている。高い立場にいる。

だが、まだそれは宗教的ではない。芸術的、美的ではあるが宗教的ではない。宗教的になるとき、タントラの境地が生まれる。そのとき、あなたは目を開けて見ない、目を閉じても見ない。観照者を見るだけだ。体験に惑わされることなく、体験者を、目撃者を見る。すると愛はタントラになる。男性であれ女性であれ、タントラの次元に移行した人は、起きている出来事に関心がない。むしろ、彼や彼女の関心は、そのすべてを見ている目撃者にある。この目撃者は何者か？　こうした本来の、自然な領域でエネルギーが爆発しているときには、見ている方がいい。丘の上の見物人でありなさい。自分が男だとか女だとか、肉体にいるとか、自分はマインドだとか、そんなことは忘れてただ目撃者でありなさい。すると、あなたは超越する。タントラは超越的だ。

この次元は、日常生活のすべてに押し広げられなければならない。何をするにしろ、やり方は三種ある。客体的手法、それは科学的、西洋的なやり方だ。主体的手法、それは東洋的なやり方だ。宗教的、超越的手法、そこで東洋と西洋が出会い融合する。宗教的方法は東洋的でも西洋的でもない。西洋は科学的で、東洋は詩的だ。西洋は歴史的に考え、東洋は神話的《プラナス》に考える。西洋は現実を解明することに、東洋は現実についての幻想、現実についての夢により関心がある。西洋は意識に、東洋は無意識により関心がある。だが、宗教は両方を超えている。宗教は超意識的マインド、超越的マインドだ。東洋でも西洋でもない。

まさに男性と女性が出会うように、東洋と西洋が出会う。西洋は男性的で、東洋は女性的だ。西洋は意思の力に頼ろうとし、東洋は身を任せようとする。だが宗教は両方であり、同時にそれらを超えている。

「その必要はありません。私には見るべきものが見えるのです」

とブナムは答えた

確かに、素晴らしい宗教的な言葉だ。観察者が見られるのならそれで充分、いや充分過ぎるくらいだ。観照者が見られるのなら、あなたがあなたの意識、気づきになれるのなら、それで充分。すべてを手にしている。あなたは神になった、それ以上必要なものはない。

その境地になるよう、精進しなさい。あなたが西洋から来たのであれば、一生懸命その境地を求めなさい。東洋から来たのであれば、それに明け渡しなさい。西洋から来たのであれば、それを欲しなさい。東洋から来たのであれば、受身になって待ちなさい。

また、あなたが私の弟子《サニヤシン》なら、あなたは西洋にも東洋にも属さない。私の弟子《サニヤシン》なら、あらゆる二元性を落とし、非二元的でありなさい。あらゆる分割をやめ、単に個人でありなさい。あなたが私と一体なら、超越的なものとも一体だ。それが、私が伝える実存の意味のすべてだ。私はあなたを超えたるものへ、究極のものへ連れていく。外部には見えないもの、内部にも見えないものへ連れていく。だが、あなたはそれになれる。あなたはすでに、それだからだ。

今日はこれくらいにしよう。

第十章

東洋と西洋を超えて

Beyond East & West

最初の質問

愛する和尚、

あなたは、生の謎を解くことに反対のようです。これに関連してですが、西洋で行なわれているアリカ（自己実現のための教育法）、禅、スーフィズム、エスト（アーハード・セミナー・トレーニングの略）、超越瞑想などは、東洋神秘主義と西洋科学を総合《ジンテーゼ》するための、起こるべくして起こった運動と言ってよいのでしょうか。

真の総合《ジンテーゼ》であれば、東洋も西洋も消えるだろう。総合は、出会いではない。本当に総合されれば、そこに東洋はなくなる、西洋はなくなる。それこそ、昨日私が超越と言ったことだ。

東洋と西洋は、対極だ。総合しようとして、東洋から何がしかを取りだし、西洋から何がしかを取り出し、それでごった煮を作ったら、総合ではなく折衷になる。それは機械的であって、有機的ではない。物は一緒にできるが、機械的な統一になる。しかし、木は一緒にできない、人間は一緒にできない。統一体である木は成長する、それは木自身の最奥の核に始まり、周囲へ広がっていく。

木はその中心から生まれる。機械的な統一は外からできる。車や時計なら、組み立てて一つのものにできる。だが時計に中心はない、車に中心はない、時計に魂はない。時計に魂がないと言われるのはそういう意味、それ自身の中心がないということだ。それは外からの統一だ。働きを持ち、有用ではあるが。

しかし、木、鳥、人間の赤ん坊を一緒にすることはできない。それらは成長する。その統一性は最奥の核にある。それらには中心がある。

折衷は機械的な統一、総合は有機的な成長だ。だから今現在、エスト、超越瞑想、アリカと銘打って行なわれているものは、すべて機械的統一の一種だ。

また、機械的統一には独自の危険性がある。最も危険なのはこういうことだ。東洋は深い洞察を宗教にもたらし、西洋は深い洞察を科学にもたらした。西洋人が東洋を調べようとするときは、科学的な態度になる。西洋人は東洋の科学的な部分しか理解できない——ここのところをわきまえておくように。だが、東洋は科学的な態度を発展させなかった。東洋の科学は非常に原始的で未発達だ。宗教的な人が東洋から西洋に行くと、原始的で未発達な西洋の宗教を覗き込む。その人は宗教的な言語しか理解できない。

東洋出身の人が西洋の研究をするときには、西洋の未発達なところ、その弱点から始める。また西洋出身の人が東洋に来ると、東洋の最も未発達なところから研究を始める。

今、何が起こっているのだろう？　アリカ、エスト、超越瞑想、他の「霊的な活動」において、西洋と東洋が出会っている。だが、期待とは正反対のことが起こっている。東洋の宗教が西洋の科学と出会っているのではなく、東洋の科学が西洋の宗教と出会っているのだ。無様《ぶざま》な事態だ。

聞いたことがあるに違いない。

あるフランスの女優が、ジョージ・バーナード・ショーに、彼と結婚したいと言った。バーナード・ショーは理由《わけ》を尋ねた。

女優は答えた、「単純なことですの。私にはとても美しい体があります。私の顔、目、体型を御覧なさい、完璧でしょう。そしてあなたには、素晴らしい知性、かつてない最高の知性がおありです。あなたの頭脳と私の体――素晴らしい子供が生まれますわ」

ジョージ・バーナード・ショーは言った、「うまくいかないこともあるんじゃないかね。私の体とあなたの知性を持つ子供が生まれるかもしれない」

これが起こっていることだ！

彼は、「危険です。確かな保証は何もありません」と言って結婚の申し出を断った。

確かに、ジョージ・バーナード・ショーはとても醜い体をしていた。それに、女優が知性を示したことなど一度もない。女優にとって、知性は疎遠なものだ。第一、そうでなかったらどうして女優になどなるだろうか。

アリカ、エスト、超越瞑想は、ジョージ・バーナードショーと女優との結婚の副産物だ。事はまずい方に進んでいる。これは総合ではない、折衷、ごった煮だ。それに、とても危険だ。

大いなる総合が必要とされている。その総合は、運動によって為されることはないだろう。魂において、総合に達した少数の人物によって為されるだろう。それは、聖書を読み、バガヴァッド・ギーターを読み、それらの類似点を見つけて総合するというような問題ではない。それでは機械的な統一になる。多くの人がそれを行なってきた。

バグワンダス博士は、『全宗教の本質的統一』という、極めて学者ぶった本を書いた。何から何まで馬鹿げている。コーランを読み、ヴェーダを読み、聖書を読み、ダンマパダを読み、類似点を見つける。類似点を見つけるのは至極簡単だ。だが本当のところ、コーランが素晴らしいのはギータにないことが書いてあるからだ。素晴らしさは、その独自性にある。マハトマ・ガンジーのように、あなたも何かを見出したら……ガンジーはコーランを読み、ギータに似ているところを見出した。コーランの中にギータを捜していたのだ。それはコーランを不当に扱うものだし、失礼でもある。なぜなら、コーランに異質なものを押しつけたからだ。ギータに共鳴していたガンジーは、それに似ていないものはすべて忘れてしまった。コーランに異質なものがあることを忘れてしまった。だが、その捨てられたところにこそ、コーランの独自性がある。

キリスト教徒も同じことをやりかねない。ギータを調べて、キリスト教徒のマインドを満足させるものを見出す。ギータの中に聖書を見出す。だが、聖書と全く異なるところがあるからこそ、ギータは素晴らしいのだ。独自性がある、美点は独自性の中にある。類似品は月並みだし、無意味だし、単調だ。ヒマラヤが素晴らしいのは、アルプスにない独自なものがあるからだ。ガンジスが素晴らしいのは、アマゾンにないものがあるからだ。もちろん、両方とも川なのだから似ているところは無数にある。だが、類似点を探し続けていれば、極めて退屈な世界に住むことになるだろう。そういうのは、私の好みではない。

東洋の聖典と西洋の聖典を調べ、何らかの折衷を見出せなどと言うつもりはない。そうではなく、あなたに実存の内奥に入ってほしいのだ。客体を超えれば西洋を越える。主体を超えれば東洋を超える。すると超越が起こり、そこに総合が生まれる。あなたの内部で総合が起こったら、それを外部にも広げることができる。総合は、本や論文や哲学の博士論文ではなく、人間の内部で為されなければならない。有機的な統一は、有機的な方法でしか為し得ない。

それこそ、私がここでやっていることだ。あなたが主体を超え客体を超えていくように、私はあなたを叩いている。主体と客体を、内部で出会わせるようなことは教えていない。その出会いは、存在に高みをもたらし得ないからだ。あなたは超えていかねばならない、未来の人間は、東洋と西洋を超えていかねばならない。両方とも半分に過ぎない、両方とも偏っている。私は、東洋も西洋も支持しない。私は全一的な世界、全体である世界を支持する。

だがある意味で、アリカ、エスト、超越瞑想は自然の成り行きだ——ある意味では。というのも、凡人、凡庸なマインドは、いつも安易な方法や近道を探そうとしているからだ。本当のところ、人々は究極の真理に関心を持っていない。関心があるのは、せいぜい便利で快適な生だ。本当のところ、生き生きとした冒険的な生には関心がない。いかなる冒険をも心底恐れている。事がうまく運び、心地よく生き、心地よく死ねるよう、手はずを整えたがる。真理ではなく、心地よさがゴールらしい。

また、皆が皆、偏見を持っている。キリスト教徒、ヒンドゥー教徒、イスラム教徒、皆それぞれの偏見を持っている。それらは根深い。愛のことは語れても、いつも薄っぺらい。

ちょっとした話をあなたに。

取り乱した青年が、街中にあるホテルの四十階の窓枠に立ち、飛び降りようとしていた。警察は、数フィート低い隣のビルの屋上まで行って、できる限り近づき、安全な場所に移るよう説得した。しかし、すべて無駄だった。

一番近い教区の司祭が呼ばれ、急いで現場にやって来た。

「息子よ、良く考えなさい」「あなたを愛しているお母さんやお父さんのことを考えるのです」司祭は非常な愛を込めて、自殺しそうな若者に言った。

「いや、母さんも父さんも僕のことなんか愛していない。僕は飛び降りる」と男は応えた。

「いけません。やめなさい！　あなたを愛している女性のことを考えるのです」とその声に非常な愛を込めて司祭は叫んだ。

「僕を愛している人なんかいやしない。飛び降りる」という応えが返ってきた。

「いや、もっと考えるのです。あなたを愛しているイエスやマリアやヨセフのことを考えるのです」と司祭は嘆願した。

「イエス、マリア、ヨセフ？　誰だい、そいつら？」と男が応えた。

そこに至って、聖職者は怒鳴り返した、「飛び降りろ、ユダヤ人野郎が。飛び降りるんだ！」


どんな愛も、たちまちにして消える。愛についての話は皆、薄っぺらい。寛容についての話の奥底には、不寛容がある。

人は、「互いに寛容でありなさい」と言う。「互いに寛容でありなさい」と言うとき、この言葉は何を意味するのだろうか。もとより不寛容であるということだ。その「寛容」という言葉自体が醜い。誰かに寛容であろうとするとき、あなたはその人を愛しているのだろうか。ヒンドゥー教徒がイスラム教徒に寛容であろうとするとき、彼らはイスラム教徒を愛しているのだろうか。イスラム教がヒンドゥー教徒に寛大であろうとするとき、彼らはヒンドゥー教徒を愛しているのだろうか。寛容は愛になり得るだろうか。政治にはなるだろうが、それは宗教ではない。

男性－女性、東洋－西洋、善－悪、天国－地獄、夏－冬、あらゆる極性を超えた真理を知りたいと思う者、あらゆる二元性を超えた真理、それを知ることに、その探求に興味を持つ者は、あらゆる偏見を落とさなくてはならない。偏見を依然として持ち歩けば、マインドはその偏見に染まる。真理を知るのに、ヒンドゥー教徒になる必要はない、イスラム教徒になる必要はない。キリスト教徒になる必要はない、ユダヤ人になる必要はない。真理を知るには、こうしたゴミをすっかり落とし、あなた自身にならなければならない。インド人、アメリカ人、イギリス人、日本人、中国人になる必要はない。真理を知るには、大きく、広く、活力に満ち、生き生きとし、愛に溢れ、探求し、瞑想的にならなくてはいけない——偏見も、聖典も、観念も、哲学も持たずに。あなたが今まで教わってきたことを完全に捨てたとき、あらゆる条件づけを去ったとき、不意に最高の真理が現れる。

最高の真理は、それ自体が総合だ。だから、総合する必要はない。それは有機的な統一だ。あなたはその高みから、宗教、寛容、愛、教会、寺院、モスクの名において続けられているありとあらゆるナンセンスを、笑うことができる。

革命は、あなたの内部で起こらなければならない。革命を世界に持ち込む必要はない。なぜなら、生きているのはあなただけだからだ。社会は死んでいる、それは名目的なものに過ぎない。魂なるものは、あなたにしかない。総合はそこで起こる。総合は、プーナ、ニューヨーク、ティンブクトゥ、コンスタンティノープルでは起こらない。それはあなたの内部、私の内部で起こる。個々人は、その総合に向けた偉大な実験場にならなければならない。だが覚えておきなさい、その総合が起こったら、それが東洋と西洋との、イスラム教とキリスト教との、ヒンドゥー教とジャイナ教との総合かどうかは言えなくなる。いや、あなたにはすぐ、それが超越であることがわかるだろう。総合、本当の総合、有機的な総合は超越だ。標高が変わった、あなたは頂上に立っている。あなたはそこから眺める。

何であれ私たちが見ているもの、目に入るものはさほど重要ではない。重要なのは、あなたがどこに立っているかだ。あなたが東洋にしがみついているなら、西洋に何を見ても誤解するだろう。

つい先日、私は新聞を読んでいた。誰かが、私に反対する記事を書いていた。アメリカ人に宗教が理解できるはずがあろうか、西洋人に宗教が理解できるはずがあろうか、と記事は疑問を投げかけていた。彼らには理解できない、だから私の努力はすべて無駄だ、と。これはインドの狂信的愛国主義者のマインドだ。インド人は、インド人以外、宗教を理解できないと思っている。だがこれは、インド人に限ったことではなく、すべての人に言えることだ。すべての人が、この馬鹿げた考えを心の底に抱いている——われわれは選ばれた少数者だ。この考えは極めて破壊的だ。アメリカ人かインド人かの問題ではない。真理は、こうしたラベルとは何の関わりもない。こうしたラベルをすべて捨てる用意のある者なら、誰にでも真理は手に入る。あなたがアメリカ人でもインド人でもなく、ヒンドゥー教徒でもキリスト教徒でもないときにのみ、真理は理解される。いかなる条件づけにも、過去にも曇らされていない意識によって、真理は理解される。そうでないと、理解できるものだけを見続ける。

とても素晴らしい小話を読んでいた……。

ある家族が、一家の長に当たる祖父をハンガリーから何とか呼び寄せた。それで、娘やその家族と一緒に暮らすことになった。

老人は、ニューヨークとニューヨークが提供するものすべてに魅惑された。

ある日、孫のユンケルが、老人をセントラルパークの動物園に連れて行った。彼はほとんどの動物に馴染みがあったのだが、笑っているハイエナが閉じ込められている檻のところに来たとき、不思議に思った。

「ユンケル、おじいちゃんの国じゃ、笑う動物なんて聞いたことがないな」

ユンケルは飼育員が近くにいるのに気づき、近寄った。

「僕のおじいちゃん、最近ヨーロッパから来たんだけど、笑うハイエナなんていないって言ってるの。おじいちゃんに少しずつ説明できるように、笑うハイエナの事を教えてくれませんか」

飼育員は言った、「そうねぇ。そいつは、一日一回食事をするんだ」

ユンケルは祖父の方を向き、イディッシュ語で言った。「そいつは一日一回食事をする」

飼育員は続けた、「週に一回水浴びをする」

「週に一回水浴びをする」

老人は熱心に聞いた。

飼育員は付け加えた、「年に一回つがいになる」

「年に一回つがいになる」

老人は頭を上下に振り、考え込んだ。

「そうか。そいつは一日に一度食事をし、週に一度水浴びをするのか。しかしなぁ、年に一度しかつがいになれないのにどうして笑うんだい？」


さて、この老人は、それほど年を取っていない。彼のマインドはまだどこかにしがみついている——若かった時代に。そのマインドは、いまだに性的だ。年に一度しかつがいになれないのに、なぜハイエナが笑っているのか理解できない。

セックス以外でも幸福になれることを理解できない人たちがいる。セックス以上の喜びを理解できない人たちがいる。食べ物以外の幸福があることを、理解できない人たちがいる。大きな家に住み、大きな車、大金、権力や名声を得る以外にも幸福があることを、理解できない人たちがいる。自分自身の考えを超えて理解することはできない。人々は、自分の考えの中に閉じ込められる。それが本当の監獄だ。総合したかったら、あらゆる監禁を解き、檻を捨てなければならない。それはとても微妙な檻で、あなたは長い間飾り付けをしてきた。好きにさえなりかけているかもしれない。檻であることを、すっかり忘れているかもしれない。自分の家だと思い始めているかもしれない。ヒンドゥー教徒は、ヒンドゥー教が自分の家だと思っていて、障害だとは絶対に思わない。「主義《イズム》」はすべて障害だ。キリスト教徒はキリスト教を橋だと思っていて、キリストのところに行けないようにしているのがキリスト教だとは、絶対に思わない。教会は扉ではない。それは壁、障害物、万里の長城だ。

だが、何世紀も、あまりに長くこの壁と一緒に生活し、マインドが慣れてしまうと、それが護ってくれるもの、避難所、安心を与えてくれるものに思えてくる。それから、あなたは他の人を見る。監獄の独房から外を見る。独房にいるせいで、あなたの見方がだめになる。

空の下《もと》に、星の下に出て来なさい。総合は自分で自分の世話をする。あなたが東洋と西洋を総合する必要はない。あなたは、東洋と西洋という見地を超えていくだけでいい。超越の方に向かいなさい、そうすれば総合がある。

第二の質問

愛する和尚、

人間は目的志向でその行き先は星である、とあなたが言うのを聞いたことがあります。この花を咲かせ、私に深い香りを嗅がせていただけませんか。

花はすでに咲いている。あなたの鼻が詰まっているんじゃないのかね。

鼻を通るようにして、匂いをかぐ能力を取り戻さねばならない。嗅覚をなくしてしまったのかもしれない。あなたは、真理に出会っても、それが真理だと気づき得ないほど長く虚偽の中で生きてきた。真理があなたのところに来ようとしていても、真理が認めてもらいたがっていても、あなたは虚偽の衣をまとっている。真理を直接見ることができない。あなたは、はすかいに見る方法を学んできた。決して直には見ない。あなたの目はまっすぐに見ない。始終あっちを向いたりこっちを向いたり、常に事実を見失っている。

私はここにいる。これが私の言う花だ。私はあなたの未来だ。あなたに起こるであろうことが、私には起こった。香りが嗅げなくても、花を非難してはいけない。鼻をかむことだ。しかし、自我がそうするのは難しい。自我はいつも非難しようとしている、決して自分を変えようとしない。「神はいない」とは言えるが、「おそらく、私にたくさんのブロックがあるから神が感じられないのだろう」とは言えない。花があるという事実は否定できるが、匂いを嗅ぐ能力を失ったという事実は是認できない。

だから、神を否定する人が大勢いる。否定するのは簡単だし、心地よいのも事実だ。神がいなければ、鼻のことも気にしなくていいし、自分の実存に働きかける必要もないのだから。神がいなければワークはない、成長はない、探求はない。怠けていられるし、無気力でいられる。神がいなければ、罪の意識もない。

私は罪の意識を持つことには反対だ。聖職者が造ってきた罪の意識を持つことには。だが、聖職者が造ったものでない、違った種類の罪がある。その罪の意識には、大きな意味がある。生にはもっと何かがあると感じているのに、手にいれる努力をしていなければ、それが生まれる。罪の意識を感じる。すると、何だか自分の成長を止める障害を作っているような、怠惰で、無気力で、無意識で、眠りこけているような、少しも成熟していないような、自分の行くべきところへ行っていないような感じがする。すると罪の意識が生まれる。可能性があると思っているのにそれを現実化していないとき、罪の意識が生まれる。その意識は全く別ものだ。

聖職者たちが人間に植えつけてきた罪の意識のことを、話しているのではない。それを食べてはいけない、食べれば罪悪感を抱く。罪悪感を抱いてしまうから、そんなことをしてはいけない。彼らの非難する事柄は何百万もある。だから、食べたり、飲んだり、あれこれのことをすれば、あなたは罪悪感に包まれる。私は、その罪の意識について語っているのではない。それは捨てなくてはならない。実際それは、あなたを今の場所に留めておくことに手を貸している。そうした罪悪感は、内にある本当の罪の意識を気づかせないようにする。些細なことで、数多くの騒動を引き起こす。夜に食べると、ジャイナ教徒は大騒ぎする。あなたは罪を犯した、罪人だ、どうして夜に食べたのか？　と。あなたが、妻あるいは夫と離婚する、すると、カトリック教徒が罪の意識を植えつける。あなたは間違ったことをした、と。その女性と暮らし、絶えず喧嘩をしたのは悪い事ではなかった。その女性とあなた自身をだめにしたのは、悪い事ではなかった。あなたたち二人に挟まれ、子供たちは潰されていた、子供をだめにしたのは悪い事ではなかった。子供の生活のすべてが、間違った方向に向けられていたが……いや、それは悪い事ではなかった。だが、その結婚から抜け出すと、地獄から抜け出すと、罪の意識を感じる。

こうした罪悪感は、いかなる政治にも、いかなる聖職者や宗教や教会にも無縁の、本当の霊的な罪を見ることを許さない。本当の罪悪感は、極めて自然なものだ。何かできるのがわかっているのに何もしないでいるとき、どれほど可能性があるのか知っているのに、その可能性を現実化しないとき、開花し得る途方もない宝の種を持っているのに、何もせず惨めなままでいるとき、あなたは自分に対して大きな責任を感じる。その責任を全うしていないとき、あなたは罪の意識を感じる。この罪の意識は、途方もなく重要だ。

私はここにいる、その花はここにある。禅では、花は話をしないといわれているが、それに反することを言いたい。花も話をする。ただし、必要なことが一つある。聞く能力、匂いを嗅ぐ能力だ。花には花の言葉がある。あなたにわかる言葉では話さないだろう。あなたの言葉は極めて地域的なものだが、花の言葉は普遍的だ。

私はここにいる、私を覗きこみなさい、私を感じなさい、私の魂を吸収しなさい。私の炎をあなたに近づけなさい。いつでも飛び火できる。私の炎は、飛んでいって燃えていないあなたの蝋燭に火をつけられる。近くに、すぐそばに来なさい。近づきなさいというのは、もっと愛しなさいということだ。あなたを近づかせるものは愛しかない、親密にするものは愛しかない。物理的に近づくという問題ではない。それは、内面における親密さの問題だ。私に心を開きなさい、私はあなたに開いているのだから。私の手の届くところに来なさい、私はあなたの手の届くところにいるのだから。恐れてはいけない。失うものは何もない、あなたの鎖以外には。

第三の質問

愛する和尚、

どこかに、私を閉じさせ、堅くし、悲しくし、怒らせ、希望を失わせ、絶望的にするあの恐れがあります。それは非常に捕らえがたいものらしく、実際には触れることすらできません。どうすれば、もっとはっきり理解できるのでしょうか。

悲しみ、失意、怒り、絶望、苦しみ、不幸に関する唯一の問題は、それらを取り除きたいと思うことだ。それが唯一の障害だ。

あなたは、それらとともに生きなければならない。逃れることはできない。そうした状況にあってこそ、生は成長し成熟する。それらは生の挑戦だ。受け入れなさい。それらは、仮の衣をまとった祝福だ。逃れたいと思えば、取り除きたいと思えば、問題が生じる。何かを取り除きたいと思うと、それを直接見なくなるからだ。あなたは断罪する。すると、それはあなたから身を隠す。無意識の深みへ動いていき、見つけられない実存の一番暗い部分に身を潜める。あなたの実存の最下部に動いていき、そこに隠れる。そして当然、深いところに行けば行くほど問題が多くなる。というのは、それが実存の未知の場所からあなたに働きかけるため、全く手の施しようがなくなるからだ。

だから一番大切なのは、抑圧しないということ。一番大切なのは、どんな状況になったとしても、それが事実であるということ。受け入れなさい。その状況が、あなたの目の前に現れるようにしておきなさい。本当のところ、「抑圧するな」と言うだけではまだ足りない。言わせてもらえるなら、「それと友達になれ」と言いたい。悲しいのかね？　ならば、それと友達になりなさい、それを慈しみなさい。悲しみにも実在性がある。それを許し、抱きしめ、一緒に座り、手を取り合いなさい。仲良くしなさい、愛し合いなさい。悲しみは美しい！　悪いところなど一つもない。悲しいことは悪いことだと教えたのは誰なのだろう？　実際、あなたに深みを与えるのは悲しみだけだ。笑いは浅い、幸福は皮ほどの厚みしかない。悲しみは骨の髄まで染み込んでいく。それより深く進むものはない。
だから、心配しなくていい。悲しみと一緒にいれば、それがあなたを最奥の核へ連れていってくれる。それに乗っていけばいい。今まで知らなかったあなたの実存のことが、いくらかわかるだろう。そうしたものは、悲しいときにしか姿を見せない、幸せなときには決して姿を見せない。暗闇も良いものだ、それも神聖だ。昼だけが神のものではない、夜もそうだ。私はこういう態度を、宗教的と呼ぶ。

「どこかに、私を閉じさせ、堅くし、悲しくし、怒らせ、希望を失わせ、絶望的にするあの恐れがあります。それは非常に捕らえがたいものらしく、実際には触れることすらできません」

取り除きたいと思えば、捕らえがたくなる。当然、それは身を守る。あなたの実存の最深部に隠れる。変装し、とても微妙で捕らえがたいものになっているから、あなたには識別できない。それは違う名前を持つようになる。怒りに対して非常な反感を持っていれば、怒りは別の名前で登場する。プライド、自負心になるかもしれない。宗教的なプライド、信心にさえなるかもしれない。あなたの道徳の影に隠れるかもしれない。あなたの人格の影に隠れるかもしれない。もはや名前が変わり、非常に捕らえがたくなっている。別の役を演じている、だが深部では依然として怒りだ。
物事はあるがままにしておきなさい。あるがままにしておく——これが宗教的勇気というものだ。私は、バラの園を約束しない。とげがそこにある、バラもある。だが、とげをくぐり抜けない限り、バラには近づけない。

悲しみを経験したことのない人に、真の幸福はあり得ない。幸せにはなれない。悲しみを経験したことのない人の幸福は、装いに過ぎない――空っぽで虚ろだ。それは、人々の笑っているときの顔に見られる。彼らの笑いは極めて浅い。まさに唇に塗られた笑いだ。心とは無縁、絶対的に無縁だ。

それはちょうど、口紅のようなものだ。唇は赤く、ばら色に見えるが、その赤みは血液の赤から来るのではない。唇が赤いのは良いが、その赤みは生気から、細胞から、あなたのエネルギー、活力、若さから来なければならない。さて、あなたは唇を塗る、唇は赤く見える、だがそれは醜い。口紅は醜い。だから、口紅を使うのは醜い女性だけだということがわかるだろう。美しい女性が、口紅を使ってどうする？　全く馬鹿げている。唇が赤く、生き生きしていて、生気があるなら、塗る意味などあるだろうか。あなたは、唇を醜い作り物にしている。

あなたの幸せも、口紅のようなものだ。あなたは幸せでないし、幸せでないことを知っている。しかし、あなたはその事実を受け入れられない。自我がその事実を受け入れれば、粉々になってしまうからだ。あなたが……幸せじゃないだって！　どうして受け入れられる？　内側は幸福ではないのだろうが、それはあなた自身の問題だ。表に出すわけにはいかない、本当のことを言うわけにはいかない。世間では体面を保たなければならない、人格を維持しなければならない。そこであなたは笑い続ける。人々の笑いを観察しなさい、どの笑いがハートから来ているか、瞬時にわかるだろう。笑いがハートから来るとき、あなたは瞬時に違った波動が、溢れてくるものが感じ取れる。その人は本当に幸福だ。唇だけの笑いは空っぽ――単なる作り笑いで、背後には何もない。見せかけの笑いだ。

深く笑えない人は、悲しみを抑圧している。悲しみが怖くて深く進めない。たとえ深く笑うとしても、悲しみが表面にぶくぶく浮かんでくるのではないかという恐れがある。それで、いつも護っていなければならない。

だから、どんな状況であっても、それを受け入れるようにしてもらいたい。悲しければ、悲しい。これは神があなたに望むこと。少なくともこの瞬間は、あなたに悲しんでほしいと思っているのだ。真実でありなさい……悲しみなさい！　この悲しみを生きなさい。そしてもし、この悲しみを生きることができれば、幸福という違った質のものが生まれてくるだろう。それは悲しみの抑圧ではなく、悲しみを超えたものであるだろう。

辛抱強く悲しんでいる者は、ある朝不意に、どこか見知らぬ源泉から、幸福が心の中にやって来ているのに気づくだろう。その見知らぬ源泉が神だ。本当に悲しんでいれば、それが手に入る。本当に希望を失い絶望すれば、不幸で惨めであれば、地獄に住んでいれば、天国が手に入る。あなたは代価を払ったのだ。

あるジョークを読んでいた……。

突然のことだったが、ゴールドバーグは早めに会社から帰宅した。すると、彼の妻が隣に住むコーエンとベッドをともにしていた。

怒りで取り乱したゴールドバーグは、隣の家まで走っていった。そしてコーエン婦人と顔をつき合わせた。

「コーエンさん！　お宅の旦那が私の妻と寝ているんです」と彼は叫んだ。

「落ち着いて！　落ち着いてください！　ねぇ、そんなに深刻にならないで。座ってお茶でもいかがです？　気持ちを楽にして」とコーエン婦人は言った。

ゴールドバーグは、静かに座ってお茶を飲んだ。そのとき彼は、コーエン婦人の目がキラッと微かに光っているのに気がついた。

恥ずかしそうな素振りを見せながら、婦人が仄めかした、「ちょっと、復讐したくありません？」

その後、彼らは寝室に退き、愛の行為をした。

それから、もう一杯お茶を飲んでは復讐、お茶を少し飲んでは復讐、さらにお茶を飲んでは――。

終わりの方になって、コーエン婦人がゴールドバーグを見つめ「もう一度復讐しない？」と尋ねた。

静かにゴールドバーグは答えた、「コーエンさん、正直言って、もう辛い気持ちは残っていないんですよ」

どんな状況でも……悲しかったら悲しみなさい。復讐したい気持ちになったら復讐しなさい。嫉妬を感じたら嫉妬しなさい。腹を立てたくなったら腹を立てなさい。事実を避けてはならない。その事実を生きなければならない。それは生の過程、成長、進化にとって大切なものだ。避ける者は未熟なままでいる。未熟でいたかったら避け続けなさい。だが、生そのものを避けていることを忘れてはいけない。何を避けているかが問題なのではない、その避けること自体が、生を避けていることになるのだ。

生に直面しなさい、生に出会いなさい。困難なときがあるだろう。だがいつかわかる、困難なときがあなたを強くしたということが。それらに出会い、あなたは強くなった。出会うことになっていたのだ。困難なときを過ごすのは辛いだろうが、後になって、自分が成熟したのがわかるだろう。それなしには、中心は座らなかっただろうし、土台もできなかっただろう。

世の古い宗教は、みな抑圧的だった。新しい未来の宗教は、自己表現的なものになる。私は新しい宗教を教える。表現を、生の最も基本的なルールの一つとしなさい。表現したがために苦しむ羽目になったとしても、苦しむがいい。決して敗者にはならない。あなたはその苦しみによって、次第に生を楽しめるように、生の喜びを味わえるようになる。

第四の質問

愛する和尚、
あなたは、これまでに飲んだウイスキー・コークの中で最高のものです。私は毎日、あなたの講話を聞きよろめいています、頭はくるくる回っています。あなたの講話を聞くことを悪習とみなし、やめるべきでしょうか。

悪い習慣をやめるのは非常に難しい。良い習慣をやめるのは非常に簡単だが。男性でも女性でも、これまでに悪習をやめられた人の話を聞いたことがあるだろうか。また、もし宗教があなたの悪習かサニヤスになったのなら、あなたは祝福されている、幸運だ。もし私があなたの悪習になったのなら、あなたは幸運だ。私はあなたの良い習慣にはなりたくない。ノーだ、なぜなら、良い習慣はいとも簡単にやめられるからだ!
あなたに小話を一つ。

聖ペテロは、アメリカの現状に関する調査を私的に行ない報告させるため、最も信頼できて保守的な考えを持つ弟子、聖テレサを送った。テレサは、まずニューヨークに立ち寄った。そして三日目の終わりに、状況は恐れていたよりもさらにひどい、と電話で伝えた。

「国へ帰らせてください」とテレサは頼んだ。

「だめです。任務を全うしなくてはなりません。シカゴに行くのです」と聖ペテロは言った。

テレサはシカゴから再び電話をした。一層陰鬱な内容だった。彼女は悲しそうに報告した、「腐敗だらけです。いたるところに罪人がいます。もう耐えられません、天国に戻らせてください」

「耐えるのです、不屈の精神です」と聖ペテロは慰め、「ハリウッドが一番ひどいと聞いています。ハリウッドを調べてきなさい。帰るのはそれからです」と言った。

二週間が過ぎ、四週間が過ぎ、六週間が過ぎたが、聖テレサからは何の連絡もなかった。聖ペテロは心配で居ても立ってもいられず、天国のＦＢＩに捜査を依頼しようとするところだった。そのときついに電話のベルがなり、交換手がこう言った。

「少々お待ちください。ハリウッドからです」

それから、甘い声が電話から流れてきた、「ハロー、ダーリン！　あたし、テリー。ここはとっても神聖なところよ！」

聖テレサにはなってもらいたくない。あなたがハリウッドに行ったとしても、腐敗することはないだろう。なぜなら、私があなたを決定的に、徹底的に腐敗させたからだ。私は悪習だ。私を良い習慣にできる者など、一人もいない。良い習慣は、信頼するに足るものではないからだ。帽子を落としただけで、良い習慣はなくなる。宗教をあなたの悪習にしなさい。瞑想をあなたの悪習にしなさい。そう、それは完全に良いことだ。私をあなたのウイスキー・コークにしてほしい。

第五の質問

愛する和尚、
初めてあなたを見たとき、私はお守りを見つけたような気がしました。和尚が守ってくれる、と。しかし私は今、「和尚はどうやって、和尚自身から私を守ってくれるのだろう」と自問しています。意見をお聞かせください。

それはあなたの問題ではない。私の問題だ。どうやってあなたを私自身から守るか、それは私の問題であって、あなたの知ったことではない。
一つ言えることは……小話でそれを言おう。

エドウィンの人生は終わった。妻は子供を連れて、彼のもとを去っていった。仕事も失っていた。銀行は抵当に入っていた彼の家を処分したところだった。橋の上から飛び降りて自殺するしかない、彼はそう心に決めた。ブルックリン橋まで歩いていき、できるだけ高いところまで登って飛び降りようとしたとき、下の方から甲高い叫び声が聞こえた。

「飛ぶんじゃない！　わしが助けてやる」

「誰だ」と彼は叫び返した。

「魔女だよ」という声が返ってきた。

不思議に思ってエドウィンが降りて来ると、そこにはしわだらけの醜い老婆がいた。老婆はエドウィンを見つめ、こう言った。

「わしは魔女だ。わしの言う通りにすれば、お前に三つの望みを叶えてやろう」

彼は心の中で思った、「これ以上悪くなることはない。失うものなんて何があるだろう？」。それで、「わかった。何をすればいいんだ」と言った。

「家へ来て、一緒に一晩過ごすのさ」と老婆は答えた。

小屋へ着くと、老婆は激しく愛するように命じた。彼は精一杯がんばって、その命令に応えた。そしてへとへとに疲れ果て、最後には寝てしまった。目が覚めたとき、醜い老婆が目の前に立っていた。

「あんたの命令どおり、俺はやった。さあ、約束を守ってもらおうか、三つの願いを叶えてもらおうか」とエドウィン。

魔女はエドウィンを見て、「お前、年はいくつだ」と聞いた。

「四十二だ」

老婆は溜息をついた、「その年で、まだ魔女を信じてるっていうのかい？」

そんなに長く私の話を聞いているのに、まだ和尚を信じているっていうのかい？

私は、あなたからあらゆる支えを、和尚を含めたあらゆる信念を取り上げることに、全力を注いでいるのだ。最初は、あなたを助ける振りをする……それがあなたに理解でき得る唯一の言葉だからだ。しばらくすると、私は身を引き始める。最初は、他の欲望からあなたを連れ去り、あなたが涅槃、解放、真理へ強い情熱を抱くようにする。そして他のあらゆる欲望が消え、ただ一つの欲望しか残っていないとわかったとき、私はその欲望を叩き、「それが唯一の障害だ。落としなさい」と言う。

涅槃は最後の悪夢だ。あなたは戻れない。一度そうした不毛な欲望を落とせば、そこに戻ることはできないからだ。一度落とせば、その魅力、神秘自体が消えてしまう。どうしてそんなに長い間、そうした欲望を持ち歩いていたのか全く信じることができない。すべてがばかばかしく思え、戻ることができない。

そして、私はあなたから最後の欲望を取ろうとし始める。その最後の欲望が消えれば、あなたは光明を得る。すると、あなたは和尚になる。私がここで努力しているのは、すべて、あなたが自分もまた神であると宣言できるように、宣言するだけでなく、それを生きられるようにするためだ。

第六の質問

愛する和尚、
この地上でのあなたの生、あなたが現れた理由を考えてみると、あなたが引受けた仕事には、間違いなく危険があるように思えます。また、失敗する可能性もあるように思えます。あなたの活動が許されないこともあるだろうし、あなたも間違い、過ちを犯し得るはずだからです。失敗する自由がなければ、自由など全く存在しないような気がします。
ところが、あなたを見ると失敗という問題はないのです。無我であることは完全であることですから。意見をお聞かせください。

最も大事なのは、私は何も引受けていないということだ。これは引受けた仕事ではない。実のところ、私はどんな仕事もしていない。私がしているのは仕事ではない。あなたには仕事かもしれないが、私にはそうではない。私はゲームを楽しんでいる、それは遊びだ。遊びでは、間違いをするしないは問題にならない。どうでもいいことだ。

事を深刻に受け取ると、間違いがとてもとても重要になる。重大な仕事と思っていれば、間違いが極めて重要になる。だが私は、少しも深刻にならずにそれをしている。それは笑い、踊りだ。私には遊びだ。私は楽しんでいる。また、私には計画がない、計画などに敬意は払わない。それで、どうして間違いを犯すというのだろう？　計画を持てば、間違いが起こり得る。どこで間違ったかがわかる。私には計画がない。私は設計図を持たない。その瞬間に起きていることをし続けているに過ぎない。だから、何が起ころうと完全に正しい。というのは、基準も、試金石もなく、判断のしようがないからだ。それがその素晴らしさであり、自由の何たるかだ。深刻に仕事をしていては、決して自由になれない。不安が常にあなたを襲う。深刻に仕事をしていると、まずいことになりはしないかという恐れが常につきまとう。

正しいものなどないのだから、私には間違いようがない。正しいものがあれば、何かが間違いになり得る。正しいものがなければ、間違いもない。それが東洋のリーラ（遊び）という観念の意味だ。それは遊び心に溢れている。ここにいる間、私はこの遊びを楽しんでいる。恐ろしいほどに、とてつもなく楽しんでいる。

あなたは、「この地上でのあなたの生、あなたが現れた理由を考えてみると……」と尋ねている。あなたは間違った言葉で考えている。宗教が、あなたのマインドを条件づけてきたその言葉で考えている。キリスト教徒、ヒンドゥー教徒、イスラム教徒、ジャイナ教徒のように考えている。あなたはまだ、私の言葉を理解していない。

キリスト教徒は、キリストが全世界を罪から救うために現れたと考える。ばかばかしい限りだ！見ての通り、世界はいまだに救われていない。実のところ、世界が完全に罪から救われたら、キリストに残された仕事は一つもなくなるだろう。彼は一文無しになるだろう、破産するだろう。店を閉めなければならなくなるだろう。ジャイナ教徒は、ティルタンカラは人類を救うために現れると考える。理解はできる。あなたは救いを求め、救いを投影する。

だが、ティルタンカラはあなたを助けない。楽しんでいるだけだ。あなたも、楽しみたければ参加できる。ティルタンカラは、霊的楽しみの扉、霊的至福の扉を開けるに過ぎない。それに、あなたが来ても来なくても気にしない、数人来ようが何百万人来ようが、気にしない。誰一人来なくても、百万人来ても同じこと。客は探さない。ティルタンカラは幸せだ。彼にすれば、物事は全く良い方向に進んでいる。数人やって来て彼と踊れば、それも良し。誰一人来なければ、一人で踊る。踊りは変わらない、完全だ。それは仕事ではない。

ヒンドゥー教徒は、世の中が不幸なとき、無知の中にあるとき、アヴァターラ（神の化身）が現れると考えている。宗教が世の中から消えるとき、アヴァターラが現れる、と。ばかばかしい限りだ！　アヴァターラは何度も何度も現れた。だが、不幸はなくならなかったし、無知もなくならなかった。

宗教は、決して既成事実化されない。実際、既成事実化された途端、宗教ではなく教会になる。既成事実化された宗教は、もはや宗教ではない。既成事実化されないものしか残らない。宗教は反逆だ。元来、宗教は反逆的であり、それを元にして物事を定めることはできない。遊びは続く。

しかし、なぜ至る所で人々は救いを求め、それを投影するのか、私には理解できる。それは人々の望みだ。彼らが不幸なのは確かで、助けてもらいたがっている。なぜ、人に助けてもらいたいのだろうか。自分で責任を取りたくないからだ。あなたは、まず人が自分を不幸にしたと言い、次に誰かがあなたの不幸を取り除かなければならないと言う。あなたは何をしているんだね？　あなたを不幸にしたのはあなたではない。それを取り除くことも、あなたにはできない。あなたはいるのだろうか、いないのだろうか？

責任とは存在のことだ。責任はあなたに実在を与える。あなたを不幸にしているのは悪魔だ、そして、神がキリストやマホメッドやマハヴィーラになり、不幸から救い出してくれる——こんなふうに他人に責任を転化し続けていたら、あなたは何をしていることになるのだろうか。あなたはまさしく、サッカーボールのようなものだ。一方が神でもう一方が悪魔で、こちらからあちらに蹴られている。もういい！　あなたは言わねばならない、「もういい！　これ以上蹴られるのはたくさんだ」と。

あなたはサッカーボールなのかね？　責任を負いなさい。

私は、あなたを救うためにここにいるのではない。あなたは、救われようとしてここにいるのだろうが、救うつもりはない。私は自分のことを楽しんでいるだけ、自分のことをしているだけだ。救われようとか、仕事、キリスト、アヴァターラとかいう観念を落とせば、あなたはもっと多くのものを得るだろう。救いという観念をすっかり落とせば、あなたはもっと救われるだろう。ただ、私といるがいい。商売を持ち込んではならない。純粋な遊びにするがいい。


「あなたが引受けた仕事には、間違いなく危険があるように思えます」。何もない、危険はない。引受けてはいないからだ。危険を背負うことなど何もない、失うものなど何もない。だから私は、どんな危険も犯してはいない。存在するものはすべて存在し続ける。存在しないものは存在しない。それで何が危険なのだね？

誰かが私を殺したとしても、すでに死んでいる、ずっと死んでいる肉体を殺すに過ぎない。肉体は大地の一部だ。塵から塵になるだけだ。私は殺せない。生まれる前にも私は存在した。死が起こっても私は存在する。だから、私に何をしたというのだろう？　深刻なものなど何もない、取りたてて重要なものなど何もない。その人は、極めて重大なことをしたと思うかもしれない。私を殺した、と。イエスを磔にした、ソクラテスを殺した、と。それはその人の考えであって、私の中では物質であるものは物質に帰り、意識であるものは意識に帰るということだ。したがって、誰も私を殺せない。私を撃つことはできるが、それでも撃つことはできない。私の首を切り落とすことはできるが、あなたの剣は私に触れない。剣は物質だから、私の精神に触れることはできない。

危険もなければ、失敗の可能性もない。なぜなら、成功の可能性もないからだ。成功というものがないのに、失敗し得るだろうか。実のところ、成功、失敗、利益、損失といった言葉そのものが馬鹿げているし、まともなものではない。

あなたは、「あなたの活動が許されないこともあるだろうし、あなたも間違い、過ちを犯し得るはずだからです。失敗する自由がなければ、自由など全くないような気がします」と尋ねている。

自由とは絶対的なものだから、正しいも間違いもない。何をしても正しいというほどに、自由は絶対的なのだ。何かをしなければならず、それが正しいときと間違っているときがあるというのではない。私の見地、私の立場、私の立っているところから理解しようとしなさい。何をしようと完全に正しい――正しさの基準を満たすというのではなく、正しさの基準がないということだ。それゆえ、私はハシディズムの人と一緒にいられる。スーフィーの人とも、タントラの人とも、ヨギたちとも一緒にいられる。それは、宗教的と言われる人々には極めて難しい。マハヴィーラといる人が、どうしてマホメッドといられるだろうか。不可能だ。一方が正しければ他方は間違っている。クリシュナといる人が、どうしてキリストといられるだろうか。一方が正しければ、他方は間違っている。彼らの数学は明快だ。一つしか、正しいものはあり得ない。私にとっては、基準など存在しない。誰が正しくて誰が間違っているかは、判断できない。マハヴィーラは、自分のことを楽しんでいるから正しい。仏陀も、自分のことを楽しんでいるから正しい。マホメッドも、途方もなく自分のことを楽しんでいるから正しい。喜びは正しい。私は何をしていても、それを途方もなく楽しんでいる。喜びに満ちているということは、正しいということだ。

たとえ私が、あなたの言うように間違いを犯したとしても……おそらくあなたには、私が過ちを犯しているように見えることがあるだろう。だが、それはあなたのせいだ、あなたが何らかの基準を持ち歩いているからだ。

昔、あるジャイナ教徒の家族のところに滞在したことがあった。九十歳になる老人が、私のところに来て足に触れ、こう言った、「あなたは、二十五番目のティルタンカラと言っても良いお方です」

私は、「待ってください。私をしっかり見てください」と言った。

彼は、「どういう意味でしょう?」と言った。

私は、「ただ見ればいいのです。そうでないと、さっきの言葉を撤回しなくてはならなくなりますよ」と言った。

老人は少し当惑した。黄昏《たそがれ》どきで、陽が沈み、夜が訪れようとしていた。すると女性――老人の妻が入って来て、「お食事の用意ができました」と言った。

「待ってください」と私は言った。

「何ですって？　もう太陽は地平線の下に沈んでいるのですよ。食事をなさるつもりですか」と老人は言った。

「そうです。奥さんには待ってもらうように言っているのです。私はお風呂に入らなければなりません。それから食事をいただくつもりです」

彼は立ちあがって、「申し訳ありませんが、さっきの言葉を撤回しなければなりません。あなたのおっしゃる通りでした。あなたは夜に食べられるのですか。そんなこともご存知ないなんて、一体どういう覚者なのですか」と言った。


彼は、光明を得た人間は夜に食べられないという基準を持っている。これはジャイナ教の基準だ。基準を持っている人のところへ行けば、その人は、私がそれに適《かな》っているかいないか、その窓を通して見るだろう。だが私は、あなたの期待を満たすためにここにいるのではない。いかなる基準も持っていないから、私は常に正しい。それ以外にはありようがない。あなたは、私に矛盾を見つけることすらできない。なぜなら、私がこの瞬間までに何を語ったにしても、それと私は無関係だからだ。語ったことなど全然気にしない。気にするのは愚かな学者たちであって、私には済んでしまったことだ！　何かを語るとき、私は語ることを楽しむ。それだけだ。それ以上のことに関心はない。何かをするとき、私はそれを限りなく楽しむ。それ以上のことに関心はない。

「ところが、あなたを見ると失敗という問題はないのです。無我であることは完全であるということですから」。どうして無我であることが完全なのかね？　まさにその完全という考えこそ、自我のものだ。無我は完全ではあり得ない。無我とは自我の不在に他ならない。不在は不完全であり得るだろうか。あり得ない。ならば、不在が完全であるということもあり得ない。不在は不在に過ぎない。自我は完全であり得るし、不完全でもあり得る。だが、無我はどちらもあり得ない。完全な人などいやしない。

自我のゲームはすべて馬鹿らしいと理解したとき、自我は消える。あとには何も残らない。全体性はあるが、完全さはない。全面性はあるが、完全さはない。

古い宗教は皆、完全志向だった。私が教えているのは、すべて全体志向だ。私は全体であれと言うが、完全であれとは言わない。その違いはとてつもなく大きい。全体であれと言うときには、矛盾することも認めている。そのときには徹底的に矛盾すればいい。全体的であれと言うとき、私はあなたにゴール、基準、理想を与えない。あなたに悩みを持ってほしくない。私が望むのはただ、この瞬間に、どこにいようと、何をしていようと、あなたが何者であろうとも、全体的でありなさいということだ。悲しかったら全面的に悲しみなさい、あなたは全体だ。腹が立ったら、全面的に腹を立てなさい。その中に没入しなさい。

完全という考えは、全く異なる反対のものだ。異なるだけでなく正反対だ。完全主義者は、「決して腹を立ててはいけない、いつも慈悲深くありなさい。決して悲しんではいけない、いつも幸せでいなさい」と言う。一方の極に反対し、もう一方の極を選ぶ。全体性においては、両方の極を受け入れる。低いものと高いもの、上と下とを。全体性は全面的ということだ。またあなたは、自我のばかばかしさを、余すところなく理解しなければならない。そうでないと、自我は裏口から入って来かねない。もし私が「さあ、完全な無我の状態になりなさい」と言ったら、あなたは自分より自我のない人はいないことを証明しなければならなくなるだろう。

小話を一つ。

ある家族が、息子のバルミツバーの儀式（十三歳になった少年を、正式に成人として認めるユダヤ教の儀式）を執り行なうことになっていた。金に糸目をつけず、儀式を今までにないユニークなものにしたいと思っていた。儀式の担当者は様々な提案をした。ディズニーランドへ繰り出す、ホワイトハウスを借り切る、原子力潜水艦で儀式を行なう。しかしその家族は、どれも皆、古臭いと言って受け入れなかった。アフリカへサファリに出かけ、そこで儀式をやるというアイデアが閃いたとき、初めてその家族は乗り気になった。

招待状が二百人に配られ、二百枚の航空券が購入された。そして、一行はアフリカに向かった。アフリカに着いたとき、バルミツバーの一行は、二百頭の象、五十人のガイド、七人のラッパ手、食料を運ぶ三百人の現地のポーターに出迎えられた。招待客のそれぞれが象にまたがった。儀式を受ける息子の父親は、隊列の一番後ろに並んだ。

ジャングルに入って数マイルも進まぬうちに、突然、隊が一斉に止まった。後ろの象に乗っている父親が叫んだ、「どうしたんだ?」

その質問は、隊の先頭にいるガイドに届くまで二百回繰り返された。逆の道筋を辿って答えが返って来た。

「しばらくここにいなければならない」

「なぜだ?」と、落胆した父親が叫んだ。

その質問が列の前方へ進むとき、二百人の招待客が「なぜだ?」と嘆きの声を上げた。

それから答えが返って来た。

「別のバルミツバーの一行が前にいるんだ!」

エゴトリップというのは、すべてそういうものだ。あなたは円の上を動く。絶対、絶対に先頭には行けない。今度もバルミツバーの一行が前にいるだろう。最も奥深いアフリカのジャングルでさえ、今まで誰もやらなかったことなどできやしない。今までにないものになど、唯一無二のものになどなれやしない。だから、自我は満足できない。自我は不完全なまま、完全を要求し続ける。

私が伝えたいのは、真実を見るということ、自我が、完全や独自性の名のもとに生み出している地獄を見、それを落とすということだけだ。そのとき、途方もない美——無我、無自己、深い虚空が生まれる。深い虚空から創造性が生まれ、その空から至福が、サット・チット・アナンド、真理－実在－至福が現れる。すべてはその絶対的な純粋性から生まれる。自我がないとき、あなたは処女だ。キリストは処女から生まれた。あなたの空は処女なる母、母なるマリアだ。

最後の、そして最も重要な質問。実に歴史的重要性のある質問だ。

愛する和尚、
なぜ、あなたはいつもタオルを持ち歩いているのですか。
もう、持ち歩くのはやめたらいかがですか。

まず最初に、私はタオルを二十五年間ずっと手放さずにいるということ。二十五周年だ！
私はその質問に驚いている。というのも、昨夜私は、タオルを手放そうと決心したばかりだったからだ。
私はある話を思い出した。

ある男性がとても長生きし、百歳になった。そこで、記者たちが彼を取材に来た。色んな質問をした。一人の記者が、聞こうか聞くまいか少し躊躇していた。この質問をする人はいつもそうなのだが、これまでにも記者たちは、そんな馬鹿げた質問をするかしないか、何度も躊躇したに違いない。その記者は尋ねた、「もう一つお尋ねしたいことがあるのですが。女性についてどう思いますか」

老人は言った、「不思議だね。けさ私は、女のことは絶対に考えまいと決心したばかりなのだ」百歳の老人が、まさにその日の朝決心した！　そして老人は言った、「どうか、もう惑わさないでくれ！」

私は、昨夜決心したばかりだ。

だが、あなたが質問したのは良いことだ。どうして私がタオルを持つようになったのか、長い話になるが、タオルを手放す前にその話をしたほうがいいだろう。

私がジャバルプールに住み始めたとき、そこにはものすごい数の蚊がいた。笑ってはいけない、ジャバルプールに較べたら、プーナなど何でもない。いないに等しい。ジャバルプールでは、一日中タオルで追い払わなくてはならなかった。静かに座っているのは不可能だった。

かつて、仏僧であり非常に高名な学者であるビクシュ・ジャグディシュ・カシャップが私のところにいた。私が招待した客だった。

蚊を見て彼は言った、「蚊にかけてはサルナートが最高だと思っていましたが、今じゃジャバルプールがサルナートを打ち負かしたようですね」

そして、「仏陀にまつわるサルナートのお話をしましょう」と言った。

「仏陀は一度しかサルナートへ来ませんでした。仏陀の最初の説教はサルナートで行なわれたのですが、二度と戻って来こなかったのです。それで、戻って来なかったのは蚊のせいだと、何世紀にも亘って仏教徒たちに言われ続けているのです」

いったんジャバルプールを離れたら二度と戻らないだろう、と私はビクシュ・ジャグディシュ・カシャップに言った。離れてから一度もそこへは行っていない。私には仏陀の大変さがわかる。タオルなしには、どうすることもできなかっただろう。仏陀は、生涯のうちに、何度も同じ町を訪れた。シュラヴァスティは少なくとも三十回、ラジャグリーは少なくとも四十回。だが、サルナートには二度と戻って来なかった。それには何か秘密があるはずだ。

実際、昔から蚊は瞑想者の敵だった。瞑想していると、悪魔が誘いに来るかどうかは知らないが、蚊だけは常にやって来る。

私は十八年間ジャバルプールにいた。タオルは、いつも連れ添う私の伴侶となった。ジャバルプールを離れボンベイに来たときに、手放そうかとも考えた。しかし、そのころ人々はタオルに秘教的な考えを抱くようになっていた。それで、そう考える人たちのために、私はタオルを使い続けることにした。

今や、それは迷信になった。迷信という言葉は、ときには有用だが状況が変われば有用でなくなるもの、という意味を持つ語根に由来する。だがタオルは放さずにいた。このタオルは迷信なのだが、あなたたちのために、私はタオルを持ち歩き続けた。自分たちの考えを基礎づけるため、何かを必要としている秘教的な人々、秘教的な考えを持つ人々が周りにいるからだ。


一人の女性、フィリピン出身の美しいサニヤシンが、私のタオルに真理を見出したと言った。私はどんな真理かと尋ねた。彼女は、「あなたは誰でもありません。無の中に生きています。あなたは何かを掴んでいなくてはなりません。そうしなければ、消えてしまうでしょう」と言った。

「その通り。全く正しい！」と私は言った。

三つだけ、私の持ちものがあった。ルンギとローブとタオルだ。見ての通り、ルンギはなくなってしまった。パリジャットがそれを手放す手伝いをしてくれた。パリジャットは私の公認の裁縫師だ。聖なるお方、オショウ・シュリ・シュリ・シュリ・オショウジ・マハラジが任命なすった裁縫師だ！　彼女がとても素晴らしいローブを作ってくれたので、ルンギを着るのが滑稽にすらなってしまった。キャデラックの脇にいる牛車のように見えてきた。着る必要がなくなって、私はルンギを捨てた。

今度はタオルの番だ。残っているのはローブしかない。どうか、ローブのことは質問しないでほしい！

　ちょっとした話をしよう。

　若いユダヤ人の二人が、二百人以上の親戚や友人に囲まれ、ユダヤの伝統に則って結婚しようとしていた。ラビが祈りの言葉を捧げ、「この世の我が持ち物を、すべて汝に授けよう」と言ったとき、部屋は完全に静まり返った。

　最も良き男性が、花嫁に付き添う女性の方を向き、「アーヴィングの自転車がもらえる！」と言った。


　さあ、和尚のタオルだ。それが、我が持ち物のすべてだ。だから、ローブについては決して質問しないよう、あなたたちに念を押しておきたい。

　私はタオルを投げる。タオルが落ちたところにいる人が、その名誉ある所有者だ。しかし、手をあげたり掴もうとしたりしてはならない。うん、あなたたちは瞑想の状態、完全に受動的でなくてはならない。神もそのようにして降りてくるのだ！　取ろうとしたら、タオルの所有者にはなれない。
　二、三の人がタオルは自分のものだと言って、何か問題が起きたり口論になったら、ムラ・ナスルディンのところに行きなさい。目に見えないし、極めて捕らえがたい人間だから、ムラのところへ行くのは難しい。だが、彼が一番だ。もし彼のところへ行けなかったら、二番目の人物、スワミ・ヨーガ・チンマヤのところへ行きなさい。チンマヤが口論を収め、誰が所有者か決めてくれるだろう。もしそれでもだめだったら、タオルを分け合えばいい。

覚えておきなさい、掴んではならない。

掴もうとすればチャンスを失う。落ちて来るに任せなさい。

さあ、和尚のタオルだ!

●和尚について

和尚は、彼の生き方とその教えが、あらゆる世代のあらゆる社会的地位にいる何百万もの人々に影響を及ぼしている、現代の神秘家です。彼は、ロンドンの「サンデー・タイムス」によって二十世紀を作った百人の一人として、また「サンデー・ミッドディ（インド紙）」では、ガンジーやネルー、仏陀と並んでインドの運命を変えた一人として評されています。

和尚は自らのワークについて、新たなる人類の誕生のための状況を創る手助けをしていると語ります。彼はしばしばこの新たなる人類を「ゾルバ・ザ・ブッダ」——ギリシャ人ゾルバの現実的な楽しみと、ゴータマ・ザ・ブッダの沈黙の静穏さの両方を享受できる存在として描き出します。和尚のワークのあらゆる側面を糸のように貫いて流れるものは、東洋の時を超えた英知と、西洋の科学と技術の最高の可能性を包含する展望《ヴィジョン》です。

彼はまた、現代生活の加速する歩調を踏まえた瞑想へのアプローチによる、内なる変容の科学への革命的な寄与によっても知られています。その独特《ユニーク》な「活動的瞑想法《アクティヴ・メディテーション》」は、最初に身心に蓄積された緊張《ストレス》を解放することで、考え事から自由な、リラックスした瞑想をより容易に経験できるよう意図されています。

和尚コミューン・インターナショナル、彼の教えが実践され得るオアシスとして和尚がインドに設立した瞑想リゾートは、世界中の百を超える国々から、年におよそ一万五千人もの訪問者たちを惹きつけ続けています。

和尚と彼のワークに関しての、またインド・プネーの瞑想リゾートへのツアーも含めたより詳しい情報については、インターネット上を訪れてみて下さい。(http://www.osho.com)

●瞑想リゾート/和尚コミューン・インターナショナル

和尚コミューン・インターナショナルの瞑想リゾートは、インド、ボンベイの南東百マイルほどに位置するプネーにあります。もとは王族《マハラジャ》たちや富裕な英国植民地主義者たちの避暑地として発展したプネーは、現在は多数の大学とハイテク産業を構え繁栄する近代都市です。

和尚コミューンの施設は、コレガオンパークとして知られる三十二エーカー以上に及ぶ郊外の木立の中にあります。毎年百以上の国々から約一万五千人ほどの訪問者が、その滞在期間に応じて種類も豊富な最寄りのホテルやアパートの個室などの宿泊施設を見つけながらリゾートを訪問しています。

リゾートのプログラムはすべて、日々の生に喜びをもって関わり、沈黙と瞑想へとリラックスして入っていける、新たなる人類の質への和尚の展望《ヴィジョン》に基づいています。ほとんどのプログラムは近代的で空調設備の整った場所で行なわれ、個人セッションや様々なコース、ワークショップを含みます。スタッフの多くは、彼ら自身が各々の分野での世界的な指導者です。提供されているプログラムは、創造的芸術からホーリスティック・ヘルス・トリートメント、個の成長やセラピー、秘教的科学、スポーツや娯楽から、あらゆる世代の男女にとって重要な関係性の事柄や人生の変遷に対する〝禅〟的アプローチまで、すべてを網羅しています。個人的なものとグループでのセッションの両方が、日々の充実した和尚の活動的瞑想法のスケジュールや、青々とした南国の庭園やプール、〝クラブ・メディテーション〟のコート設備といった、リラックスのための豊富な空間と共に、一年を通じて提供されています。

瞑想リゾート内の屋外カフェやレストランは、伝統的なインドの料理と各国の様々な料理の両方を、コミューンの有機農園で育った野菜でまかなっています。リゾートは専用の安全で、濾過された水の供給源を持っています。

和尚コミューン・インターナショナルのリゾート訪問、または訪問に先立つプログラムの予約については(323)-563-6075(米国)へお電話頂くか、またはhttp://www.osho.comのインターネット・ウェブサイト上にある「プネー・インフォメーションセンター」にて、最寄りのセンターをお調べ下さい。

●より詳しい情報については: HYPERLINK http://www.osho.com

異なる言語にて、和尚の瞑想や書籍や各種テープ、和尚コミューン・インターナショナルの瞑想リゾートのオンライン・ツアーや世界中の和尚インフォメーションセンター、そして和尚の講話からの抜粋を掲載した、包括的なウェブサイトです。

●「新瞑想法入門」: 発売/市民出版社 (Meditation: The First and Last Freedom)

もし瞑想についてもっとお知りになりたい場合は、「新瞑想法入門」をご覧下さい。この本の中で、和尚は彼の活動的瞑想法や、人々のタイプに応じた多くの異なった技法について述べています。また彼は、あなたが瞑想を始めるにあたって出会うかもしれない、諸々の経験についての質問にも答えています。

この本は英語圏のどんな書店でもご注文頂けます。（北アメリカのSt. Martin's Pressや英国とその連邦諸国のGill & MacMillanから出版されています）また、他の多くの言語にも翻訳されています。

ご注文のためのご案内はhttp://www.osho.comをご覧になるか、日本語版は市民出版社まで（tel 03-3333-9384）お問い合わせ下さい。

死のアート

2001年4月14日初版　第1刷発行

◆講　話／和 尚

◆翻　訳／スワミ・ボーディ・マニッシュ

◆照　校／スワミ・ニキラナンド

マ・アムリッタ・テジャス

◆装　幀／スワミ・アドヴァイト・タブダール

◆発行者／マ・ギャン・パトラ

◆発　行／株式会社 市民出版社

〒168-0071 東京都杉並区高井戸西2-12-20

Tel. 03-3333-9384　Fax. 03-3334-7289

郵便振替口座　00170-4-763105

e-mail　info@shimin.com

◆印　刷／東洋経済印刷株式会社

Printed in Japan

ISBN4-88178-178-2 C0010 ¥2400E

＊落丁・乱丁本はお取り替え致します。

全国の主な和尚瞑想センター

和尚に関する情報をさらに知りたい方、実際に瞑想を体験してみたい方は、お近くの和尚瞑想センターにお問い合わせ下さい。

参考までに、各地の主な和尚瞑想センターを記載しました。なお、活動内容は各センターによって異なり、所在地も流動的となっています。詳しいことは直接お確かめ下さい。

〔北海道〕

和尚チャンパインフォーメーションセンター
〒061-2284　札幌市南区藤野4-4-17-15
Tel & Fax 011-594-2220　e-mail an-and-mikio@pop17.odn.ne.jp

〔関東〕

和尚サクシン瞑想センター　〒167-0042　東京都杉並区西荻北1-7-19
Tel 03-5382-4734　Fax 03-5382-4732　e-mail osho@sakshin.com
http://www.sakshin.com

和尚ジャパン瞑想センター
〒158-0081　東京都世田谷区深沢5-15-17
Tel 03-3703-0498　Fax 03-3703-6693

〔東海〕

和尚瞑想センター
〒465-0064　名古屋市名東区亀の井3-21　名徳荘305号（花木方）
Tel & Fax 052-702-4128

和尚庵メディテーション・アシュラム
〒444-2400　愛知県東加茂郡足助町大字上国谷字柳ヶ入2番北
Tel & Fax 0565-63-2758　e-mail alto@he.mirai.ne.jp

〔近畿〕

和尚ターラ瞑想センター
〒662-0015　兵庫県西宮市甲陽園本庄町6-25-516
Tel 0798-73-1143　e-mail mister.go@nifty.ne.jp

和尚オーシャニック・インスティテュート
〒665-0051　兵庫県宝塚市高司1-8-37-301
Tel 0797-71-7630　e-mail oceanic@pop01.odn.ne.jp

和尚マイトリー瞑想センター
〒659-0082　兵庫県芦屋市山芦屋町18-8-502
Tel & Fax 0797-31-5192　e-mail ZVQ05763@nifty.ne.jp

〔近畿〕

和尚インスティテュート・フォー・トランスフォーメーション
〒655-0014　兵庫県神戸市垂水区大町2-6-B-143
　Tel & Fax　078-705-2807

〔九州〕

和尚ウツサヴァ・インフォメーションセンター
〒879-6213　大分県大野郡朝地町大字上尾塚136　　Tel 0974-72-0511
　e-mail light@jp.bigplanet.com　http://homepage1.nifty.com/UTSAVA

〔沖縄〕

和尚インスティテュート　オブ・クリエイティブ・アーツ&サイエンシズ
〒900-0013　沖縄県那覇市牧志1-2-1 モルビービル5F
　Tel & Fax　098-868-6809

〔インド・プネー〕

和尚コミューン・インターナショナル
Osho Commune International
17 Koregaon Park Pune 411001　(MS) INDIA
Tel 91-20-6128562　Fax 91-20-6124181
Internet : http://www.osho.com
E-Mail : osho-commune@osho.com

〔アメリカ〕

和尚インターナショナル***Osho International***
570 Lexington Ave
New York, N.Y. 10022 USA
Tel. 1-212-588-9888　Fax: 1-212-588-1977
E-Mail : HYPERLINK mailto:osho-int@osho.com

第五巻　愛の円環

タントラはセックスのためにあるわけではない
タントラは超越のためにある
しかし超越が可能となるのは
唯一、体験を通してだ―

- ●タントラ的性行為の精神性
- ●内側の真実に向かって
- ●宇宙的オーガズム
- ●世界という心理劇
- ●突然の開悟とその障害　他

第六巻　覚醒の深みへ

覚醒とは錬金術だ……
どんな気分でも、どんな感情でも、
どんなエネルギーでも
覚醒、気づきを持ち込めば、その本性と質は変化する

- ●タントラ的覚醒の技法
- ●変化を通じて不変を見つける
- ●愛と解放の秘密
- ●欲求からの自由
- ●種子の潜在性　他

第七巻　光と闇の瞑想

あらゆる形態は闇の中から生じ、
闇の中へと溶け去る――
闇は子宮だ。宇宙的子宮だ。
乱されることのない絶対的な静けさがそこにある

- ●根源へ向かう
- ●存在への回帰
- ●エゴを明け渡す
- ●覚醒の炎
- ●空の発見　他

第八巻　存在とひとつに

二つの零は二つではない
二つの零はひとつになる――零とは全体だ
〈存在〉とともに沈黙しているとき
あなたは〈存在〉とひとつになる

- ●カルマを越えて
- ●丘の上から見る
- ●全体とひとつになる技法
- ●今こそがゴール
- ●無選択は至福　他

第九巻　生の神秘

独り在ることこそ人間の本質的な真実だ
一人で生きられない限り
また自分が独り在ることを完璧に深く知らない限り
自分自身はわからない

- ●独り在ること
- ●無思考の瞬間
- ●未知なる自分
- ●危険に生きる　他

第十巻　空の哲学

もし一切の欲求がなくなればあなたはただ消え去る……
あなたは空として存在する
ちょうど空っぽの部屋のように……

- ●変容への恐れ
- ●生と性エネルギー
- ●内なる道案内
- ●空の体験　他

◆112の瞑想カード◆　一枚のカードから始まる変容への旅

この瞑想カードは、あなた自身を開く百十二の扉。五千年前インドに生まれ、禅、ヨーガ、神秘主義など、あらゆるスピリチュアリティの源泉ともなったタントラ秘法の書の経典《スートラ》をもとに、日常生活の中で気軽に実践できる瞑想法を紹介しています。タロットカードのようにその時々に応じて選ぶ、遊びに満ちた瞑想導入のためのカードです。

（カラー112枚カード、説明書付）　出典／タントラ秘法の書　　本体4800円（税別）／〒500円

ディャン・スートラ—瞑想の道

真理とは何か？自分とは何か？身体、マインド、感情の浄化と本質、それをいかに日々の生活に調和させるか——といった、瞑想の土台となる道しるべ、そして全き空（くう）への実際的なアプローチを、段階的にわかりやすく指し示す。人類の根源的な問いへと導く生の探究者必読の書。

＜内容＞
- 瞑想の土台 ●生の本質を見い出す ●意識の光
- 身体と魂—科学と宗教 ●一度に一歩　他

四六判上製　328頁　本体2600円（税別）　送料380円

隠された神秘—秘宝の在処

寺院や巡礼の聖地の科学や本来の意味、そして占星術の真の目的——神聖なるものとの調和への探求——など、いまや覆われてしまった古代からの秘儀や知識を説き明かし、究極の超意識への理解を喚起する貴重な書。

＜内容＞
- 第三の眼の神秘学 ●巡礼地の錬金術 ●偶像の変容力
- 占星術：一なる宇宙の科学　他

四六判上製　304頁　本体2600円（税別）　送料380円

私の愛するインド—輝ける黄金の断章

「インドとは、真実に到達しようとする切望、渇きだ……」光明を得た神秘家たち、音楽のマスターたち、バガヴァット・ギータのような類まれな詩などの宝庫インド。真の人間性を探求する人々に、永遠への扉であるインドの魅惑に満ちたヴィジョンを、多面的に語る。

＜内容＞
- 永遠なる夢 ●覚醒の炎 ●東洋の香り
- 沈黙の詩—石の経文　他

A４判変型上製　264頁　本体2800円（税別）　送料380円

ユニオ・ミスティカ—神秘の合一

イスラム神秘主義、スーフィズムの真髄を示す宮廷詩人ハキーム・サナイの悟りの書、「真理の花園」を題材に、和尚が語る愛の道。

「この本は書かれたものではない。
彼方からの、神からの贈り物だ」——和尚

＜内容＞
- ハートの鏡をみがく ●炎の試練
- 愛と笑いの架け橋 ●真実の祭壇　他

四六判並製　488頁　本体2480円（税別）　送料380円

タントラの変容―愛の成長と瞑想の道

光明を得た女性と暮らしたタントリカ、サラハの経文を題材に語る瞑想と愛の道。恋人や夫婦の問題等、探求者からの質問の核を掘り下げ、個々人の内的成長の鍵を明確に語る。

「愛はエネルギーだ、エネルギーは動く。……それは瞑想となった、祈りとなった。それこそがタントラのアプローチだ――和尚」

<内容>

- タントラの地図　●自由はより価値あるもの　●知性が瞑想だ
- 四つの封印を打ち破る　●愛は影を作らない　他

四六判並製　480頁　本体2600円（税別）　送料380円

朝の目覚めに贈る言葉―心に耳を澄ます朝の詩

朝、目覚めた時、毎日１節ずつ読むようにと選ばれた１２ケ月の珠玉のメッセージ。生きることの根源的な意味と、自己を見つめ、１日の活力を与えられる覚者の言葉を、豊富な写真と共に読みやすく編集。姉妹書の「夜眠る前に贈る言葉」と合わせて読むことで、朝と夜の内容が、より補い合えることでしょう。

<内容>

- 人生はバラの花壇　●愛は鳥―自由であることを愛する
- 何をすることもなく静かに座る、春が訪れる…　他

A判変型上製　584頁　本体3480円（税別）　送料380円

夜眠る前に贈る言葉―魂に語りかける12ヶ月

眠る前の最後の思考は、朝目覚める時の最初の思考になる……特別に夜のために選ばれた和尚の言葉の数々を、１日の終わりに毎日読めるよう、豊富な写真と共に読みやすく編集。日々を振り返り、生きることの意味や自己を見つめるのに、多くの指針がちりばめられています。　<「朝の目覚めに贈る言葉」姉妹書>

<内容>

- 闇から光へのジャンプ　●瞑想とは火
- あなたは空だ　●生を楽しみなさい　他

A判変型上製　568頁　本体3400円（税別）　送料380円

禅宣言―和尚最後の講話シリーズ

「自分がブッダであることを覚えておくように――サマサティ」この言葉を最後に、和尚はすべての講話の幕を降ろした。古い宗教が崩れ去る中、禅を全く新しい視点で捉え、人類の未来に向けた新しい地平を拓く。永遠に新鮮な真理である禅の真髄を、現代に蘇らすための宣言。

<内容>

- 無―大海への消滅　●西欧人と禅
- マインドは思考、瞑想は生きている　●サマサティ―最期の言葉

四六判上製　496頁　本体2880円（税別）　送料380円

無水無月―ノーウォーター・ノームーン

禅に関する10の講話集。光明を得た尼僧千代能、白隠、一休などのなじみやすいテーマのもとに語られる、和尚ならではの卓越した禅への理解とユニークな解釈。時折振り下ろされる和尚の禅スティックが、目覚めへの一撃となるかもしれません。

<内容>●死人の答え　●黒い鼻のブッダ　●ほぉ、そうか
●討論、一夜の仮の宿　●倶胝《ぐてい》の指　他

四六判上製　448頁　本体2650円(税別)　送料380円

グレート・チャレンジ―超越への対話

人生の意味は？　奇跡や物質化現象とは？　知られざるイエスの生涯、変容の技法、輪廻について等、多岐に渡る覚者から探求者への、興味深い内面へのメッセージ。和尚自身が前世の死と再誕生について語る。未知なるものへの探求を喚起する珠玉の一冊。

<内容>●一人だけの孤高の飛翔　●ヨガ・自発的出来事
●イエスの知られざる生涯　●神は存在そのものだ　他

四六判上製382頁　本体2600円(税別)送料380円

奇跡の探求Ⅰ―覚醒の炎

四六判上製　488頁　本体2800円(税別)　送料380円

若き和尚がリードする瞑想キャンプ中での、エネルギッシュで臨場感溢れる講話録。自己本来の道を探し求めるすべての人々へ向け、いまだかつて語られることのなかった真実が、炎のように迸る。

<内容>　●クンダリーニ―眠れる大蛇　●和尚がリードするダイナミック瞑想
●瞑想とは死と復活　●物質と神はひとつだ　他

奇跡の探求Ⅱ―七身体の神秘

四六判上製　496頁　本体2800円(税別)　送料380円

内的探求と変容のプロセスを、秘教的領域にまで奥深く踏み込み、説き明かしていく貴重な書。男女のエネルギーの性質、クンダリーニ、チャクラの神秘、人間の霊的成長の段階について、洞察に次ぐ洞察が全編を貫く。

<内容>　●七つの身体と七つのチャクラの神秘　●瞑想者の道の成熟
●タントラの秘法的次元　●クンダリーニ―超越の法則　他

和尚との至高の瞬間《とき》

著／マ・プレム・マニーシャ

四六判並製　250頁　本体1900円(税別)　送料310円

和尚の講話での質問者としても著名なマニーシャの書き下ろし邦訳版。和尚との印象的な出会いのシーン、テイクサニヤス、そして内なる瞑想体験など、常に和尚と共に過ごした興味深い日々のエピソードを、内面を見つめながら真摯に綴った一冊。

<内容>　●ダンスへの招待　●渇きと約束　●錬金術師の手の内で　他

※和尚講話録の発行予定をお知りになりたい方には、新刊案内をお送りします。ご希望の方は、葉書か電話、FAX、eメールにてお名前、ご住所、お電話番号、FAX No.、eメールのある方はアドレスを弊社までお知らせ下さい。新刊の都度、案内を送付します。

宛先：（株）市民出版社　〒168-0071　東京都杉並区高井戸西2-12-20
Tel. 03-3333-9384　Fax. 03-3334-7289　eメール　info@shimin.com

和尚講話集　OSHOダルシャン

ページをめくるごとにあふれる和尚の香り……写真をふんだんにもりこみ、初めて和尚を知る人にも読みやすく編集された、カラーページ付の講話集。

各A４変型／カラー付／定価：本体１４５６円（税別）〒310円

1. ●ヒンディー語講話
・偉大な神秘家・ラビア
・スーフィ：ハキーム・サナイ　他

2. ●七つの身体と七つのチャクラの神秘（前半）
・ボーディダルマ・偉大なる禅師
・瞑想―音と静寂　他

3. ●特集　知られざる神秘家たち
・七つの身体と七つのチャクラの神秘（後半）
・ミスティック・ローズ瞑想　他

4. ●特集　死と再誕生への旅
・チベットの死の瞑想「バルド」
・瞑想紹介―ノーマインド　他

5. ●特集　愛と創造性
・探求：スーフィズム
・ストップの技法　他

6. ●特集　自由―無限の空間への飛翔
・完全なる自由
・ダルシャン・ダイアリー　他

7. ●特集　禅―究極のパラドックス
・禅の火、禅の風―ブッダの目覚め
・ダイナミック瞑想　他

8. ●特集　愛と覚醒
・「音楽のピラミッド」
・クンダリーニ瞑想　他

9. ●特集　宗教とカルトの違い
・アムリットが真相を明かす
―ヒュー・ミルンの虚偽　他

10. ●特集　究極の哲学
・知恵の真髄「ウパニシャッド」
・夜眠る前に贈る珠玉の言葉集　他

11. ●特集　無―大いなる歓喜
・空なる水、空なる月―千代能
・ヒンディ講話／観照、幻影　他

12. ●特集　レットゴー―存在の流れのままに
・魂と自己―真の自由
（カリール・ジブラン「預言者」より）　他

13. ●特集　ブッダフィールド―天と地の架け橋
・仏陀は偉大な科学者だ
（ヒンディ講話）　他

14. ●特集　インナー・チャイルド
―家族・親・子ども
・ティーンエイジの革命　他

15. ●特集　瞑想と芸術
・アートとエンライトメント
・色の瞑想・音の瞑想　他

16. ●特集　夢と覚醒
・ユニヴァーサル・ドリーム―永遠《とわ》なる夢
・セラピーと夢　他

17. ●特集　無意識から超意識へ
・虹色の変容―成長の七段階
・ブッダたちの心理学　他

＜OSHO瞑想CD＞

※瞑想、音楽ＣＤカタログ(無料)ご希望の方には送付致しますので市民出版社まで御連絡下さい。

ダイナミック瞑想 ｜ 全5ステージ 60分

生命エネルギーの浄化をもたらす究極のメソッド。和尚の瞑想法の中で最も代表的な技法。最初の３ステージ――混沌とした呼吸、カタルシス、そしてフゥッ！というスーフィーの真言《マントラ》――で自分の中にとどこおっているものが全く残らないところまで行なう。

¥2,913(税別)

クンダリーニ瞑想 ｜ 全4ステージ 60分

１５分間、エネルギーの上昇を感じながら全身を震わせる。次は自由に踊る。第３ステージでは目を閉じ静止し、最後は目を閉じたまま横たわる。ダイナミックと並んで多くの人が取り組んでいる活動的瞑想法。通常は夕方、日没時に行なわれる。

¥2,913(税別)

ナーダブラーマ瞑想 ｜ 全3ステージ 60分

宇宙と調和して脈打つ、ヒーリング効果の高いハミングメディテーション。この瞑想はチベットの古い技法の一つで、一日のうちどの時間に行なってもよい。楽な姿勢で座り、ハミングする。次は宇宙エネルギーと調和して座ったまま両手で円を描く。最後は静かに動かず、内側を観る。

¥2,913(税別)

ナタラジ瞑想 ｜ 全3ステージ 65分

自我としての「あなた」が踊りのなかに溶け去るトータルなダンスの瞑想。第１ステージは目を閉じ40分間踊る。踊り手を忘れ、踊りそのものになる。次は横たわり、完全に沈黙し動かずにいる。最後の５分間、祝福のなかで踊り楽しむ。

¥2,913(税別)

チャクラサウンド瞑想 ｜ 全2ステージ 60分

７つのチャクラに目覚め、内なる静寂をもたらすサウンドを使ったメソッド。各々のチャクラで音を感じ、またチャクラのまさに中心でその音が振動するように声を出すことにより、チャクラにより敏感になっていく。

¥2,913(税別)

チャクラブリージング瞑想 ｜ 全2ステージ 60分

７つのチャクラを活性化させる強力なブリージングメソッド。７つのチャクラに意識的になるためのテクニック。身体をリラックスさせ目を閉じ、第１から第７のチャクラまで各々のチャクラを通して深く、速く口で呼吸をする。

¥2,913(税別)

ゴールデン ライト瞑想 ｜ 全2ステージ 20分

黄金の光の輝きが全身へ降り注ぐ光のメディテーション。朝と夜眠りにつく時、息を吸い込みながら大いなる光が頭から体の中に入って足先から出ていくのを視覚化し、息を吐く時暗闇が足から入って頭から出ていくのを視覚化する。

¥2,622(税別)

マンダラ瞑想 ｜ 全4ステージ 60分

この瞑想は強力な発散浄化法のひとつで、エネルギーの環を創り出し中心への定まりをもたらす。各15分の４ステージ。目を開けたままその場で駆け足をし、次に回転を伴う動きを上半身、眼球の順に行ない、最後は静かに静止する。

¥2,913(税別)

ナーダ　ヒマラヤ ｜ 全3曲 50分28秒

ヒマラヤに流れる白い雲のように優しく深い響きが聴く人を内側からヒーリングする。チベッタンベル、ボウル、チャイム、山の小川の自然音。音が自分の中に響くのを感じながら聴くか、音と一緒にソフトにハミングしてもよい。

¥2,622(税別)

ワーリング瞑想 ｜ 全2ステージ 60分

あたかも内なる存在が中心で全身が動く車輪になったかのように旋回し、徐々に速度を上げていく。体が自ずと倒れたらうつぶせになり、体が大地に溶け込むのを感じる。旋回を通して内なる中心を見出し、変容をもたらす瞑想法。

¥2,913(税別)

※送料／CD１枚¥300・２枚¥430・３枚以上無料